1

EL APÓSTOL REBELDE

INDICE

INTRODUCCION

La primera vez que tuve un acercamiento con el Nuevo Testamento fue en 1967, cuando mi profesor de Religión, el padre Escobar, me regaló un bello ejemplar autografiado mientras estábamos haciendo retiros espirituales en el antiguo monasterio del Eccehomo. Años después, ya viviendo como antropólogo y arqueólogo entre los indígenas Nasa de Tierradentro en 1972, el pintor Enrique Grau me obsequió al año siguiente, un ejemplar de la Biblia editado en 1834, que me ayudó a comprender lo que estaba viviendo en dicha comunidad. Ese mismo año empecé a estudiar astrología de forma tal que el arqueólogo que miraba el pasado y el astrólogo que miraba el futuro, fueron naciendo y creciendo cogidos de la mano. En 1975 me introduje en el estudio del esoterismo oriental y en 1983 dieciséis años después de dedicarme al estudio profundo del Nuevo Testamento, murió mi tío abuelo Enrique Uribe White, con quien crecí cual aprendiz de brujo; por ese motivo, heredé toda su biblioteca de Mitología, la última ciencia que faltaba introducir en mi vida. Y desde allí, como arqueólogo, astrólogo y amante de los mitos universales, pude comprender directamente lo que significaba haberme acercado al Nuevo Testamento cuando apenas tenia 17 años de edad. Sin embargo, tuve que esperar 44 años mas para poder escribir este libro y en el cual, de una manera que apenas comprendo, puedo sentarme a dialogar conmigo mismo, con la excusa de seguir al Maestro. A aquel acerca del cual más hemos oído hablar y menos hemos comprendido.

CAPÍTULO UNO

EL ENCUENTRO

Había tomado el avión muy cerca de las seis de la mañana, para aterrizar unos cuarenta minutos después en donde me habría de recoger mi viejo amigo Roberto Restrepo. Al ir descendiendo al aeropuerto de Río Negro, una suave neblina, como algodón desmenuzado sobre la capa verde del paisaje ondulado, me dejaba entrever desde la ventanilla una gran cantidad de cultivos de flores y de fincas tachonadas por múltiples colores, que hacían del paraje un lugar verdaderamente paradisíaco. Pensé que si hubiera menos casas e invernaderos de plástico, lo sería aún más bello.

Una vez detenido el aparato, salí con mi maletita de llantas buscando a Roberto entre la gente que había a la espera de otros pasajeros. Desde décadas atrás, nuestros encuentros siempre tenían una sola cosa constante: la alegría de vernos para seguir recordando aquellas viejas aventuras y planear las nuevas. Después del abrazo de bienvenida, subí a su camioneta verde, cruzamos dos pueblos cercanos y llegamos a la cabaña de madera en donde vive con su mujer y sus dos hijas; quienes nos esperaban con el desayuno de arepa, mantequilla, mermelada, café con leche y queso; merienda que no demoro nada en ser despachada, pues teníamos afán de sentarnos a conversar acerca de una serie de conferencias que queríamos dictar acerca de nuestros temas de arqueología esotérica y astrología.

La fresca y soleada mañana, en donde los pellares de patas largas chillaban con sus vuelos raseros, anunciando la presencia de algún águila hambrienta, nos invitaba a salir al jardín para sentarnos bajo el parasol de la mesa que había al lado de un joven árbol de caucho. Y así lo hicimos. Mientras abrí el maletín negro donde llevaba mi computador, Marta Lucía nos trajo una jarra llena de un helado jugo de mora recién batido y, enseguida, comenzamos a estudiar, una vez más, su carta astral; ya que, desde unos años atrás, cuando con Saturno en su casa XII había tenido aquel terrible accidente yendo con toda su familia de paseo en su carro, tal cual se lo había vaticinado, no habíamos vuelto a revisarla. Aun cuando en aquella oportunidad se había salvado de milagro de no quedar cuadripléjico, su columna estaba llena de tornillos. El único defecto que se le notaba, era en una rodilla que no le permitiría volverse a arrodillar jamás.

- Pa´ lo que vos te arrodillas en las iglesias, le dije burlonamente mientras soltábamos la carcajada.

Ahora nos interesaba conocer nuestra realidad inmediata, puesto que ambos acabábamos de cumplir sesenta años de edad y nuestro ansiado viaje a la Capadocia aún no lo habíamos podido realizar. Añorábamos continuar con las expediciones comenzadas casi treinta y cinco años atrás, descubriendo las rutas mágicas de Perú y Bolivia tras las huellas de los extraterrestres y nuestras anteriores vidas. Aquel viaje nos había dado y nos daría para hablar de él durante el resto de nuestra existencia terrenal.

Sí, Roberto es una de esas personas que han dejado huella en mí y yo en él; y por eso somos almas sincronizadas. Quienes no dejan huella en uno no existen y, por lo tanto, no deben afectarnos en ningún sentido. Y, el cuento aquel de las almas gemelas es eso, tan solo un cuento.

- ¿Qué te estás leyendo ahora Mauro? Me preguntó cuando vio que sacaba del maletín un libro junto con el computador.

- Ah, es un libro que me acaba de regalar mi amiga Elsa Dorronsoro. Se llama "Caín", lo escribió Saramago, el portugués, y aún no lo he leído; pero pienso hacerlo en estos días, mientras estoy a tu lado.

-Interesante título. Dijo él sabiendo mi gran afición por todo lo que tuviera que ver con religiones.

- Sí, por esa misma razón me lo regaló Elsa. Vamos a leer qué dice el viejo Saramago acerca del tan mal interpretado Caín. Bueno, mal interpretado por la iglesia católica, porque yo sí entiendo muy bien al hombre, lo mismo que a Judas, a Pedro y a María Magdalena. Al que no entiendo es al Papa.

- Es cierto, ¿no? acentuó él. ¡Cómo han interpretado tan literalmente un mensaje espiritual como el de Jesús!

- Tan literal y tan equivocadamente, recalqué. Pero vos sabés que la mejor forma de manejar a la masa es a través de la ignorancia y acentuándoles el miedo. Al fin y al cabo, mantenerlos allí siempre ha sido y será un muy buen negocio. Pero bueno, dejemos de hablar de la iglesia católica y pongámonos a trabajar. ¿Cuál es la conferencia que vos querés dictar?

- Pues la de la verdadera historia acerca de lo que significa para el mundo indígena Maya la fecha del 21 de diciembre del 2012 y que lo han tomado como si fuera a ser el fin del mundo.

- Ahí volvemos al cuento de la masa descerebrada que ha sacado del contexto Maya lo que significa esa fecha y la han injertado a las creencias actuales occidentales, que nada tienen que ver con la antigua tradición mesoamericana. Pero bueno, vos conocés eso mejor que yo porque, a pesar de ser arqueólogo, no he vivido allá los años que estuviste indagando acerca de dichas culturas. Sí, me parece importante que des a conocer a la gente acerca de todas tus investigaciones esotéricas del llamado Sol del Movimiento o Quinto Sol y los calendarios Mayas. ¿¡Qué verracos no!? Y pensar que los curas y conquistadores los catalogaron, como a todos los recién conquistados, de brutos y sin alma. Y hasta los sacerdotes de la iglesia de aquellos tiempos, se atrevieron a quemar los miles de códices en donde estaba registrada toda su astronómica historia.

- Es una verdadera lástima, añadió Roberto, que no los hubieran invadido personas más inteligentes. Pero no, les tocó la peor calaña kármica del mundo: los iletrados y presos españoles salidos de las cárceles, y la inquisidora iglesia católica que, desde su infinita infalibilidad y avidez de riquezas, sostenía que el mundo era plano. Y ¡ay de quien dijera lo contrario! Le pasaba lo de los códices Mayas. Entre la espada y la cruz acabaron con miles de miles de años de tradición. A alguien tendrá el universo que pasarle la cuenta de tanta mortandad producida por la ignorancia de aquella época.

- Bueno, bueno, dejá de andar hablando mal de la Santa Madre Iglesia Católica Apostólica y Romana, que quién sabe quién puede andar escuchándonos y nos vuelven a chamuscar en la hoguera como lo hicieron en vidas pasadas. ¿O es que ya se te olvidó? Y vos pensando que, porque pertenecías a la Mesa del Rey Arturo eso te iba a salvar. Como no monito.

- ¡Ay Mauro, vos sí estás muy loco!

- Ah sí, y vos tan sano ¿no?

Ambos soltamos la carcajada a mandíbula batiente, mientras él palmeaba su barriga, acordándonos de algunas viejas picardías y aventuras que habíamos vivido en tantos años de amistad. Pero era eso, precisamente, lo que nos permitía que el uno fuera para el otro lo que nadie más podía ser desde nuestra primera expedición en Tierradentro, casi cuarenta años atrás.

- ¡Hola Roberto!, dejá de andar perdiendo el tiempo con Mauro hablando de lo mismo de siempre y vení acompañarme al pueblo que tenemos que ir a mercar para el gran astrólogo ¿No ves que si no es menú de primera el pobrecito no almuerza? Exclamó Marta Lucía recostada en la hamaca que había en un ancho corredor de la cabaña y sobre la cual colgaba a todo lo largo de él, una frondosa enredadera de flores amarillas y cafés, cual zapaticos que al llover se llenaban de agua que libaban los colibríes.

- Andá y volvé rápido, porque sino la Virgo ésta te va secar. Le aconsejé a Roberto mientras se levantaba perezosamente de la mullida poltrona, diciéndome que era cuestión de demorarse media horita.

Subieron a la camioneta y, ascendiendo por la pequeña ruta destapada que daba acceso a la carretera central debajo de unos viejos y frondosos eucaliptos, se perdieron de mi vista. Como me había quedado sólo y con el trabajo astral interrumpido, tomé el libro de Saramago y me puse a leer lo escrito en las contra carátulas, intrigado de saber qué habría escrito el viejo marrullero sobre el amigo Caín. Al momento me interesó lo leído e, imaginando que la demora no sería muy larga, lo comencé desde el principio. Pero, cosa rara en mí, como estaba algo cansado porque el trajín de los últimos días, y yo diría que de las últimas semanas y meses, había sido extenuante; además de la soledad del momento, el calorcito matinal y el silencio tan sólo acompañado por el gorjeo de las aves, me fueron cerrando los ojos hasta cuando quedé profundamente dormido, con el libro de Caín abierto en mi pecho en la página número trece.

De pronto, un murmullo de personas me hizo enderezar en el sillón, mientras me peinaba el poco pelo que aún queda en mi cabeza. Puse mi mano izquierda sobre la frente cerrando un tanto los ojos para poder verlos mejor, pues el contraluz del sol no me dejaba ver muy claro sus rostros. Y vi, entonces, aproximándose a pie, a un grupo de gente rara que jamás había visto y que, además, estaban vestidos con un extraño atuendo: venían barbados, de pelo largo, con túnicas raídas y empolvadas, y unas viejas sandalias de cuero en sus pies.

Estiré un tanto el pescuezo buscando a Roberto entre ellos para ver si venía acompañándolos, pensando que fueran amigos que venían a visitarlo pues, conociéndolo como lo conocía, pudiera ser que esta partida de hippies salidos de su tiempo, fueran amigos suyos. Pero no, no traían instrumentos musicales sino mochilas de lana colgadas al hombro. Cuando los vi. entrando por el angosto sendero empedrado que daba a la cabaña, me levanté de la poltrona en donde había dormido un rato para saludarlos. Me extrañó no ver la enredadera que colgaba con sus hermosas flores, pero no le puse mucha atención al hecho porque estaba más interesado en la visita que llegaba.

-       Hola, buen día, que tal, les dije sabiendo en mi interior que era un estorbo que esta gente hubiera llegado a interrumpir mi sueño, con lo escaso que era para mí tener un momento de descanso en medio de tanta labor astral que desempeñaba desde hacía años.

- *¡Salve, muy favorecido! exclamó extrañamente uno de ellos adelantándose a los demás.*

- Bienvenidos ¿qué hacen por aquí, acaso buscan a Roberto o a su mujer?

- *No, andamos buscándote a ti y, causalmente nos encontramos en el pueblo con un señor de ojos claros quien, cargado de paquetes y bolsas, nos dijo en dónde estabas y cómo llegar hasta aquí. Por cierto, como mandó a decir que está un poco demorado, también nos pidió que te acompañáramos un rato mientras regresa.*

- Bien, y ¿en qué puedo servirles?

- *Espera, permítenos descansar un momento a tu lado y, por favor, danos un poco de agua que estamos sedientos, pues el camino por este desierto ha sido muy largo y bajo el sol que está haciendo es más dura la jornada.*

- ¿Cuál desierto? pregunté extrañado. ¿Acaso no ven el precioso y colorido paisaje en el que nos encontramos? Miren qué prados tan verdes y ¿qué tal aquellos árboles tan cargados de aguacates y estos otros con naranjas?

Se miraron entre ellos como preguntándose si acaso yo estaría mal de la cabeza. ¿Cómo era posible que para mí fuera un jardín florido lo que para ellos era un ardiente desierto?

- Pero mira, ¿eso es para ti un paraíso exuberante? preguntó otro de los recién llegados alargando la mano hacia atrás, mientras con la otra se sacudía el polvo de su túnica.

11

Y al mirar detrás de él, vi. asombrado cómo habían desaparecido la hilera de viejos eucaliptos, el cercado de jazmines cuyo aroma nocturno me extasiaba tanto y la extensa pradera de pasto verde por la cual caminábamos Roberto y yo cada vez que lo visitaba, imaginando la cantidad de guacas indígenas que podía haber enterradas allí. Me levanté de un salto, pues de un momento a otro pensé que estuviera en algún estado especial de conciencia, como aquellos a los cuales accedía cada vez que con él ingeríamos los honguitos de anillo negro allá en Tierradentro o ponía las hojas de borrachero debajo de la almohada, cuando quería despertarme dentro de lo que soñaba en cualquier noche solitaria. Pero, sabiendo que no los había ingerido ni era de noche, miré y olí si el jugo que aún quedaba en la jarra tuviera algo raro. Mas no, al probarlo no me supo a nada extraño. Era jugo de mora silvestre.

Entré rápidamente a la casa y, abriendo la nevera que por cierto estaba escasa de alimentos, salí con un recipiente lleno de agua que encontré allí. Cuando estaba a punto de bajar la grada que daba al jardín, sentí que me iba a dar un patatús… sencillamente no había prado, todo era arena y piedras. Es más, había dejado al grupo sentado sobre la verde hierba y ahora estaban recostados sobre unas rocas, esperando el agua que me habían pedido. Preferí no mencionar palabra alguna acerca de lo que estaba ocurriendo y, mientras miraba asombrado para todas partes, me acerqué lentamente pensando en que algo en verdad no estaba sucediendo como todos los días. También miré hacia la carretera por si veía venir a Roberto, pero ni siquiera distinguí en donde estaba el camino de salida de la cabaña. Intrigado y como buscando una respuesta a lo que sucedía a mi alrededor, le entregué la jarra de vidrio con agua a uno de ellos y los vasos de plástico a cada uno de los acompañantes.

Entonces me senté confundido en una de las pequeñas dunas de arena que había allí, al lado de lo que antes era el frondoso caucho y ahora parecía ser un seco espino que apenas daba sombra. Tampoco estaban los hermosos árboles frutales, tan solo había unas cuantas acacia, una higuera sin fruto y una zarza seca.

- ¿A qué hora dijo Roberto que volvería? pregunté ansioso; con la misma ansiedad que años atrás lo había buscado en nuestra primera experiencia con los hongos, para que me hiciera compañía dentro del estado en el cual me encontraba en aquella oportunidad.

- *No sabemos*, respondió el más alto entre ellos. *Tan sólo dijo que se iba a demorar, porque tenía otras diligencias que hacer con su mujer. Pero eso no importa, lo que es realmente importante para nosotros es el hecho de que, después de tanto tiempo, por fin te hemos encontrado.*

- Bueno ¿acaso me buscan para que les haga su carta astral? Pregunté buscando el computador que, curiosamente, no estaba como tampoco la mesa de parasol ni las sillas.

- *No, no te necesito para eso, dijo el hombre, devolviéndome la jarra de barro vacía del agua que les había traído.*

- ¡De barro! Exclamé asombrado al recibirla. Pero... ¿acaso no era de vidrio? pensé extrañado mientras, cayéndose de mis manos por el susto, se rompía en mil pedazos. ¿Qué es lo que está sucediendo?

- *Acompáñanos, dijo él mirándome dulcemente. Necesito que vengas con nosotros.*

- Desde pequeño mi mamá me dijo que jamás anduviera con nadie que yo no conociera, contesté mientras me sacaba la arena que se había metido en uno de mis zapatos.

- *¡Pedro!, exclamó entonces el hombre dirigiéndose a uno de ellos. Cuéntale quien soy.*

13

- ¿! Cómo es posible que no sepas quien es Él!? preguntó de manera grosera un barbudo de ceño adusto mientras se me acercaba.

- Pero si acaban de llegar ¿cómo voy a saberlo? ¿Acaso soy adivino? Soy astrólogo y los astrólogos no adivinamos, interpretamos.

- Ya todo el mundo en Galilea y sus alrededores lo sabe, exclamó ¡Él es el Mesías, el Hijo de Dios!

- ¿El qué? Pregunté asombrado carcajeándome hacia adentro mientras le decía que no estábamos en Galilea. Todos somos hijos de Dios y, sin embargo, creo que Dios no tiene hijos.

- ¡El Salvador, hombre, él es el Salvador de la humanidad! Añadió impaciente un pelirrojo que venía en el grupo.

En ese momento pensé en irme y dejarlos, pero no podía hacerlo porque tenía que esperar a Roberto; además no había almorzado y tenía hambre. Siempre me había disgustado el hecho de gastar el valioso tiempo de la vida conversando bobadas con la gente.

- Bueno, supongamos que este tipo sea lo que usted dice, ¿para qué les voy a servir? Además ustedes ya son muchos y no me gusta andar entre la masa, aun cuando soy consciente de que hay quienes tenemos que aprender a servir, mientras otros tienen que servir para aprender. Sin embargo, también sé que mientras no sepa a quien servir, debo servirme a mí mismo para así saber para qué soy útil. Por eso acepto que ustedes se queden aquí un rato haciéndome malgastar el tiempo.

- Aquí somos doce quienes andamos con él, pero te aseguro que hay muchos más por todas partes de Judea. Mira que el Maestro te lo está pidiendo ¿o es que le tienes mal agüero a ser el discípulo número 13?

- ¡¿El qué?!

- *El apóstol*, respondió secamente el hombre alto. *Me eres útil para que seas uno más de mis apóstoles. Ahora bien, si no piensas en lo que eres en este momento, tampoco eres lo que piensas... en este momento.*

- Es que jamás me ha gustado ser uno más de nada. Al menos el número 13 es mi favorito y, si fuera por eso, me encantaría ir ya con ustedes. Pero, insisto, ¿para qué les voy a ser útil?

- *Te necesito en el grupo.* Exclamó el hombre de dulce mirar, mientras trazaba con su dedo índice de la mano izquierda un extraño dibujo en la arena; que parecía una cruz puesta sobre un pequeño montículo y que me hizo recordar el símbolo astrológico de Saturno. *Te necesito con un solo objetivo.*

- ¿Cuál?

- *Que vengas con nosotros para acompañarnos por todas partes, con el único fin de contradecir o, al menos, poner en duda todo lo que yo haga y diga. ¿Serías capaz de hacerlo?*

- Pero, y si usted es el supuesto maestro, el que todo lo sabe, porque su papa es quien es, ¿¡cómo voy a saber más que usted mismo y a contradecir lo que su señoría diga y haga!? Además, me importa un comino lo que diga, haga, coma, sueñe o lo que sea. Me parece que se equivocaron de casa, vayan a la de al lado que puede ser que allá haya alguien que quiera pertenecer a su grupo.

- *No, no me sirve cualquiera y es por esa misma razón que tienes que ser tú*, contestó el hombre mirándome fijamente. *Porque si crees que ya terminaste tu evolución, te equivocas. Si vienes, todo lo que de aquí en adelante vas a vivir con nosotros no fue ayer, sino hoy y exclusivamente hoy. Estás completamente inacabado y tienes que concluir la labor por ti mismo. Pero esa labor es... interna. Tienes que dejar de ser una persona, al menos la que eres hoy, para lograr ser un individuo; el*

15

individuo de siempre, no sólo la persona de hoy. Constantemente la vida te ha controlado desde afuera, cuando tu evolución individual depende exclusivamente de tus más profundas reflexiones.

- Pues, siempre he creído que la vida me sonreiría sólo después de mucho tiempo de estarle sonriendo yo a ella, a pesar de todo, y sin haber esperado nada a cambio.

Aun cuando la charla me estaba interesando, seguía pensando en que Roberto se demoraba más de la cuenta y no había excusa alguna para decirle a esta gente que tenía que irme, porque tampoco había en qué hacerlo. La situación era incómoda y, más aún, por el hecho de ni siquiera saber en dónde me encontraba. Todo el paisaje se había convertido en un árido paraje con un calor insoportable.

- *Toma un poco de agua, dijo el Hombre pasándome su jarro al presentir mi incomodidad con el clima.*

Me pareció extraño que me diera de su agua, pues yo mismo lo había visto vaciar de varios sorbos toda la que le había servido. ¿Cómo era posible que se hubiera vuelto a llenar su vaso, si hasta la jarra misma se había roto? Sin darle más importancia al suceso, me bebí de un solo trago el agua que me ofrecía y, limpiándome la chivera con la manga de la túnica, me senté a su lado pensativo. La sed había desaparecido de una manera inusual, como si algo en mí sintiera que jamás en la vida volvería a sufrir de sed…

- ¡La túnica! exclamé asombrado al ver mi brazo ¿Quién me puso esta vestimenta?

- *La has tenido desde el principio,* respondió él. *Y, además, está tejida en una sola pieza toda ella desde arriba.*

\-   Está bien, contesté devolviéndole el jarro. Dime ¿qué tenía esta agua que me diste a beber que sabía algo diferente?

\-   *Escúchame bien porque, si vas con nosotros, no todo lo que vas a oír será literal, ni todo lo que verás será real. Con el agua que te he dado a beber vas a refrescar tu sed y ansia de saber la verdad, para que las vivas en tu interior aplicándola en tu vida exterior. Quien no bebe agua se muere, pero quien no beba del agua que te voy a dar de aquí en adelante, seguirá muerto creyendo que está vivo. Es decir, estará vivo para lo externo literal, pero estará muerto para lo espiritual interno. Por eso el agua que probaste te supo diferente, porque tú también lo eres y por eso te andaba buscando. Te necesito tanto como tú necesitas de mí. Sólo que yo lo sé y tú no.*

\-   Bien, como no tengo nada más que hacer, voy a acompañarlos un rato mientras llegan Roberto y su mujer con las compras; ojalá traigan un buen mercado, si es que todos ustedes se van a quedar a almorzar. Pero bueno, vamos por partes, pues antes de seguirlos quien sabe por dónde, necesito que me digas quién eres; porque el cuento ese de que es el Mesías, no me lo trago ni de riesgos y menos en esta época en que hay tantos "maestros", avatares, mensajeros, cantidades de sectas y esclavizantes religiones. Ahora todos se creen dueños de la verdad y sospecho que usted es uno de tantos.

\-   *No, no lo soy. Ven, siéntate a mi lado y pon atención, que hay alguna premura y el recuento de mi vida hasta ahora es un poco largo. Empecemos por la familia: la mujer que llaman mi madre se llama María y está casada con un buen hombre de nombre José, por cierto bastante mayor que ella. Pero la realidad es que él no es mi padre verdadero, es mi padrastro o, mejor dicho, mi padre putativo.*

17

- Ah, exclamé, por eso será que a quienes se llaman José los apodan PePes. Por Padre Putativo. Bueno, pero y si ese Pepe no es tu verdadero papá, entonces ¿quién lo es?

- *Ya te lo dijo Pedro, yo soy el único Hijo de Dios.*

Abrí los ojos echando un tanto la cabeza hacia atrás, mientras me decía para mis adentros: mejor no lo contradigo o, al menos, no por ahora. Voy a dejarlo que hable todo lo que se le dé la gana, para así conocerlo mejor.

- Pues no creo en el cuento romántico que sostiene que todos somos hijos de Dios, le contesté bruscamente como para que fuera sabiendo con quién se estaba metiendo. No creo que para Dios pueda haber una cosa llamada: Yo aquí y allá mis hijos. ¡No!, para Dios, todo es… Dios. Y punto.

Es más, me parece que es imposible definir a Dios, porque sería hacer finito lo infinito y encerrar en frases lo que no se abarca. Creo que ni siquiera deberíamos pronunciar ninguno de sus 72 nombres. Por eso yo siempre he preferido pensar en él y contemplarlo allí mismo en donde deja de ser la noche y nace el día; y buscarlo en mi interior allí en donde mi ser finito sigue lo infinito; allí en donde juegan lo consciente y lo inconsciente. Siempre he llamado a Dios en donde yo mismo siento que lo siento. Y lanzo un alarido que siempre contestan a su tiempo, para darme cuenta que allí en donde dejo de ser lo que soy, porque comprendo todo, soy uno con él sintiéndome como el ave que vuela al compás de música del viento y se desliza hacia el infinito de sus aires, con la seguridad del hombre que en ese momento entiendo que soy, mirando frente a frente mi interior y diciéndome: ¡Dios Soy, buen hombre Soy Dios y siempre he sido!

Pero ¿sabes qué?, mejor sígueme contando de tu familia. Me encantan los árboles genealógicos; vieras el mío que, extendido en el piso, mide más de cinco metros.

- *Te aseguro que si pusiéramos el mío al lado del tuyo, te daría pena.* Respondió el Hombre. *Mi árbol genealógico es supremamente largo y tanto, que mejor te lo voy a resumir: en el principio era el Verbo, el Verbo era con Dios y el Verbo era Dios.*

- ¿Y el Verbo tenía apellido?

- *El Verbo es el Verbo, así no más, como la Verdad que necesitamos para alcanzar el Bien,* contestó pidiéndome que no lo interrumpiera más. *Y yo soy ese Verbo que me he hecho carne. Todas las cosas fueron hechas por él y sin él nada de lo que es hecho fue hecho. En él estaba la vida y la vida era la luz de los hombres. Y la luz resplandece en las tinieblas, pero ellas no la comprendieron.*

- Bueno, parece ser, entonces, que la luz es hermana de las tinieblas, porque ¿cómo puedo llamar de tal manera a la una, sin que exista la otra? Me parece que es la una quien le da valor a la otra. Y perdona que te lo diga, pero estoy como estaban las tinieblas: no comprendo un soberano pepino. Si lo que me dices es cierto, entonces tu papá el Verbo, es el mismo mío porque, según me estás diciendo, todo fue hecho por el Verbo y, de ser así, entre tú y yo no hay diferencia alguna. Tenemos el mismo origen tú, yo y todos los demás. ¿Sí o no?

Además, me da la sensación que Verbo y Verdad deben ser lo mismo o, al menos, deben ir de la mano como si fueran un mismo sonido ¿Cierto?

- *Puede ser, pero por ahora guárdame el secreto porque no es bueno que la gente se entere de su origen.* Contestó el Hombre sabiendo él por qué extraña razón me lo advertía. *Muchas personas han intentado poner en orden las historia de las cosas que han sido tan ciertas entre nosotros, pero no han podido hacerlo bien.*

19

Sin embargo, en mi casa encontré un librito de esos que le hacen las madres a sus hijos recién nacidos, en donde está escrito en puño y letra, y bajo el título de Libro de la Generación de Jesucristo, lo siguiente: hijo de David, hijo de Abraham, que fue el tatarabuelo de Phanes y éste lo fue de Salmón y éste de David quien lo fue de Asá y éste de Joatam que a su vez lo fue de Amón y éste de Zorobalel antes de la transmigración de Babilonia.

Después de esta transmigración, porque mi familia se ha movido mucho, nació su tataranieto Zadoc, que fue el tatarabuelo de Mathan, papá de Jacob quien, por fin, fue el padre de José, mi padre putativo.

- Un momentico, exclamé. ¿Me he tenido que aguantar semejante historia y todo para decirme que este árbol genealógico es el de tu padre putativo y no el de María, la que te parió? Si esa no es tu ascendencia, porque tú mismo me has dicho que José no es tu padre verdadero; si semejante cantidad de gente con tanta alcurnia en donde ha habido hasta patriarcas, profetas y reyes, no es tu ascendencia, entonces ¿cuál es tu verdadera genealogía? Porque, si toda esta gente que has mencionado nada tiene que ver contigo, me estás haciendo perder el tiempo.

- *Pues mira*, añadió el Hombre, *todas las generaciones desde Abraham hasta David son 14; de allí hasta la transmigración en Babilonia otras 14 y desde allí hasta mi nacimiento son otras 14.*

- ¡Y qué!, exclamé. A mí qué me importa cuántas generaciones ha habido en esa ascendencia, y desde donde hasta donde, si eso no me dice nada acerca de tu árbol genealógico, sino acerca del de tu padre putativo. Me parece que no tienes ni idea de quién eres o de donde viene tu línea materna. Y, como puedes haber nacido con un gran complejo de inferioridad, entonces ahora andas con el cuento de que dizque eres el único Hijo de Dios. Ni que fueras de signo Leo.

-       *Pero es que eso era lo que estaba escrito en el libro del niño recién nacido que encontré en mi casa. Es más, María me contó que mi nacimiento había sido todo un misterio. ¿Te lo cuento?*

-       Pues cuéntamelo, pero si es tan largo como lo que me acabas de narrar, mejor caminemos un poco más allá y nos hacemos debajo de la sombra de aquel sicomoro, mientras regresa Roberto.

-       *Mi nacimiento fue extraño,* dijo él acomodándose entre la arena mientras, poniendo los brazos tras su cabeza, la recostaba contra una roca. *Siendo María desposada con José, antes de que se juntaran los dos, me dijo ella que había concebido del Espíritu Santo.*

-       Uy, hermano, el ego suyo si va de aquí a la Patagonia. ¿O sea que no solamente su papá es Dios, sino que quien le hizo el favor a su madre fue el Espíritu Santo? ¿Y quién se traga ese cuento? Pues le tengo una noticia, que paganos y cristianos de mis tiempos, conmemoran lo mismo: el nacimiento de un joven Dios solar que les garantiza el porvenir; y los hebreos celebraban el nacimiento del pueblo elegido de Dios. Me es necesario recordarte que hasta entre los aztecas de América, existió la idea generalizada según la cual, el hombre había sido creado por el sacrificio de los dioses y, por lo tanto, debían corresponderle ofreciéndole su propia sangre. ¿Cómo Abraham pretendió hacerlo matando a su hijo y los aztecas lo hacían en sus templos, por no mencionar más?

Algo en mí sabe que ha sido creado por el sol y por la tierra, y así se lo agradece. Pero, también, algo en mí sabe que está por encima y más allá del sol y de la tierra, y se desespera por volver...

-       *Espérese le termino de contar la historia porque, José, su marido, al enterarse del asunto y como era el más justo del pueblo, no queriendo difamar a*

21

su mujer, prefirió dejar el asunto del embarazo en secreto.

-       Ah, además de que lo engañaron, José debe ser una víctima o, al menos, un Piscis del 19 de marzo.

-       *No, mira que ella me dijo que pensando su marido en esto, he aquí que vino un ángel del Señor que se le apareció en un sueño y le dijo: José, hijo de David, no temas recibir a María tu mujer, porque lo que en ella es engendrado, es del Espíritu Santo. Además, le dijo que me iba a parir y que mi nombre debería ser JESÚS, así en mayúsculas, porque dizque yo tenía que salvar a su pueblo de todos sus pecados.*

-       Ah, de modo que ahora me vienes con el cuento de que también eres el chivo expiatorio de la historia de marras. Ni que fueras Capricornio, exclamé pensando en mí mismo. O sea que vienes a pagar las cervezas que no te has tomado. Oye, la verdad es que esa es una costumbre sacerdotal muy antigua y muy cercana a la hipocresía-ignorancia de cualquier sacerdote en la época que fuera; imaginación que les hacía creer que la deidad de turno y, en este caso Jehová, necesitaba sacrificios animales; y qué mejor que un chivo, que era lo que menos costaba -al fin y al cabo judíos-, porque junto con ovejos y novillos, era el animal que más había para representar de una forma barata, el papel de pagar los pecados que habían cometido otros.

Pues te cuento que si las influencias satánicas fueron inventadas en Irán y el pecado original lo fue en Mesopotamia, ni en eso de pagar las culpas ajenas eres el primero, pues escucha: en la religión irania, Mithra, venerado mil años antes que tú y lo será hasta cuatrocientos años después de tu aparente muerte, y cuyo nombre significa "amigo", forma parte de la enseñanza de Zoroastro o astro de oro, astro vivo. Dyaus-Dios engendró a Mithra con Adutya "la piadosa". Mithra también fue el principio mediador entre Ormuz, el bien y Ahrimán, el mal; e igualmente, expulsó del cielo a este último; cargo las culpas y expió los pecados de la humanidad; dispensó bienes y mantuvo la armonía; fue el protector de toda la creación y es a él a quien esperan en una segunda venida como juez de la humanidad. De modo que, ¿cuál es tu originalidad?

Además déjame contarte algo acerca de tu nombre en griego Ikhtys, a saber: **I**esos **Kh**ristos **T**heous **Hy**os **S**óter,   que traduce: Jesús Cristo de Dios Hijo Salvador.

-      *Pero es que todo esto que te digo acontece para que se cumpla lo que fue dicho por el Señor, por el profeta que dijo: he aquí la virgen concebirá y parirá un hijo, y llamarás su nombre Emmanuel, que declarado es: Con Nosotros Dios.*
-      Bueno, yo también sé que hay un libreto que niega el libre albedrío, no necesitas reconfirmármelo. Por eso creo que para poder usar el libre albedrío, primero tengo que liberarme de lo que no soy. Y sólo cuando lo haga podré saber quién soy. El problema es que para liberarme de lo que no soy, alguien en mí debe saber quién soy. Creo que la vida está totalmente organizada para evolucionar en el universo -es una con él, como tu Padre y tú- y, en ese sentido, somos títeres dentro de dicho universo. La diferencia estriba en que el títere que es consciente de su libreto, como lo eres tú, lo representa conscientemente. Quien no lo es, sencillamente con es consciente y ¡punto!

Pero bueno, al fin y al cabo cuéntame, te llamas Jesús o Emmanuel. Y ahora no me vengas con el cuento de que tu mamá es virgen; porque ni Virgo que fuera. Por cierto, creo que tu idea de nacer de madre virgen, tan común en muchas culturas, es una aportación persa o griega a la cultura judeocristiana; y con ello tan solo se hace alusión a la pureza del nacido. Ishtar fue madre, como lo fueron Isis, Gea, Rhea, Hera, Eva, etc. Todas ellas fueron "Señoras" en el más alto título que pueda dar la palabra en sí mismas. La Señora, Mi Señora o, como dirían en italiano: "Mea Domina" o "Madona" es el nombre cariñoso con el cual se nombra a tu madre o la Virgen María. La veneración a estas madres diosas paganas, no es más que la prolongación de un antiquísimo culto a la madre tierra-agua. Y, si es Virgo, ni me digas que nació el 8 de septiembre, el complemento de Piscis, su marido.

- *Ah, no sé, eso si no me lo ha contado. La verdad es que jamás le he dado ningún regalo de cumpleaños a ninguno de los dos. Pero espera te sigo contando, porque lo que sí me dijo fue que, despertando José del sueño, hizo tal como el ángel le había mandado y recibió a su mujer. Y no la conoció hasta cuando me parió a mí, que soy su primogénito; y, efectivamente, me llamó Jesús.*

- De modo que eres el primogénito, dije en tono meditativo. Pues eso me pone a pensar que si te llaman "el primogénito" es porque vas a tener más hermanos; porque de no ser así ¿para qué te iban a decir primogénito? Si así fuera, se referirían a ti como "el unigénito" hijo de ella, no como el primogénito.

- *Vaya, no había pensado en eso; pero es verdad, después te presento a mis hermanos.*

- Pues Jesús, quisiera que supieras lo que yo pienso del término "Virgen", porque no tienes que dejarte llevar por la idea casta y virginal, que de todo tendrá menos de Virgen. A mi entender, Virgen da la idea de "completicamente soltera" en todo el sentido de la palabra, no poseída por nadie; montada sí, pero no poseída. Una mujer sola en sí misma y que se gobierna por sí misma; una mujer dueña de sí que se pertenece a sí misma y a nadie más; que es complemento de nadie ni se somete a alguien y menos a un varón; mujer que solamente se doblega a su naturaleza interna y divina. En este caso me refiero al término "Virgen" en el mismo sentido que digo: la Naturaleza Virgen o un Terreno Virgen. Que, si también caes en la cuenta, de todo tiene menos de virgen; pues es fértil en abundancia. Es decir, la Virgen copula pero jamás se somete a nadie, porque es alguien amazónicamente independiente.

Mientras que la idea de virginal a la cual te estás refiriendo con el cuento de tu milagrosa gestación, es algo casto y puro, algo que no ha sido tocado ni mancillado, pero que a la vez ha sido fecundado de manera divina. Pero, la idea de virginal en la mitología se refiere a algo o a alguien libre y en cierta forma "arrecho", que está apto para ser poseído; no a algo o alguien que ha sido hecho para guardar su "poseidad" o virginidad per-se. Algo o alguien Virgen, está que relincha de placer incontrolado por ser poseído o poseída libre y momentáneamente; es alguien que ofrece su virginal copa al primer colibrí o -ángel- que se le atraviese; es alguien que se da en su momento de una forma sagrada, como dices que lo hizo la señora María; o alguien que se debe guardar como lo hace aparentemente la monja para calmar sus deseos.

El estado virginal equivale a lo no manifestado, a lo no revelado; es decir, a la oscuridad o a aquello que está en potencia, a algo latente en nosotros, algo… virgen. Un alma virgen es libre, tan libre como lo pudo haber sido antes de encarnar. El hombre deja de ser virgen para dar fruto cuando se convierte en… mujer. En mujer fecunda; y es Dios fecundo en él o en ella. El alma virgen deviene entonces en alma mujer, la mujer en madre y la madre es… Madre de Dios como la tuya, que es la prolongación genética de Dios a través de sus criaturas. Es como si Él se engendrara a sí mismo, pues no sólo Él puede ser a través de Él mismo, sino que sólo Él es Él.

Y, la última "virgen" unificada en esta serie de vírgenes fue María, la que dicen que es tu madre; pero fíjate bien, fue la última no la primera. A todas sus antecesoras también las preñó algo sin cuerpo o numinoso; eran de nadie, no tenían marido, pero tienen su retoño como cualquier madre soltera que se tiene que casar con el primero que aparezca para que no se dude de su reputación, en términos mojigatos. Tu virgen madre de Dios es el símbolo cultural de la tierra de cara al cielo que se transfigura en tierra de luz. Es ella el modelo y puente entre lo inferior y lo superior, lo bajo y lo alto. El nombre de María y en este caso la Virgen = Virgo y virginal, significa: completa, soltera, no poseída; su nombre traduce: Mar-ía = Mano Única. En Virgo, símbolo zodiacal de purificación, de lo que está cerrado o sellado, encontramos representado el arado como símbolo del órgano reproductor femenino. El signo Virgo, es el mismo que como el templo de la Virgen-Caverna, contiene al Cristo Solar que dices ser y que ha de nacer. Oye, y a todas estas, ¿en donde naciste?

- *Ah sí, claro, nací en Bethlehem de Judea en los días del rey Herodes que, por cierto, no me quiso mucho que digamos. Me parieron allí porque había un empadronamiento ordenado por el emperador Augusto y, como José era de la casa de David según su árbol genealógico, tenía que ser censado allá.*

- Debo decirte que Belén o Beth-lehem, Bethleem traduce: casa del pan. ¿Será que vas a ser el pan o alimento de mucha gente? Y, dime ¿cuánto hace de eso? Es decir, ¿cuánto hace que naciste?

- *Hace casi treinta años.*

- Uy, hermano, estás bajo el primer ciclo de Saturno. Yo como que mejor no te acompaño, no vaya a ser que te suceda algo malo en los próximos 2 ½ años y me caiga encima parte de tu karma. ¿No sabes cómo se representa Saturno? Es como una cruz que el alma lleva a cuestas… Y el alma es lo que yo soy, logro ser y estoy destinado a ser. Por eso creo que lo que a mí me viene a la mente, me sale del alma. Y en ese caso, déjame hago memoria, porque según recuerdo, se dice que tú naciste en el llamado mes judío Tichri; durante el cual se celebraban las fiestas de Roch Hachannah y del Gran Perdón, que correspondían al año nuevo judío, que por lo general era a finales de septiembre o a principios de octubre y no en diciembre, como va a sostener la masa descerebrada del Vaticano.

- *¿Del qué?*

- Después te digo. Pero me parece que lo de tus treinta años, debe ser porque es a esa edad cuando los judíos consideran que el hombre alcanza su plena madurez, aceptando las responsabilidades de la vida pública.

- *Pero es que hay cosas que yo mismo no entiendo*, dijo el Hombre; *porque la mujer de José me contó que el ángel se llamaba Gabriel, pero que la había visitado en una ciudad de Galilea llamada Nazaret. Y que le había dicho: ¡Salve, muy favorecida! el Señor es contigo: bendita tú entre las mujeres.*

- Oye ¿acaso sabes lo que significa Galilea? El girar de la rueda. Y Nazaret significa: lo que se consagra.

- *Pues me dijo ella que se había llevado un susto tremendo con esa visita. ¿Te imaginas que a uno se le aparezca alguien diciendo que es un ángel del Señor? ¿Y sin estar preparada de antemano? Hasta se quedó pensando en el modo con el cual la estaba saludando. Y, dizque al verla tan turbada, el ángel le dijo: María, no temas, porque has hallado gracia cerca de Dios. Y he aquí, concebirás en tu seno y parirás un hijo al cual llamarás JESÚS.*

- ¿Otra vez en mayúsculas? Le pregunté.

- *Ah, no te burles. También le dijo que yo iba a ser grande e Hijo del Altísimo.*

- Ah, ya sé, exclamé. Por el lado de José te viene lo de la alcurnia ancestral; pero por el lado de

María te viene lo del ego tan grande que tienes. Claro, Hermano, ¿cual madre no cree que su hijo es…Divino? Debes ser el hijo consentido de María, pero ni por esas eres el primero en serlo. Muchas deidades femeninas, antes que María, tuvieron su hijo preferido; por ejemplo: Ishtar al sirio Tammuz, Isis al egipcio Horus, Gea al griego Kronos, Rhea al griego Zeus, María al judío tú; y hasta mi mamá a mí, porque también yo fui el primogénito, como tú.

- *Que no te burles, porque, además, el ángel le dijo que el Señor Dios me iba a dar el trono de David y que reinaré en la casa de Jacob por siempre; es decir, que mi reino jamás se acabará. Cómo sería de fuerte el mensaje que le anunciaba, que ella le preguntó que cómo iba a ser posible eso de mi nacimiento de esa manera, si ella no conocía aún a ningún varón.*
- Por eso te digo, María debe ser de signo Virgo, como la mujer de Roberto. Por cierto, déjame me levanto un momento para ver si ya llegaron.
- *No, no, siéntate que viene una parte muy importante. Entonces, el ángel la tranquilizó diciéndole que el Espíritu Santo vendría sobre ella; que la virtud del Altísimo le haría sombra; y que por esa misma razón lo santo que le iba a nacer -es decir, yo- también sería llamado el Hijo de Dios. Ante semejante situación y como nada es imposible para Dios ¿qué iba a decir ella? Apenas pudo musitar exclamando: he aquí la sierva del Señor; hágase a mí conforme a tu palabra.*
- ¿Viste? Te lo dije, es Virgo, la sierva o la cenicienta que conocemos hoy.
- *Apenas dijo eso, el ángel se fue volando. ¿Qué opinas de lo que te he dicho hasta ahora?*
- Pues la verdad es que tu historia no me suena nada nuevo, le respondí. No sé si has oído hablar de un tal Buda que vino como 500 años antes que tú. Pues bien, su mamá se llamaba muy parecido a la tuya, la

conocían como Maya, y él también decía que era Hijo de Dios.

- *Debía ser un impostor, porque yo soy el verdadero y único Hijo de Dios.*

- Oye, pero te estás contradiciendo, porque ¿no dizque todos nacimos del Verbo? Eso significa que todos tenemos un mismo origen. Además, entre los griegos y romanos, Hermes o Mercurio, que por cierto era el hijo de Zeus o Júpiter, es decir el Mensajero e Hijo de Dios, como tú dices serlo, también tenía su madre llamada Maia; una divinidad romana que da origen al mes de mayo que después va a tener mucho que ver con tu supuesta madre María. Es más, el nombre griego de Zeus, proviene de la raíz sánscrita dyaus que traduce el día o el cielo, y del griego djeus que significan literalmente "la luz de los cielos". El nombre romano de Júpiter proviene de la raíz diu-pater o Dios Padre; Júpiter=jovis=cielo. Como es él quien aporta la luz, es llamado "el brillante", "el Padre o Señor del cielo", "el Gran Preservador de la Vida", "el que ilumina", "el que libera" de batallas y plagas.

¿No te parece que te estás copiando de otras culturas para armar tu propio cuentico?

- *Sí, pero ya te dije que no lo digas muy duro, porque de pronto despiertas a quienes me acompañan. Por cierto, yo no había visto gente que durmiera más que ésta; a cada rato me toca estarlos despertando...*
Pues en mi familia parece que todos nacemos como raro; porque tengo un primo, Juan, que también fue parido cuando ya Elisabeth, su mamá, no tenía edad para eso o como que era estéril. Zacarías, su esposo, vivía muy triste por no tener descendencia; y eso que él andaba sin represión en todos los mandamientos y estatutos del Señor. Y tanto era así, que un día en el cual estaba

ejerciendo el sacerdocio delante de Dios poniendo incienso, se le apareció en el templo el mismo ángel Gabriel que le produjo un tremendo susto, como el de María. Pero, antes de que saliera corriendo, el ángel le dijo que le tenía muy buenas noticias, que su mujer iba a parir un hijo al que debían bautizarlo con el nombre de Juan. Que el muchacho iba a ser de muy buenas maneras porque jamás bebería vino ni sidra; y que estaría lleno del Espíritu Santo desde el mismo vientre de su madre.

- Uy, con esa advertencia de que viene así desde el seno de su madre, el primo tuyo debe ser Cáncer como del 24 de junio.

- *Pero fíjate que a él le correspondió abrirme el camino, porque el ángel le dijo al papá que a Juan le correspondería convertir a mucha gente y que iría, como lo ha hecho hasta hoy, delante de él con el espíritu y virtud de Elías.*

- ¿Y quién es Elías?

- *Déjame terminar y después hablamos de él. Pues como te parece que, como Zacarías dudó de lo que el ángel le decía, éste lo castigó dejándolo mudo hasta cuando su mujer pariera. María me contó que cuando Gabriel la visitó a ella, le dijo que Elisabet también iba a parir y que por eso la había ido a saludar. También me dijo que el ángel le había dicho: he aquí, Elisabet tu pariente, también ella ha concebido hijo en su vejez; y éste es el sexto mes a ella que es llamada estéril.*

- Un momento amigo, eso del sexto mes me parece curioso, respondí pensativo. Porque eso me lleva a pensar que ha de haber 6 meses entre su nacimiento y el tuyo. ¿Cuándo naciste, Hombre?

- *Pues a mí la mujer de José no me lo dijo nunca.*

- Pues espera te cuento, porque si eres quien dices ser, la iglesia católica de hoy en día celebra el nacimiento de su Mesías en la noche del 24 de diciembre;

y, siendo así, Juan debe haber nacido el 24 de junio; es decir, 6 meses antes que tú. Te lo dije.

- *No sé, la verdad jamás me ha interesado saber cuando nací sino cómo nací*, contestó secamente. *María me contó que el día de la visita, el hijo de Elisabet había brincado en el vientre de su mamá; y que apenas Elisabet la había visto, tuvo una especie de visión que la había llevado a exclamar: Bendita tú entre las mujeres y bendito el fruto de tu vientre.*

María le contestó que a ella también le parecía que todas las generaciones le iban a decir bienaventurada. Estaban tan felices y asombradas la una con la otra, que ambas se quedaron a vivir juntas como tres meses. Fue cuando lo iban a bautizar con el nombre de Juan y no como Zacarías, que su papá pudo hablar de nuevo mientras el muchachito lloraba por el dolor que le producía la circuncisión.

- Qué costumbre tan sangrienta esa práctica de cortarle a uno con lo que nace. ¿Si se lo iban a cortar, para qué se lo ponen?

- *Designios del Padre que está en los cielos y no te metas a juzgarlo... Pero en fin, el asunto terminó bien, pues mi primo creció y se fortaleció en espíritu; y estuvo en este desierto hasta el día en que se mostró al pueblo. Pero no te he contado la última parte, lo mejor de todo. Resulta ser que en la época de mi nacimiento, estaban muy de moda los magos, lo que ustedes llaman astrólogos. Pues bien, tres de ellos vinieron del oriente a Jerusalén, preguntando por el sitio de nacimiento del Rey de los Judíos.*

- O sea tú.

- *Sí, claro, yo. Además alegaban que habían visto mi estrella en el oriente y que por eso venían a adorarme. El problema fue que hicieron tanto alboroto que el celoso rey Herodes se turbó y con él toda la ciudad. Tanta fue la intriga que, cuando Herodes les*

31

preguntó a los tres magos, en donde decían ellos que habría de nacer el Cristo...

- ¿El qué? Lo interrumpí intrigado.

- *Déjame te lo cuento todo y después te explico. Los reyes, un poco faltos de malicia indígena, le dijeron a Herodes que yo iba a nacer en Bethlehem de Judea, porque así estaba escrito en las profecías; que de Judea iba a salir un guiador que apacentaría al pueblo. Obviamente Herodes les dijo que cuando me encontraran le avisaran para venir también a adorarme. Dicho esto se despidieron y, continuando tras la estrella, llegaron hasta donde estaba José con su mujer, cansados de un largo viaje que habían hecho en burro. Cuando llegaron yo ya había nacido en medio de un pajar y, como me traían oro, incienso y mirra de regalo, se lo entregaron a José. El sitio estaba lleno de pastores sudorosos y de animales malolientes. Pero hasta a esos pastorcitos se les apareció un ángel diciéndoles como una muy buena nueva llena de gozo, que ese día les había nacido en la ciudad de David, un Salvador, que es Cristo el Señor. O sea, yo.*

- Ah, entonces naciste en un pesebre o en una cueva de las usadas por los pastores para resguardarse del invierno con sus ovejas; además estabas con buey y un asno incluido. Déjame me imagino la escena: una pareja cansada luego de un largo viaje en burro y a pie, un recién nacido encima de un pajar, un par de animales de trabajo. Me parece que te vieron nacer los cuatro elementos, porque la cueva es el mineral, los animales representan su reino, la paja como lo vegetal y el agua debía ser la leche que te daba María en ese instante. Y tú, según me dices, eres la divinidad naciendo en medio de todas las constelaciones.

Imagino, además, que el oro que te llevaban los magos era porque pensaban que eras un Rey, el incienso porque creían que serías un sacerdote y la mirra... Vaya, la mirra me parece un regalo como de mal agüero. Porque según he sabido, la palabra griega "khrisma" expresa la acción de ungir y pasó a denominar al óleo o santo crisma que se utilizaba para la unción. El óleo que deberá ungir al futuro Mesías, que según me estás dando a entender eres tú, se ha de preparar con esta amarga-dulce mirra. Pues bien, en hebreo el significado de la palabra Mesías, "Masiah" o "el ungido", se tradujo al griego como "Khristos", "Christos" o "el ungido del Señor". Para los judíos mismos, la idea de Mesías se remonta a una antigüedad tal como la del Rey David, a quien también se le conoció como "el ungido de Yahvé".

Además, los rumores históricos injustificados que andan por el pueblo, dicen que fue el 25 de marzo cuando María se convierte en tu madre. Y mira qué curioso, porque ese mismo día, se celebraban entre los romanos las Hilarias o fiestas de regocijo en honor de la madre de los dioses; así como antaño, el 28 del mes amenoth, equivalente al 23 de marzo del actual calendario, los egipcios celebraban los partos de la diosa Isis, muy emparentada con tu mamá a través de múltiples simbolismos. En tu narración me huele que hay como gato encerrado de alguien copiando lo sucedido con anterioridad. ¿Qué tal que los supuestos tres reyes magos no sean más que las tres estrellas que vemos en el cinturón de Orión y la estrella que seguían fuera Sirio? Me parece que hay que ponerle mucha más atención al firmamento para el día en el cual encarnaste de nuevo. Al fin y al cabo, uno de los salmos que tanto te sabes de memoria, dice que... los cielos cuentan la gloria de Dios y el firmamento anuncia la obra de sus manos.

-        *Pues te cuento que hasta los pastores oyeron voces de alabanza en mi nombre que decían: Gloria en las alturas a Dios, y en la tierra paz y buena voluntad para con los hombres.*

-       Ah, pero la iglesia católica despúes se va a inventar que la frase es: paz en la Tierra a los hombres que ama el Señor. Como si tuviera preferencias.

-       *Después de esto, como tuvieron un sueño profético, los magos resolvieron no contarle nada a Herodes. Pero José también tuvo un sueño en donde un ángel le dijo que nos fuéramos rápido para Egipto porque el brutal Herodes quería matarme. Y todo por culpa de los reyes magos que le dijeron que yo iba a ser rey.*

-       Seguro que los tales reyes magos eran Géminis por lo chismosos, exclamé. Pero me queda la incertidumbre acerca de qué fue lo que vieron los magos de oriente, doctos en astronomía y astrología, adivinos e intérpretes de sueños salidos de la antigua Persia. ¿Qué era esa señal que seguían en el firmamento? Yo sé que mucho antes del exilio judío, ya los magos persas y mesopotámicos eran conocidos por los judíos. Es más, he sabido que los sabios judíos también estudiaron astrología en Persia. ¿Sería que sabían que el Mesías habría de venir bajo la conjunción planetaria de Júpiter y Saturno en Piscis? De ser eso cierto, esa conjunción fue unos siete años antes de tu nacimiento; más exactamente el 29 de mayo por vez primera y el 4 de diciembre por segunda vez. Pues a esta estrella también se le ha visto como si fuera el cometa Halley que aparece en un ciclo de más o menos cada 75 a 76 años y, en tu caso, 12 años antes del tiempo en que dicen que naciste.

Como en astrología, Júpiter, el gran planeta del sistema solar es el símbolo del Gurú, del Maestro y la realeza; y Saturno es el protector de Israel o el Dios de los Judíos, es a nivel astrológico en donde le puedo sacar mucho más jugo al asunto. En primer lugar, Júpiter es Zeus y Zeus eres tú, Jesús; porque ambos son los vencedores de Cronos-Saturno-la muerte. El uno, Zeus-Júpiter, reinando en el Olimpo de los grecorromanos y el otro, tú, en el Cielo de los cristianos. Si Júpiter es el dios inmortal y Saturno es Satanás, el hecho de que hayas nacido bajo esta conjunción planetaria, conlleva toda una serie de características mitológicas y astrológicas de primera mano, que me llevan a concluir que naciste para vencer la muerte, como yo.

- *Pues fuera lo que fuera, después de que me hicieron llorar lo mismo que habían hecho al primo Juan, cortándome lo que me estorbaba en mi pobre pipicito, nos fuimos de allí y estuvimos en Egipto hasta cuando el licencioso Herodes murió. Dizque apenas entramos al templo para el rito de la circuncisión, un viejo que había por ahí y de nombre Simeón, me cargó entre sus brazos diciéndole a María que una espada traspasaría su alma para que fueran manifestados los pensamientos de muchos corazones.*

- Oye y ¿María o José te dijeron en algún momento que hicieron con tu prepucio? Porque esa es una muy sagrada y adolorida parte de tu cuerpo, que no se puede quedar por ahí dando vueltas en la tierra, como si fueran los anillos de Saturno girando a su alrededor. Porque la leyenda de tu doloroso prepucio se vuelve historia o viceversa; ya que, para que veas todo lo que inventa la gente, se dice que una anciana que estaba presente en tan penetrante momento, sumergió tu prepucio en una redoma con aceite de nardo, entregándoselo a su hijo comerciante en perfumes, con la advertencia de que no lo vendiera. Pero el joven desobedeció a su madre y, al parecer, la primera en adquirirlo fue María Magdalena. La misma María que años después ha de utilizar el aceite para ungir tus pies y cabeza. Luego la reliquia desapareció sirviendo como regalo de bodas en algunos matrimonios; como tesoro en el altar de alguna iglesia; llevado en procesión a Roma y, por fin, mostrado al público. Obviamente, por ser una partícula de tu cuerpo divino, dijeron que podía producir milagros y arrebatos místicos. Tanto es así que algún rey lo utilizó para que su mujer diera a luz; una que otra monja comulgaba con él, pues por ser dulce y pulposo lo depositaba en su boca, lo tragaba y de inmediato lo volvía a sentir sobre su lengua. Pero el mayor milagro que produjo tu prepucio fue cuando, de pronto se perdió y reapareció; pero, ya no era uno sino muchos y tantos, que una veintena de lugares se disputaban su genuina posesión. Y hasta fue creada la Hermandad del Santo Prepucio con el fin de custodiarlo; creando tanto alboroto que, por fin, el Vaticano tuvo que declarar que todo aquel que hablara, escribiera o leyera sobre tu Santo Prepucio sería considerado despreciable aunque tolerado.

- *Bueno, esa clase de asuntos tan baladíes no me interesan. Lo que sí quiero contarte es que Herodes era un tipo tan malo, que mandó a matar a una gran cantidad de inocentes niñitos que también habían nacido en Bethlehem. Y para asegurarse de que no fuera yo a quedarme vivo, dio la orden de matar hasta a quienes tenían dos años de edad; cuando yo apenas era un recién nacido.*

- Caray, eso sí que se parece a la Inquisición.

- *¿A la qué?* preguntó el Hombre.

- No, nada, después te cuento. Más bien, la muerte de los inocentes me parece como una gigantesca eyaculación en donde, si un espermatozoide va a fecundar el óvulo, ¿para qué tantos millones de espermatozoides? Qué desperdicio de energía. Imagínate la responsabilidad que tienes: eres el único espermatozoide que se salvó de la matazón de criaturas espermatozoideas. Yo se que Herodes había sido nombrado por Roma como rey de Judá, 40 años antes de que tú nacieras; y reinó hasta cuando murió en el año 4, también antes de tu nacimiento. Si Herodes hizo que mataran a todos los niños menores de dos años que vivieran en Belén y sus alrededores, por obligación tuvo que ser antes de lo sostenido por la Iglesia Católica como fecha de tu natalicio. Sin embargo, para mí, en tu drama fatal, Herodes es la representación bíblica de la fuerza enemiga de la vida, es el mismo Saturno que trata de aniquilar-comer al niño-hijo recién nacido. Piensa que, desde la aparición de la famosa estrella que seguían los magos, hasta el momento de la carnicería de Herodes, habían transcurrido un máximo de 2 años.

- *Pues estuvimos en Egipto hasta cuando otra vez un ángel se le apareció a mi padre putativo en medio de un sueño diciéndole: levántate, toma al niño, a su madre y vete a tierra de Israel; que muertos son los que procuraban la muerte del niño.*

De allí salimos, entonces, a vivir en un pueblito de Galilea llamado Nazaret; también y según él, para que se cumpliera la profecía que decía que me iban a llamar el Nazareno. Fue ahí en donde pasé mi infancia creciendo con fortaleza y henchido de sabiduría, porque hasta la Gracia de Dios era sobre mí mismo.

- Vaya manía la tuya eso de creerte el rey de reyes.

- *Pero espera y te cuento otra parte importante. Desperecémonos un momento que ya es hora de acostarnos, la tarde está enfriándose. Vamos muchachos, despiértense, consigan unas ramas y prendan una hoguera para calentarnos un tanto.*

El hecho de haberse referido en ese momento al lugar en donde estábamos, me hizo acordar de Roberto y su mujer, porque de verdad que se estaban demorando más de la cuenta. Pensé que con lo despistado que era él, seguro que se habían vuelto a chocar por ahí y no tenían cómo avisarme. Al verme pensativo, el Hombre, animando a los doce que lo acompañaban, les dijo que era hora de buscar refugio, que me había informado quien era él y que yo ya era uno más del grupo. Oyéndolo no tuve tiempo ni de revirar, simplemente nos paramos estirando brazos y piernas para desperezarnos un rato y luego nos acomodamos alrededor de la hoguera.

\- *Cuando cumplí los doce años me llevaron a la fiesta de Pascua en Jerusalén*, continuó diciendo él en su relato autobiográfico.

\- ¿A los cuántos años? pregunté.

\- *A los doce, hombre, a los doce. ¿Estás sordo?*

\- Qué bien, exclamé, eso me confirma que tu vida es todo un drama astrológico, porque estabas en tu primer retorno de Júpiter. Debió ser una época magnífica, momentos de gran sabiduría para tu mente superior. ¿Y qué pasó ahí? ¿También, como yo, te salvaste de morir?

\- *No, como la costumbre era ir a esa fiesta y había tanta gente, me les perdí entre la muchedumbre. Aún recuerdo cuánto me buscaron entre parientes y conocidos hasta cuando, como no me encontraban, tres días después me hallaron en el templo. ¿Dónde más iba a estar? Estaba ahí, sentadito en medio de los doctores, oyéndoles y preguntándoles.*

\- Definitivamente estabas viviendo tu primer retorno de Júpiter en aquella Pascua, la fiesta que se celebra el día domingo luego de la primera Luna Llena de primavera, cuando el Sol atraviesa el Ecuador. ¿Pero a qué templo te refieres? Porque imagino que el cuerpo también es el templo de la divinidad, como la señora María fue el templo en donde se gestó tu presente encarnación ¿Cierto?

\- *Sí, así es. Ese día yo tenía a todos los sabios boquiabiertos con mi entendimiento y mis respuestas. Pero ahí vino el regaño, porque cuando José y María me encontraron, me preguntaron que por qué les había hecho eso; que estaban muy adoloridos y preocupados. Y ¿sabes qué les contesté?*

\- Ni me lo imagino.

\- *Les dije: ¿qué hay? ¿Por qué me buscaban? ¿No sabían que en los negocios de mi Padre me conviene estar?*

38

-        Claro, de tu Dios Padre, Diu-Pater o Júpiter. ¿Ves, te lo dije? Uno es tu padre terrenal y otro es tu Padre celestial. Como si tuvieras dos papás porque has tenido dos nacimientos: uno terrenal y otro… ¿celestial? Estabas en tu primer añito jupiterino de crecimiento en sabiduría y conociendo el plan divino que hay escrito para ti en esta encarnación.   Fíjate cómo el primer ciclo importante de la vida es el retorno de Júpiter a los doce años y el próximo es el del retorno de Saturno, alrededor de los 30 años. Oye, y con semejante respuesta tan grosera que les diste, me imagino que no entendieron lo que les decías.

-        *Pues sí, parece que no me entendieron y por eso me tocó devolverme con ellos a Nazaret, en donde me tuvieron muy sujeto a su lado. Pero, poco me importó, porque ahí seguí creciendo en sabiduría y en edad, y en gracia para con Dios y los hombres. Desde entonces, el tiempo ha pasado muy rápido y hasta Juan tuvo mucho trabajo alrededor del río Jordán predicando el arrepentimiento entre la gente, e invitándolos a bautizarse en sus aguas para que se limpiaran de sus pecados.*

-        Cuéntame un poco acerca de tu primo, le dije interesado en él; mientras pensaba que la vida era como el río Jordán, que si no tuviera curvas, estrechos, raudales y caídas, sería tan monótona…

-        *Pues a Juan sólo lo vine a conocer el día que lo vi bautizando en el Jordán.*

-        Un momento, me dices que ¿siendo de tu familia nunca se conocieron de pequeños? Eso me da para pensar que, definitivamente, de los doce a los casi treinta años, tú no creciste con tu familia; sería imposible que, de haberlo hecho, no hubieras jugado con Juan si son de la misma edad. No me resulta extraño, entonces, pensar que definitivamente tu sí anduviste muy perdido esos diez y ocho y medio años de tu vida, en donde quién sabe quién te instruyó acerca de la misión que tenías que realizar como Jesús. Ahora sé por qué han tejido tanta historia acerca de tus años perdidos. Y lo entiendo de la siguiente manera: cuando el gusano es gusano, anda por ahí comiendo hojas tranquilo, porque con su color y pelitos venenosos se defiende de los pájaros que se lo quieren comer; cuando es mariposa, ella anda feliz volando de flor en flor alimentándose del néctar de las flores y se defiende de los mismos pájaros volando o, al menos, tiene esa posibilidad de defensa. La mariposa me ha enseñado que debo aprender a ser feliz con lo que hago en la vida, para hacer felices a los demás con lo que soy.

Pero, ahora entiendo que en el proceso de transformación, la oruga tuvo que construir su crisálida bien escondida, porque es en esa etapa cuando más indefenso está el animalito; puesto que, encerrado en sí mismo, no puede alimentarse ni defenderse y por eso tiene que llevar una vida oculta en donde se nutre de sus reservas de energía y de la fe en sí mismo, mientras cumple con esa parte de su proceso evolutivo. Mira qué interesante mi conclusión acerca de tus nódulos perdidos, digo, acerca de tus años perdidos. Pero, bien, pueden ser conclusiones tontas de mi nivel de ser piedra; mejor cuéntame más acerca de tu heraldo Juan.

- *Juan vivía en el desierto vestido de pelos de camellos, y una cinta de cuero alrededor de sus lomos; y su comida eran langostas y miel silvestre.*

- ¿Y a mí qué me importa cómo iba vestido? Lo que me interesa era qué hacía y qué decía.

- *Sí, pero espera un poco mientras te cuento algo. Que si Juan comía miel y langostas, es símbolo de las ideas que lo nutren; la miel es como el alimento especial con que se nutre a la reina de la colmena; es decir, un alimento superior; y las langostas devoran lo terrenal. Podría decirse que tenía el alimento terrenal muy fuertemente arraigado en él. Y, si estaba vestido así, era el símbolo de que se vestía con lo externo de los animales y que por lo tanto él conocía lo de afuera,*

40

*es decir, la Verdad; pero no conocía mucho lo de
adentro. Jamás olvides que la vestimenta es símbolo de
las actitudes psicológicas; por tal motivo el cinturón es
signo de lo que ata esas actitudes.*

- Maestro, sí creo que es bueno cambiar
de vestimenta, pero lo que hay que tener en la cuenta es
ponerse el vestido apropiado según la ocasión. Porque
creo que para ser Maestro primero hay que ser Guerrero.
Pero, también, para ser Maestro, hay que dejar de ser
Guerrero luego de lograr su cometido de guerrero que es
vencer la bestia que lo domina. Por eso me imagino que la
bestia que a ti te espera es para tu tamaño. Porque entre
más grande el Guerrero, más grande la Bestia. Y de eso
son testigos todos los héroes mitológicos y verdaderos de
la humanidad entera.

- *Por eso, mi amado Apóstol, Juan ha de
insistir tanto con lo del arrepentimiento, es decir,
corregir el rumbo pensando de una manera diferente,*
contestó el Señor.

- ¿Qué sería como cambiar de vestimenta
o de creencias? Pregunté tímidamente.

- *La voz de Juan, como había dicho el
profeta Isaías, iba a clamar en el desierto. Pero la misma
voz de Juan decía: ¡¡Oh generación de víboras, quien les
enseñó a huir de la ira que vendrá!? El problema es que
a quienes insultaba era a los farsantes fariseos y los
asustaba tanto, que todos le preguntaban qué era lo que
tenían que hacer.*

- ¿Y qué les contestaba?

- *Que repartieran sus pertenencias con
quienes no tenían, que se contentaran con lo que poseían,
que no pidieran más de lo que tenían. Hasta le llegaron a
preguntar si él era yo; es decir, que si él era el Cristo.*

- Me imagino que les diría que no, por
aquello de los derechos de autor ¿no?

- *Sí, claro. Y les dijo, además, que yo era
el Cordero de Dios que quitaba el pecado del mundo. Y*

les contó que él los estaba bautizando en agua; pero que habría de venir alguien más poderoso que él -yo- que los habría de bautizar en Espíritu Santo y Fuego.

- ¡Uy, qué susto! Oye, y ¿sí entenderían los bautizados el rito que Juan les estaba haciendo? Porque me imagino que, aun cuando era ya gente adulta que si mucho llevaban a sus hijos pequeños a bautizar con ellos, también debían ser iletrados e ignorantes. Pueblo es pueblo. Porque hoy ocurre exactamente lo mismo y lástima que el bautizo sea hecho apenas recién nacida la criatura; porque en el rito éste, el único que no está presente en conciencia es, precisamente, el bautizado. Pero bueno, es cosa de política ver cual religión o secta coge más votos desde temprano... Cuéntame más, aprovechemos que la gente con quién andas se volvió a dormir y que la luz de la Luna está preciosa.

- *Una vez que los judíos enviaron a unos sacerdotes y levitas de Jerusalén hasta Betábara, para preguntarle a Juan quién era él, les contestó no quién era, sino quién no era.*

- A caray ¿y qué les dijo?

- *Que él no era yo; es decir, que él no era el Cristo. Entonces le preguntaron que si él era Elías.*

- ¿Y por qué lo asociarían con Elías?

- *Tal vez por la manera de vestirse, que ya te dije es como la manera de pensar. Y cuando le preguntaron que si era el profeta, también les contestó que no. Tan sólo dijo que él era la voz en el desierto y, de ñapa, les recomendó que enderezaran el camino del Señor, como había dicho el profeta Isaías. Como Juan estaba al corriente que estos enviados eran fariseos, sabía cómo tratarlos. Y como también le preguntaron que con qué autoridad estaba bautizando a la gente si no era yo, ni Elias, ni el profeta, les contestó que bautizaba con agua como lo habían mandado.*

- ¿De qué autoridad personal nos podemos jactar, si no la aplicamos primero sobre nosotros

42

mismos? pregunté interrumpiéndolo. Y ¿quién mandó a Juan a bautizar?

- *Ah, eso lo sabrá él. Pero añadió que habría de llegar yo; bueno, no lo dijo exactamente así, pero yo sé que se refería a mí: uno a quien él no merecía ni desatar las correas de las sandalias. Y afortunadamente así fue; alcancé a llegar al Jordán para ser bautizado por él, aun cuando en un principio él mismo no quería, pero yo lo convencí diciéndole que había que cumplir con las Escrituras.*

- Estabas como purificando tu naturaleza inferior, cuerpo, mente y conciencia de hombre, pero ¿así no más, así porque sí?

- *No, no, así no más no. En el momento de mi bautismo se abrieron los cielos y...*

- Apareció tu Padre

- *No, nada de eso. Descendió el Espíritu Santo.*

- ¿La misma palomita que preñó a María?

- *Sí, el mismo Espíritu Santo.*

- ¿Y qué sucedió? Pregunté intrigado

- *Pues que se apareció bajo la forma de paloma blanca, mientras fue hecha una voz del cielo que decía: Tú eres mi Hijo amado, en ti me he complacido. Voz que en ese momento me reveló y confirmó quién soy*

- Ah no, ese cuento sí que no me lo trago. El rito bautismal no es para andar jugando con palomitas, pues nace, o al menos proviene de la antiquísima ciudad de Eridú, bajo la tutela del dios del agua Ea que traduce, precisamente, "el Dios de la Casa de Agua" Ahora me pregunto: los personajes Ea-Oannes-Jano-Juan-Jesús... ¿serán todos uno solo? Porque seguro que quien volaba disfrazado de paloma era Mercurio. ¿No ves que hasta tiene alas en sus sandalias? Y, con la manía que tiene de andarse disfrazando de todo, con esa inteligencia y con aquella capacidad de la cual es dueño para imitar las voces de todo el mundo, seguro que por ser el mensajero de Dios ya aprendió hablar como él.

Es más, tu palomita tampoco es tan original, pues entre los griegos existe una mujer llamada Eurínome cuyo nombre significa "la Creadora", "Diosa de Todas las Cosas"; quien un día, sintiéndose sola, se frotó las manos e hizo nacer a su amante, la gran serpiente Ofión con la cual, y bajo forma de paloma, puso el Huevo Universal del cual provino toda la creación; por eso el huevo es símbolo de la primera etapa de la creación. De esta unión nacieron los animales, los lagos, las montañas y los ríos. La paloma es símbolo del amor de lo carnal a lo divino, de aquello que hay en nosotros de inmortal, de felicidad y fidelidad conyugal. Es una representación del alma consagrada a Venus, como delicadeza, felicidad conyugal, inocencia, paz y pureza. Con el tiempo, tu paloma blanca se convirtió, por la historia que me cuentas, en símbolo del Espíritu Santo y sus siete gracias: comprensión, conocimiento, fortaleza, piedad, prudencia, sabiduría y temor de Dios; pero también es símbolo de armonía, paz, pureza y sencillez. Por eso ésta es el ave que luego se tornará en el Anima Mundi cristiano, Espíritu Santo o del Dios que aletea sobre las aguas de la substancia primordial indiferenciada.

Pero recuerda que también la paloma es famosa por lo mensajera, y es por ese motivo que se la relaciona con Mercurio, el Mensajero de los Dioses, como tú mismo dices que eres. La paloma representa la razón en el acto de aprehender el mundo visible; mientras es simbolismo del alma que, con sus alas, se desprende de lo terrestre, de Eros sublimado y de la gran madre telúrica, símbolo de los instintos sublimados y del predominio espiritual. Además, yo creo que la creación universal es un lazo por el cual tenemos que trepar con nuestra evolución personal.

-        *Pues fíjate que en ese momento, dijeron de mi una genealogía que llegaba hasta Mathusalá el hijo de Enoch, que fue de Jared, que fue de Maleel, que fue de Cainán, éste de Enós, él de Seth y ya tu sabes que Seth fue uno de los hijos de Adam a quien creó Dios. Y de allí vengo yo. Con eso te redondeo la historia que te conté de mi origen y mis primeros años de vida.*

-        ¿Y, cambiando de tema, cuando te encontraste con toda esta partida de gente dormilona que te acompaña? Porque se ve que son bien ignorantes.

-        *Pues precisamente, fue en aquel momento del bautizo, cuando se vinieron conmigo dos de los discípulos de Juan, aquel par que duermen allá recostados contra ese tronco seco. Uno se llama Andrés y es hermano de Simón Pedro, el que está a su lado y a quien me tocó cambiarle el nombre por Cephas, es decir, Pedro, que significa piedra.*

-        ¿Por lo bruto, por lo violento o porque te obedece? Porque se le nota lo burdo de lejos y, además, ¿por qué le pusiste así si lo primero que debimos aprender como herramienta para defendernos, fue arrojar piedras contra los demás? Yo no me fiaría mucho de él, porque en lo poco que lo he tratado, se le nota lo apasionado e instintivo que es sin emoción alguna. Más me fiaría yo de aquel pelirrojo que está allá al lado de la hoguera con una bolsa de cuero en la mano.

-        *Al otro día fui a Galilea y me encontré con Felipe, a quien también convide a que se nos uniera, porque además conocía a Andrés y a Pedro. El mismo Felipe incorporó al grupo a Natanael diciéndole que por fin habían encontrado al personaje del cual hablaba Moisés. O sea yo, el Mesías. Cuando tuve a los cuatro juntos, les dije que habrían de ver mayores cosas de las que habían visto hasta el momento.*

-        Bueno, no te quedaba difícil descrestarlos siendo como son, pobres trabajadores que se ganan la vida con lo que pueden, así sea pescando con sus

45

redes u ordeñando chivas y ovejas. No creo que se necesite mucha inteligencia para descrestarlos ¿no te parece?

- *Pero fíjate que, inmediatamente después de mi bautizo comenzaron a suceder fenómenos impresionantes en mi vida. La ceremonia fue tan alucinante que, al momento, fui llevado del Espíritu al desierto en donde me encontré absolutamente sólo. Pareciera ser que sólo vivían allí las fieras, las Lamias y los Onocentauros citados por los profetas. En un principio no me pareció sentir nada extraño ni me dio miedo el estar allí tan lejos de todos aquellos que me conocían. Pero, de pronto, comencé a sentir una inusual presencia no sé si en mi interior o rodeándome; porque hacia donde mirara o corriera, la sensación me acompañaba. Fue al rato de estar sintiendo todo esto en mi interior, cuando supe quien me estaba acompañando en mi soledad.*

- ¿Quién? pregunté intrigado.

- *El Diablo. Era el Diablo en persona.*

- Ah, no eso si es pa´volverse loco. No me diga que usted también se va a poner a creer en don Sata. Pero si el Diablo no existe, ese es un cuento viejo inventado desde mucho antes de usted nacer allá en el rancho de José y su mujer. Es más, se lo inventaron para asustar a gente ignorante, como éstos que te acompañan. No me vengas a decir que viste al macho cabrío tan mencionado en el Levítico, ese animal bajo el cual se representan la figura de Satanás el adversario.

- *¿El qué?* Preguntó el Maestro.

- El macho cabrío de los aquelarres que se representa como una estrella de cinco puntas verticalizada hacia abajo; en donde queda inscrita la cabeza de Satanás-Saturno-Capricornio; Capri el cabro, como representante de la subversión intelectual y el triunfo del mal. Porque si es a él a quien viste, entonces es

46

la misma estrella o representación esotérica que viene desde el lejanísimo hindú Kali-yuga. Ni siquiera tu tal diablo es original.

Es más, y óyelo de una vez por todas, para que no me fustigues con el cuento de que eres el Hijo de Dios: no me gusta el Dios aquel que se han inventado los hombres, que se alegra si hago el bien y se entristece si hago el mal; que se enfurece si no actúo como dicen que él dice, y que me premia si mis actos están de acuerdo a los suyos. Ni me gusta, tampoco, el Diablo ese que han puesto a su lado, que se alegra si hago el mal y se entristece si hago el bien; que se enfurece si no actúo como dicen que él dice y me premia de acuerdo a si mis actos fueron los suyos.

A mí me parece, mejor, que tal Dios y Diablo, son el mismísimo ser, salido de un mismo cerebro perverso y un corazón tan malsano, que no ve lo que debe ver ni sabe lo que debe saber. Y es tan solo por ello, que ahora yo me pregunto: ¿quiénes serán los creadores y quienes los creados?

- *Pues no, fíjate que yo también pensaba que el Diablo no existía; pero resulta que se me apareció en persona para tentarme.*

- Ah, un momentico: si era para tentarte es porque entonces no eres tan perfecto. Porque si lo fueras no podrías sentir ninguna tentación por ser dizque el hijo de Dios. O ¿es que tenías que continuar evolucionando a través de vencer las tentaciones del camino? Es más, ¿no será tu vida el mejor ejemplo para encontrar el camino que está construido desde el cielo hacia la Tierra, para que quienes vivimos en este estado terrenal podamos acceder al celestial? Porque sospecho que si hay un cielo afuera y arriba de mí, hay otro adentro y superior; y que si hay una tierra afuera y debajo de mí, hay otra adentro e inferior... Que si hay un Dios Padre, hay un Dios Diablo... ¡Uy, qué susto!

- *Pero lo curioso es que las tentaciones no fueron apenas entré al desierto*, dijo el Maestro interrumpiendo mis reflexiones; *sino después de cuarenta días y cuarenta noches de estar solito y sin comer.*

- Ah, pero es que después de semejante ayuno, cualquiera alucina, Hermano. Además el miedo se vence ante un dragón como éste, no ante una babosa. A las babosas se las usa para vencer el asco y, si no vencemos el miedo nos tendrán asco. Además, nunca hay que olvidar que tenemos la capacidad para construir al Diablo y a Dios en nosotros mismos. Los materiales son los mismos, todo depende de cómo los mezclemos. Creo que Satanás es un mal necesario para que puedas acceder al estado Crístico; pero también es una prueba indispensable para que la humanidad pueda vencer lo que no somos y nos domina. En el camino al estado Crístico es absolutamente imposible dejar de encontrarse con el Diablo, pues al fin y al cabo algo en nosotros ha sido Satanás-ignorancia, sin que lo supiera otra parte nuestra. Tú mismo a veces te estás nombrando como Hijo de Dios, espíritu; y otras tantas como Hijo del Hombre, materia.

- *Pues sea lo que se fuere, este Satanás, aprovechándose de mi debilidad, lo primero que me dijo fue: si eres el Hijo de Dios, di que estas piedras se hagan pan. Y al oírlo, me tocó contestarle al tentador, que estaba escrito que no sólo con pan vive el hombre, sino con toda palabra que sale de la boca de Dios.*

- Esa respuesta me suena a mucha teoría y poco de práctica, para ir por el camino de lo terrenal hacia lo celestial. Y el pan ¿no sería símbolo del alimento espiritual que necesitabas en ese momento y que estabas tentado a volverlo el pan-piedra-literal de la verdad caduca de la cual ya no debías seguir alimentándote? Lo que él te estaba diciendo es que fueras tu propio panadero, como los arquitectos de la Torre de Babel la construyeron de ladrillo hechos por ellos mismos y no de piedras hecha por Dios. Te incitaba a que te alimentaras de tu verdad e ideas personales terrenales del Jesús que nació de mujer, cuando el pan ya está hecho desde arriba o desde adentro... Por eso el pan sirve para alimentar el cuerpo, para que no sucumba y muera; pero, así como debo nutrirlo, también tengo que dar pan sagrado a mi ser interno; es decir, sabiduría infinita hecha harina, vuelta polvo a través del sufrimiento propio como único medio de hacer pan divino para el ser interno cuya necesidad de alimento es aún mayor que la del ser externo. Así pues, Padre mío, dame hoy el pan nuestro en este nuevo día.

Y ¿qué más pasó?

-       *Pues que le dio tanta rabia al Diablo con mi respuesta, que enseguida me llevo a la santa ciudad de Jerusalén, me puso sobre las almenas del templo y me dijo: si eres Hijo de Dios, échate abajo; que escrito está: a sus ángeles mandará por ti y te alzarán en las manos para que nunca tropieces con tu pie en piedra.*

-       Oiga hermano, yo no sé que se había comido usted, pero su situación me parece igualita a los estados de hongos de anillo negro que he tenido con Roberto. Me parece estar en uno de esos trances.

-       *Pues de nuevo me tocó contestarle que estaba escrito que no debería tentar al Señor su Dios.*

-       ¡Uy!, qué humillada tan salvaje la que le pegaste. Así entre líneas, le dijiste que tú eras su Dios. Oye ¿y tú si crees que eres el Dios del Diablo? ¿No será mejor entender tu encuentro con él como una pelea personal tuya en el desierto mental de tu soledad interna, sin quién te guíe y en donde luchan dos niveles: el inferior de Jesús, con el superior del Cristo, para ver cuál ha de ganar? Los poderes del mal en ti mismo, versus los del bien. Gusano y mariposa procesándose en la soledad de la crisálida como símbolo de salir de lo viejo y liberarse de los opuestos uniendo en uno solo la Verdad y el Bien. El gusano como símbolo de disposición mundana o servil, pero también del ser que está en un proceso de transformación correcta. Y la mariposa, representando la belleza del cuerpo espiritual y de los resultados del proceso de esta especie de resurrección, transformación o renacimiento espiritual en el cual estabas metido de lleno. Me imagino ¡cómo estarías de aturdido! Pero bueno, comprendo que a estas alturas estabas perdiendo tu alma de gusano para encontrar la de mariposa. Además, no utilizaste ningún poder o magia en especial, sino que te basaste en lo que ya estaba escrito; es decir, en lo que sabías que era la ley ¡Qué buen potencial que tenías en la soledad de ti mismo!

Está bien, venciste la duda, pero Maestro, ¿tuviste presente que tu lucha no era tu lucha, sino que es la naturaleza quien batallaba en tu interior para ser ella cada vez más perfecta? Porque yo muchas veces, conversando conmigo mismo, me he dicho: te estás perdiendo entre tantas ideas que a mi mente entran Oh, Dios mío. Te estás extraviando por entre ideas de otros tiempos que aún no entiendo. Y, sin embargo, a pesar de a veces no entenderte y sentir que no te siento, aún te busco muy adentro de mí mismo, en donde seguramente esperas con paciencia mi regreso y mi sonrisa.

- *Déjame acabo de contarte la historia y te contesto después; porque resulta ser que, enseguida, el Diablo me llevó a un monte muy alto desde donde me mostró todos los reinos del mundo y su gloria. Pensó que, porque veía tanta riqueza, me le iba a entregar a adorarlo a cambio de ellas. Y no, ahí si fue cuando le dije: váyase al diablo, Satanás, que está escrito que al Señor tu Dios adorarás y a él solo servirás. Y, en el preciso momento en que se estaba yendo con el rabo entre las piernas, mi Padre mandó unos ángeles para que me sirvieran.*

- Me parece que es una verdadera falta de neuronas por parte del Diablo, el hecho de que en el desierto se haya puesto a ofrecerte todos los reinos que no son más que espejismos de esta Tierra. ¿Acaso es que no sabía a quién tentaba? Supuestamente tú eres el dueño de la creación misma. ¿Cómo no iba a saber eso el vetusto Satanás? ¿Acaso no dizque sabe más por viejo que por Diablo? Creo que estas tres tentaciones fueron acerca de cómo manejar el poder y no ser atrapado por él. Tú combatiste al Diablo en ti mismo y no afuera; te enfrentaste contra la parte externa que te dominaba. Imagino la duda tan tenaz que tuviste en tu soledad, habiendo comprendido lo que te correspondía dejar obrar a través tuyo; y la tentación metida en ti fustigándote que cómo te ibas a dejar crucificar, que no fueras tan bruto, que usaras el poder que tienes para dominar el mundo y más aún con su ayuda diabólica. A mí me suena mucho mejor, creer que en ese momento fuiste un Jesús muy humano sufriendo una lucha solitaria contigo mismo, dividido en tu personalidad: una parte que te invitaba a una guerra externa armada de espadas y otra que te llamaba a la lucha interna, precisamente, contra lo mundano.

Está la situación, como para que el demonio se le apareciera a todos los políticos y Monseñores de la Santa Madre Iglesia. Es más, creo que ya se les ha aparecido, pero ellos sí cayeron en la trampa. Por eso la tentación se tiene que dar entre dos estados internos o entre dos opciones que valoramos, ¿Cuál será la correcta? ¿Quién primará sobre la otra? Lo imagino como cuando desde mi mente analizo qué es verdad y cuando desde mi corazón percibo el bien, y esa es la eterna lucha entre la verdad y el bien o mente y corazón. Que, si me lo permites, será la Inquisición de tu supuesta futura Iglesia, quien más gente asesinó dizque en aras de la verdad y sin pensar en el bien común. Ahí me parece que ellos mandaron el bien por la alcantarilla y, desde entonces, se dedicaron a proclamar y valorar "tú" verdad más que "tú" bien.

Obviamente el escenario de mis tentaciones personales siempre han sido sobre aquello que yo valoro, porque es eso lo que me mueve y, cuando lo que se enfrenta es la verdad del conocimiento y el bien que siente mi corazón, la cosa se pone como se te puso a ti en el desierto. Porque ¿qué tal que las dos no se lleven bien? Por eso me parece que lo que tuviste contigo mismo fue un enfrentamiento de ese tipo. Afortunadamente la Verdad está muy bien aplicada en ti mismo, como para que el nuevo sentido del Bien te hubiera guiado en dicho enfrentamiento. Se me ocurre pensar que lo que hiciste fue salir de lo inútil y estúpido que aún podía haber en ti; y lo había, porque sino ¿cómo hubiera sido posible que te tentara algo o alguien? Por eso me parece importante cuando el gusano nos enseña a valorar cada cosa en su momento: las hojas del árbol para nutrirse de ellas, reservando sus flores para cuando sea mariposa…

Algo en mi siempre se opone a la evolución con la misma fuerza que, también, algo se aferra a ella y he ahí la tentación en la cual caigo cada vez que dejo de estar presente en mí mismo; porque, al no hacerlo, alguien se adueña de ese espacio, de ese estado y actúa desde él creyéndose yo. Es en esa clase de tentaciones en donde tú, yo y cualquiera debe cambiar el orden de los valores. Y eso fue lo que hiciste en tu desierto… interno.

Además, Señor, creo que hay una fuerza de gravedad síquica que nos adhiere a esta tierra y, así como vencimos la misma fuerza de gravedad física, tenemos que elevarnos por sobre el planeta, venciendo dicha fuerza que nos mantiene atrapados a esta tierra y su nivel de vida. Y eso fue, igualmente, de lo que te liberaste en tu soledad. En mi mente no cabe aún, no puede caber y no creo que jamás quepa, la idea de un Maligno ser, dueño de unos aposentos privados conocidos como el Infierno y en donde todos tenemos cabida. ¡No! la felicidad no puede incluir la dualidad Bien-Mal. El mal no existe o, al menos, es la ignorancia en la que nos han mantenido. Y, si no hay mal, ¿qué hacemos con don Satanás?

Pero fíjate que tampoco me estás contando nada nuevo, porque el Bien, conocido antes que tu llegada por aquí como-Ahura Mazda y su gemelo el Mal-Ahrimán son, ni más ni menos que tú mismo como Cristo-Satán, Quetzalcoatl-Tezcatlipoca de Mesoamérica y ene mil ejemplos universales. Ni siquiera tu tentación del desierto es original, porque unos 600 años antes que llegaras, en uno de los libros de los Vesta, ya encuentro este tipo de provocaciones al abandono de la fe. Precisamente, entre las huestes de Ahrimán figura Azazel como chivo emisario o Leviatán bíblico. Me parece que el Diablo fue una buena invención o artimaña política de la misma época iraní de Zoroastro, en los mismos 600 años antes de que te asomaras en la escena; por cierto, artimaña muy bien utilizada hasta hoy en día por tu supuesta iglesia y sus sectas, y más como artimaña que como un personaje de carne y hueso.

-        *Pues entonces, si no vas a creer en el Diablo ya no te cuento más,* dijo el Hombre. *Además, porque es en ese momento, saliendo del desierto, cuando esta gente que ves durmiendo me estaban esperando para seguir conmigo, acompañados por otros cuántos. Es por virtud del espíritu que he vuelto a Galilea y me he hecho famoso por toda la tierra de alrededor.*
-        Pues cómo no, hasta San Jorge es "San" porque venció al Dragón. O sea que sin Dragón no hay San Jorge. Es más, ni siquiera usted es el primero en vencer al demonio: lo mismo hizo Heracles entre los griegos al doblegar a la Hydra de Lerna, Teseo con el Minotauro y Perseo con la Medusa. Y la lista es tan larga que usted es uno más de tantos. Con ese cuentico del Diablo literal, sí que menos me va a descrestar. Invéntese

una historia más original, como la que me contó acerca del Espíritu Santo disfrazado de palomita.

Es más, si te cuento la tentación de Buda, la tuya es una más de tantas: Mara, el demonio o la personalidad oscura de Siddhartha-Buda, lo mismo que tu Satanás en el desierto, rondaba de cerca pues sabía que la iluminación de Siddhartha era su segura destrucción. Lo primero que hizo Mara fue enviar a sus tres preciosas hijas con el fin de hacerlo caer en tentación mientras danzaban en frente suyo, pero nada consiguió con ello. Ante el primer fracaso, entonces envió toda una sarta de demonios que lo único que consiguieron fue paralizarse ante la seguridad que emanaba de Siddhartha. Y así te informo, por si no lo sabías, que quinientos años antes que tú, Buda también se liberó de las tentaciones que le puso Mara, su demonio personal.

La verdad es que yo estaba tan cansado oyendo una historia de un Diablo físico en el cual no creía; y ya era tan tarde y nada que regresaba Roberto del pueblo, que le dije al Hombre que siguiéramos el ejemplo de los otros doce apóstoles quienes hacía rato que roncaban. Le propuse, entonces, que descansáramos un rato y que mañana, desde muy temprano, siguiéramos con la historia de su vida. Sabía que también era bueno detenerse un poco en los atardeceres internos, puesto que ya era noche y, por lo tanto, estaba en paisajes que aún no conocía. Había aprendido a no caminarlos sin luz, que había que esperar a que amaneciera...

No tardé mucho en dormirme con mis recuerdos, cuando dentro del sueño oí una voz que me dijo: el Maestro que acabas de encontrar...!ten cuidado! también es parte tuya. Representa deseos internos materializados en lo externo; hecho por semejanza de tu imagen y para tu nivel de comprensión. Ideado así para que puedas entenderlo y comprenderte a ti mismo a través de él. Has logrado hacer en lo externo lo que por dentro pensaste y eso siempre ha sido así; tan sólo que ahora lo comprendes. Nunca olvides el poder que encierra esta enseñanza: el maestro aparece... cuando el alumno lo convierte en realidad. Cuando la semilla que sembraste allá, muy adentro, germina en el tiempo y florece en el espacio; y luego tú, abeja milenaria, libando de ella, te deleitas con el néctar, con el polen y el aroma que el maestro en flor deja que tomes a través de él mismo sin prejuicio tuyo.

CAPÍTULO DOS

LOS MILAGROS

De pronto me despertó el cantar de un gallo lejano y me levanté pensando que estaba en Tierradentro. Pero no, al palpar el suelo mis manos se hundieron en la misma arena en la cual me había dormido no hacía mucho rato. Cuando amaneció me dije: ¿qué culpa tenía ella? ¿Por qué acabarla así? La han asesinado inmisericordemente tan sólo por estar allí, cumpliendo con su misión; con aquella que le había encomendado el gran creador de todo. Huérfana ha quedado su desvalida hermana ¿Ahora de qué y con quién vivirá? Dime luz: ¿por qué mataste la oscuridad?

Al verme despierto en medio del resto de los apóstoles encontrados por Jesús, me acordé de cómo en Tierradentro y otros lugares, yo también había hallado por el camino a un grupo de gente nativa del barro en medio de sus quehaceres y, había pasado tan cerca de ellos, que permanecí un buen rato a su lado. Momento que nos bastó para cambiarnos los días, dejar de hacer lo que hacían y comenzar nuestra vida. Pero no la vida que vivían, sino la vital experiencia de ser pescadores de hombres, encendedores de velas y exprimidores de corazones. Sí, pasé tan cerca de ellos que los arrasé de lleno y, olvidándose de todo, se dedicaron a ser... ellos mismos.

Me levanté sacudiendo la arena adherida a la túnica que llevaba puesta y pensando que definitivamente algo le debía haber sucedido a Roberto para que no hubiera regresado en toda la noche. Es más, ni siquiera sabía si había vuelto, porque su cabaña tampoco se veía en el paisaje. Me desperecé estirando los brazos con algo de frío, porque la hoguera estaba apagada y las mañanas en los desiertos son tan heladas como las noches. Me alejé un tanto de los demás apóstoles para no dejarles las necesidades del cuerpo encima y, al regresar, noté que faltaban varios de ellos.

No alcancé a preguntarle al Hombre en donde andarían, porque al momento los vimos llegar como si el Diablo también los estuviera persiguiendo.

- ¡Señor, Señor! exclamaron exhaustos, han apresado a Juan.

- *¡Vamos!* dijo inmediatamente el Maestro mirándome con preocupación.

- Qué ¿vamos a rescatarlo? pregunté.

- *No, a Juan ya no lo rescata ni lo salva nadie.*

- ¿Entonces a qué vamos?

- *A reemplazarlo. Tenemos que ir a Galilea a predicar el evangelio del reino de Dios.*

- No me digas que ahora eres otro de esos locos que sostienen que el mundo ya se va a acabar.

Porque está de moda decir que el fin del mundo es en el 2012. Por cierto ¿en qué año estamos?

-        *Deja ya de andar preguntando sandeces y vámonos a enseñar en las sinagogas para que yo pueda ser glorificado.*

-        ¿Sólo usted? ¿Y entonces para qué nos necesita? ¿Para que le hagamos barra como se la hacen sus ovejitas a cualquier Papa de turno?

Preferí no molestarlo más con preguntas irrespetuosas y nos internamos rápidamente en el desierto rumbo a Galilea, llegando hasta Nazaret, el pueblo aquel en donde me contó que había sido criado. Iba yo tan cansado por el esfuerzo hecho, que en un momento, sintiendo que me faltaba la respiración, me dirigí a mi ser interno diciéndole… inhálame Dios mío, transfórmame y exhálame a la lucha de la vida; para así, transformado, ser útil por medio de ella y posibilidad de vida para otros a quienes, aspirando y transformando, puedan ser espirados con la oportunidad de vida que se lleva adentro. Respiración es vida y ya sé que respiras a través de mí, Dios mío.

Me animó inmediatamente el haber hecho conciencia de que no era yo quien respiraba, sino alguien superior a mí que necesitaba que yo acompañara al Maestro. Y, una vez en Nazaret, me encontré que era una villa campesina y artesanal, rodeada de jardines y huertos de cebada, granados, higueras, palmeras, trigo y viñedos; en donde, conforme a la costumbre, entramos el día sábado en la sinagoga.

El Señor anduvo lentamente por entre todos los rabinos y la gente que estaba en el templo hasta cuando, llegando al fondo, se puso a leer las escrituras. Abrió el libro en cualquier página y le correspondió por suerte el libro de Isaías, que le cayó como anillo al dedo, pues allí decía: El espíritu del Señor es sobre mí, por cuanto me ha ungido para dar buenas nuevas a los pobres; me ha enviado para sanar a los quebrantados de corazón; para pregonar a los cautivos libertad y a los ciegos la vista; para poner en libertad a los damnificados y para predicar el año agradable del Señor.

-        Pst, pst, Maestro, le dije susurrándole al oído, mientras le jalaba la túnica.

-        *¿Qué quieres?, no me interrumpas, ¿no ves que estoy concentrado en la lectura de las Escrituras?*

-        Necesito que me expliques algo de lo leído, porque no entendí nada. Además, a mi me parece que todo lo referente a las Escrituras tiene un significado externo y otro interno, eso depende de quién las lea o las escuche.

-        *¿Qué no entendiste? ¿Acaso no es fácil la lectura?*

-        La lectura sí, eso lo lee cualquier cretino, pero no cualquiera lo comprende. Dígame ¿eso de que el Espíritu del Señor es sobre usted, es la misma palomita? Porque si es así, yo tengo una muy mala y olorosa referencia acerca de las palomas en las plazas públicas. No deje que se pongan encima suyo, porque el que a buen árbol se arrima… lo caga el pájaro de encima. Además, ¿qué es esa vaina de que le vas a dar buenas nuevas a los pobres? ¿Qué tienen de malo los ricos? Yo conozco muchos ricos que me han ayudado bastante con lo que hago en Tierradentro; de modo que no seas tan mezquino que te vas a echar a los ricos en contra tuya. Porque si es así, entonces ¿qué hacemos con el oro que te trajo uno de los reyes magos cuando naciste? Además, cuídese de hablar mal de los ricos, que usted ni se imagina lo que va a ocurrir con su supuesta futura iglesia…

Le acepto que haya venido a sanar a los despechados y que les dé esperanzas de libertad a los presos; pero ¿a qué presos se refiere? Porque yo conozco mucha gente que estando libres en la calle están más presos de lo que se imaginan. Andan por ahí presos de los miedos, atrapados por el poder, encerrados en sus conceptos religiosos y creyendo que ya han encontrado la libertad y la verdad. Espero que sea a esos "presos" a los que se refiere el libro que acabas de leer. Y los ciegos ¿acaso no serán los que dicen que ven sin ver lo que ven? Yo conozco mucha gente que tienen una vista súper afinada, pero están ciegos ante las necesidades ajenas.

Y con el cuento de que usted viene a pregonar a los cautivos la libertad, le tengo una noticia de última hora: la gente tiene miedo a ser libres y a qué hacer con su ansiada y muy lejana, la libertad. Miedo a dejar que alguien deje de decirles qué hacer y cuando no hacer, porque entonces, si nadie lo hiciera ¿qué habrían de hacer en medio de su tan ansiada y muy lejana libertad? Miedo a soltar las cadenas, porque entonces, ¿a dónde habrían de caer? Miedo a abrir las alas, porque entonces ¿a dónde habrían de volar? Miedo a levantar los pies de su realidad, porque entonces ¿en cual la habrían de poner? Miedo a pensar de verdad, porque entonces ¿en qué habrían de pensar? Ese es el miedo que tengo, ahora que sé muy cierto que nadie quiere la libertad y que se refugian en vano gritando que muera la esclavitud; sabiendo que entre más la proclamen, mucho más viva la van a ver; porque son esos enormes hierros lo que más seguridad les dan. Tanto como sus cuerpos que esclavos los hace hacer, y gritan y se enfurecen al ver violada por otros, su mal llamada e ilusa... la libertad. ¿De qué libertad habla usted? Mejor dicho, siga predicando y perdone la molestia. ¿Al fin y al cabo no fue para esto que me nombró como su apóstol número 13, el número de la mala suerte?

Pero él nada me contestó y, en cambio, aprovechó la oportunidad para seguir con su discurso ante el público que había en la sinagoga.

-        *El tiempo es cumplido, dijo. El reino de Dios está cerca: arrepiéntanse y crean al evangelio. Hoy se ha cumplido esta escritura en sus oídos.*

La verdad es que todo el mundo estaba tan maravillado de la palabra de gracia que salía de su boca, que oí cuando uno de los asistentes que estaba a mi lado dijo: ¿acaso no es este el hijo de José?

-        No, le contesté. José era su padre putativo, pero no su legítimo padre; si quiere vaya a preguntarle a él mismo y verá que no miento.

Pero el Maestro no les dio tiempo de preguntarle nada, porque inmediatamente nos ordenó que dejáramos Nazaret, ya que había olvidado que estábamos invitados a una boda que se celebraba en Caná de Galilea tres días después. A mí los matrimonios no era que me gustaran mucho, por aquello de la falsedad del asunto y toda la fantasía que rodeaba cada una de las bodas a las cuales había yo asistido y que, por lo general terminaban mal o bien, dependiendo cómo se mirara el divorcio. Por lo único que me interesa de ir a esta boda, era porque de pronto allá podía estar Roberto, ya que con lo sano que es, seguro que ya debía estar conservándose en el vino de la fiesta…

-        *Deja de rezongar y vámonos rápido que son tres días de camino, dijo Jesucristo.*

-        Vaya que le estás dando demasiada importancia al número tres, le respondí. No me digas que también sabes de numerología. ¿Será que el tres y la boda tienen algo en común?

-        *Se está realizando algo, una boda, tres días después de hoy*, contestó él. *Piensa en eso.*

-        ¿Cómo si terminara y a la vez comenzara algo? Siempre pedimos tres deseos y decimos que a la cuenta de tres, tal cosa. Cuento hasta tres o si no... Maestro, usted que se sabe de memoria lo que yo llamo el libreto y usted llama las Escrituras, dígame: ¿acaso no fueron tres los días que estuvo Jonás encerrado en la ballena? De ser así, voy a poner atención para ver qué sucede tres veces en todo nuestro recorrido.

Cuando, efectivamente, tres días después de estar andando por el desierto llegamos a la boda, vimos que también estaba allí la señora María; de modo que con Jesús y todos nosotros, iban a tener que echarle más agua al vino para que alcanzara. Lo único que se me ocurrió decir, a pesar de que yo no tomaba, porque me daba una acidez estomacal inmediata, fue que ojalá así fuera, porque fama de bebedores sí que tenían los apóstoles.

- Maestro me puede decir algo.
- *Dime*
- Y ¿quién invitó a María?
- *No sé, pero me gusta estar en contacto con mi pasado a través de ella. Me reconfirma lo que ya no soy ni a quien pertenezco...*

Entramos a la casa en donde había otra gran cantidad de invitados; al fin y al cabo debía estar allí todo el pueblo porque, con lo pequeño que era, cada quién debía conocerse. Por mi parte, me interesaba buscar a los futuros cónyuges para saber sus signos zodiacales, no fuera a ser que alguno sea Libra, el de la viudez y divorcio; pero por más que los buscaba no podía encontrarlos. Era una boda bien rara; una en la cual había de todo, menos la pareja desposada. ¿En dónde andarán?, me pregunte pasando cerca de unas grandes tinajas de piedra.

Y, de pronto, alcancé a ver a Roberto conversando a carcajadas con algún invitado, mientras se palmeaba el estómago. Me le acerqué sigilosamente para

61

sorprenderlo pero el sorprendido fui yo; pues después de abrazarlo por la espalda y voltear su cabeza furioso, vi que era un judío que lo único que tenía en común con él era su nariz y el color claro de los ojos. Perdone usted, lo confundí con un amigo; fue todo lo que pude decir en arameo.

¿En arameo? Me pregunté yo mismo. Y ¿a qué hora aprendí yo esta lengua? O ¿será griego o latín? ¿Qué idioma será el que estoy hablando? Vaya, me parece que ha de llegar el día en el cual no necesitaré de ningún idioma, pues he de hablar con el idioma universal de la mente.

Era ya bien entrada la tarde, los invitados se estaban impacientando y más de uno ya estaba bien borrachito cuando, preciso, uno de ellos se puso furioso porque se había acabado el vino y no era justo que lo dejaran medio prendido. A él, que quería prenderse más y, si era posible, encenderse del todo con todo.

Los sirvientes que estaban presenciando la escena se aproximaron a María para contarle lo que estaba sucediendo; y ella, al enterarse, siendo tan recatada y prudente, se acercó lentamente al Maestro susurrándole tímidamente al oído: Oye, vino no tienen.

-       *¿¡Qué tengo yo contigo mujer!? ¡Aún no ha venido mi hora!*

Fue tanta la rabia que me dio el oírle a Jesús semejante respuesta, que me le acerqué y le dije: podrá ser usted el Maestro de maestros y el Rey de reyes, pero a su mamá me la respeta. ¿Qué es eso de tratarla así? ¿Acaso no le enseñaron urbanidad? ¿No dizque su Majestad es el Hijo de Dios? Pues si esa fue la educación que le dio su papacito, prefiero que me eduque el Diablo. A la mamá se le dice madrecita o, al menos, madre ya te atiendo. ¿Pero qué es esa manera de contestar a esta pobre mujer?

María, por quien sospecho que ha de ser posible la realización de lo que iba a suceder, hizo señas como diciéndome que con el carácter de su hijo había que tener paciencia o quedarse atrás. Y, como lo conocía de memoria, le dijo a los que servían: hagan todo lo que él les diga. Es decir, pónganse detrás de él y de su mandato. Para eso son siervos ¿no? Pues obedezcan.

Fue entonces cuando el Señor mandó traer las pesadas seis tinajuelas de piedra para agua que había yo visto con anterioridad. Esas tinajas eran de acuerdo a la purificación de los judíos, que cabían en cada una dos o tres cántaros. Tanto vino sería, que hacía que la gente pareciera muy poca. Una vez las pusieron al lado del Maestro, en vez de haber ido él hasta donde ellas estaban para que así los sirvientes no se hubieran jodido tanto cargándolas, porque bien pesadas que sí eran; una vez descargadas, el Hombre les dijo: llenen estas tinajuelas de agua.

Cosa que los sirvientes hicieron inmediatamente hasta arriba; para después de un momento, ordenarles que sacaran su contenido y se lo presentaran al maestresala. Tarea que cumplieron, no fuera a ser que el mal genio le estallara de nuevo. Cuando éste gustó el agua hecha vino que no sabía de donde era, -pero sí los sirvientes que habían sacado el agua-, el maestresala llamo al esposo, que por fin con tanta algarabía había aparecido -pero solo- y le dijo: todo hombre pone primero el buen vino y cuando están satisfechos, entonces lo que es peor; mas tú has guardado el buen vino hasta ahora.

Obviamente me quedé esperando la respuesta del esposo, pero éste nada pudo contestar porque no tenía ni idea acerca de qué le estaba hablando el mayordomo. Fue entonces cuando el Maestro, de repente, me tomó del brazo, me hizo a un lado subiendo una escalera en piedra que había cerca y, detrás de unos velos que movía el viento en el balcón del segundo piso, me preguntó: *¿qué tal te parece este primer milagro que he hecho después de vencer al demonio?*

- Pues si te digo la verdad, la mera verdad, tampoco me descrestas. Porque, y no sé si has oído hablar de Baco, este diosecillo se te adelantó. Muchos siglos antes de esto que acabas de hacer, él no sólo le dio origen a las borracheras y bacanales, sino que también transformaba el agua en vino.
- *¿Cómo así?* Preguntó extrañado el Maestro. *Debe ser otro impostor, como Buda.*
- Pues no, contesté. Nicea, una náyade hija de Sangario, el dios-río, fue entregada a Baco por el dios del amor. Pero como Nicea no quería nada de amores con Baco, éste convirtió en vino el agua de la fuente en donde ella acostumbraba a beber, quedando así embriagada y, obviamente, poseída por el dios del vino quien la hizo madre de varios sátiros…

Es más, me parece que esto que llamas milagro no es más que la continuación de un relato mosaico. ¿Me imagino que sabes quién es Moisés, no? Le pregunté burlonamente. Pues bien, déjame recordarte que cuando él anduvo esos cuarenta años con su pueblo en el desierto, al darle sed a su gente extrajo de la roca de Horeb el agua necesaria para saciarles su garganta. Fíjate bien: de la piedra salió agua. Y, ahora tú, siglos después, dentro de las tinajas de piedra continúas el hecho transformando el agua en vino. Y te tengo una primicia, que algo me dice que la cosa no termina aquí, porque he descubierto que para evolucionar en este planeta se necesita dar cuatro pasos.

Pero lo que sí me importa definir ante ti, es la manera tan grosera como comenzaste el milagro refiriéndote a la señora María a quien tanto desconozco. Porque mucho conocimiento, sin un buen ser, te puede matar. ¿Por qué no le dijiste madre a la señora María? La verdad es que poco me importa si fue o no fue tu madre; lo trascendental es el simbolismo como tal. Me imagino que para un crío recién nacido como lo fuimos tú y yo, lo más importante de eso que llamamos madre, es que esta señora tenga las tetas llenas de leche. Al niño no le importa si son negras, indias o senos de una blanca cualquiera ni a la religión que pertenezca; lo que verdaderamente le interesa a la criaturita es que los pechos estén... llenos. Según esta idea, entiendo que la mujer que te parió y la mía, son un restaurante y punto. A estas alturas, cuando transformaste el agua en vino con el permiso de tu famoso Padre, lo que me parece que estás dando a entender es que ya no te vas a alimentar más de los pechos maternos de una madre terrenal, cual lo habías hecho en tu etapa de Jesús; sino que ahora que has logrado el estado Crístico, vas a alimentarte del vino que es la bebida de los dioses o, en este caso del Padre. Me imagino una vez más que el agua-leche es la bebida de los mortales y que, en comparación, el vino es la de los dioses.

Pues le informo que tampoco está diciendo nada nuevo con la comparación del agua terrenal y el vino celestial; pues entre los nórdicos, en su Valhala celestial, se mantienen tomando la cerveza y la hidromiel, gozando así de esos eternos banquetes, fiestas y batallas soberbias presididas por Odín, el jefe de los jefes. Esta cerveza es la bebida de los guerreros, mientras que el hidromiel es la de los inmortales, compuesta por agua -el líquido vital que fertiliza y ata- y la miel como símbolo de la claridad, dulzura, frescura y verdad.

Y, por si fuera poco, existe una deidad llamada Soma, la deidad de la inmortalidad en el lejano oriente; que está representada por una copa de oro que contiene la bebida, miel, néctar o savia de esa inmortalidad que produce la embriaguez sagrada y que es traída a los mortales por un Águila. Soma es el brebaje místico de la inmortalidad entregado a la humanidad por esta ave solar. En todas las culturas ha habido una planta que se ha identificado como algo que había que ingerir o beber para hacer del iniciado un "nuevo hombre".

Además, según lo que reflexiono, el vino en esta historia viene a ser un mucho más elevado nivel de comprensión que el agua, una especie de éxtasis o embriaguez divina o espiritual a la cual lleva el crecimiento interior; al fin y al cabo el vino nos transporta a otro estado interno. Pero aún falta más y sospecho que al final de tu drama vas a terminar transformando el vino en otra cosa. Y te lo digo, porque aquí juntaste la piedra, el agua y el vino, pero ¿hacía donde va esa transformación tuya de cuatro pasos si tan sólo van tres? Porque, si todo este cuento de la boda no es más que para darnos a comprender que has cambiado de nivel, me parece que aquí, de lo que se trató es acerca de un matrimonio interno en la natural evolución tuya hacia el Cristo; como lo fue mucho antes que la tuya, la de Gautama hacia el Buda. No quiero que te quedes con la idea de que sólo tu puedes llegar a ser el Cristo. Buda también enseñó para Oriente, lo que estas tratando de enseñar para Occidente: el desapego, las rectas acciones y creencias, la recta palabra e intención, el correcto vivir, el esfuerzo consciente, el correcto pensar y la correcta concentración.

Yo creo, Maestrico, que lo que usted está haciendo aquí a través de su desapego, desapasionamiento y discernimiento, es liberándose de un nivel psicológico de alimentación y ascendiendo, tal como el agua ascendió a vino. Así pues, usted trascendió hoy a otro estado de conciencia en donde existe una nueva clase de alimento espiritual para usted, y que ya no son las terrenales tetas de la señora María a quien llamó madre. Al vencer al Diablo, hizo ahora su llamado primer milagro, como símbolo de ascenso a otro nivel, porque logró doblegar al maligno príncipe de esta Tierra.

Bueno, pero vámonos, no le puedo contar más acerca de mis reflexiones, porque allá vienen sus apóstoles buscándonos; que me imagino que ahora van a creer mucho más en usted después de haber visto su gloria manifestada en todo su esplendor. ¿le gustan mis conclusiones?

Nada me contestó porque ya estaban encima de nosotros los apóstoles dándole abrazos y felicitaciones por el milagro. Hecho el supuesto milagro, Jesús nos llevó a todos para Capernaum, una ciudad costera en los confines de Zabulón y de Nephtalim porque, según él, había alcanzado a leer en el libro de Isaías, allá en la sinagoga, que también estaba escrito que tenía que ir camino de la mar, de la otra parte del río Jordán, Galilea de los gentiles. El grupo de viajeros lo componíamos, obviamente primero el Milagroso, después nosotros sus 13 apóstoles, doña María y, curiosamente, todos sus hermanos que también, aun cuando tarde, habían llegado al ágape.

-       ¿O sea que no vas sino a donde el libreto diga? Le pregunté desafiante refiriéndome a lo que él llamaba Escrituras, sin que tampoco me contestara jamás.

Una vez llegamos, comenzó de nuevo a decir que el pueblo estaba asentado en tinieblas y que ahora tenían la posibilidad de ver la luz; que era necesario arrepentirse porque el reino de los cielos se había acercado. Sí, definitivamente la idea del "arrepentíos" de Juan el Bautista, le había calado bien hondo al Maestro. Pero ni siquiera esa idea era original suya. Y lo digo, porque fue él quien me dio autorización para refutar todo lo que dijera e hiciera.

Pero, con el tal cuentico del reino de los cielos, asunto que todas las culturas del mundo lo tienen, y algo que se manifiesta desde allá aquí en la tierra, el Maestro me dejó pensando en que no debía tomar tan literalmente, como ya me lo había advertido desde un principio, todo lo que él dijera o a lo que se refiriera. Y, entonces, me dije para mí mismo: este Hombre ha de estarse refiriendo a un nivel superior que debe haber en mí y que lo está definiendo como "cielo", así como un nivel inferior al cual denomina "tierra". O sea que, cuando estoy reflexionando, la comprensión me eleva al nivel celestial y cuando estoy más bruto que Pedro, estoy viviendo la vida diaria que me ata a la realidad terrenal. Bueno, me voy a quedar con esta reflexión y cada vez que lo oiga hablar acerca de su papito que está en el cielo y de los fariseos que están en la tierra, voy a pensar en el cielo y la tierra no como si fueran dos sitios, tal cual me lo enseñó mi tarado profesor de religión en el colegio, que además le metió el infierno, sino que son dos estados existentes en mí. Ahora sé que es sólo individualmente y desarrollando una profunda comprensión, como puedo acceder desde el nivel tierra hacia el nivel cielo; pero para eso, primero tengo que matar o dejar de alimentar al fariseo que hay en mí y que solo busca el mérito de la vida externa. El problema que veo, es que debo tener presente que para destruir una parte negativa mía, primero tengo que descubrirla; y una vez descubierta, también debo tener presente que será más peligrosa que una bestia herida. Sí, ese fariseo en mí no se va a dejar matar tan fácilmente.

¡Uy! acabo de comprender algo demasiado revelador: que si hay mano izquierda es porque hay derecha; que si hay noche es porque hay día; que si hay polo norte es porque hay polo sur. Igualmente, si en mi interior hay un Fariseo Terrenal, también debe haber un Mesías Celestial...

Y así me fui andando inmerso en mis reflexiones, hasta cuando llegamos a Capernaum en dónde no estuvimos muchos días; apenas los necesarios para dictar unas cuantas conferencias y hacer más amigos y también...enemigos. Entonces, caminando junto al mar de Galilea, me pareció que Jesús sufría algo de amnesia o que estaba tan absorto en su misión evangelizadora que se había olvidado de hasta a quienes conocía. Y lo digo, porque de pronto vio a Andrés y a Pedro, los hermanos pescadores del grupo, y pareció no reconocerlos porque, mientras echaban sus redes al mar les dijo: *vengan en pos de mí y los haré pescadores de hombres.*

Entonces le dije: oye Jesús, ¿pero no me dijiste que ellos eran dos de los discípulos de Juan el Bautista y que desde entonces están contigo? Es más, si has venido buscando pescadores, eso me suena a que estás empeñado en que comience la era de Piscis; pero como estamos terminando la de Aries y Aries rige la cabeza, me parece que alguien va a tener que perder la suya...

Además, eso de hacerlos "pescadores de hombres", ¿te estás refiriendo a esos hombres del común a quienes sólo les interesa la buena vida, estar dentro de lo convencional, sin orientación de nadie en algún tema, y menos en el sexual, pues lo único que les interesa es su propio bienestar? Porque así es el pueblo. O ¿te refieres a pescar ese tipo de hombres que aceptan algunas orientaciones, como una especie de aspirantes iniciales dispuestos a recibir luego el conocimiento directo a través de algún tipo de enseñanza; pero que a veces se auto imitan y son sexualmente moderados? O ¿acaso te estás refiriendo a pescar hombres del tipo de aquellos que buscan un patrón más elevado de auto control, que ejercen cierta abstinencia sexual y para quienes procrear o no, no tiene ninguna importancia? Y, por último, en la red de tus futuros pescadores de hombres ¿cabrán aquellos que ya controlan su energía sexual, sin pasiones ni deseos; que procrean por servir para proveer vehículos carnales para otras almas y que, no necesitando consejo de nadie, son ellos mismos quienes los dan? ¿A qué tipo de hombre te refieres al denominar a tus apóstoles como pescadores de hombres? ¿Yo en qué grupo de pez-hombre estoy?

Además, algo me dice que si te estás refiriendo a "pescadores de hombres", ese "hombres" debe ser un nivel de ser y no a personas que tengan un vehículo de hombre; porque la evolución del hombre externo es diferente de la del interno. De ser así, llegará un momento en el cual no voy a necesitar ningún vehículo externo, porque todo está dentro de mí y podré ir y venir en el tiempo y en el espacio, con la propia voluntad de mi interior al día.

Tampoco hizo mucho caso de mis conclusiones y seguimos andando, hasta cuando vimos a Jacobo y a Juan, otro par de hermanos pescadores que estaban ocupados remendando sus redes; a esos también los llamó y, obviamente, nos siguieron. Y aquí el asunto se me puso más confuso, porque cuando habían llegado buscándome a la cabaña de Roberto, ya venían todos juntos o, al menos, eso fue lo que vi. Entonces ¿por qué aparecían de nuevo?

Yo también estaba como medio atolondrado, igual que el Maestro, con todo lo que nos estaba sucediendo: demasiado camino a pie, poco descanso, mucha gente que no nos abandonaba, toda clase de invitaciones a distintas partes para oír hablar a Jesús, etcétera. Tanto así, que de pronto se le ocurrió rodear toda Galilea enseñando en las sinagogas y predicando una vez más las buenas nuevas del evangelio del reino. Pero, en esta oportunidad, se le antojó comenzar a curar toda clase de enfermedades y dolencias del pueblo.

-        ¡Ay, mi madre! exclamé, ahora sí que no nos va a alcanzar el tiempo para nada. Y, si no nos alcanza, es porque el tiempo, entonces, ya nos alcanzó... Y, preciso, dicho y hecho, la fama comenzó a correr por toda la Siria trayéndonos a todos los que tenían algún mal: los tomados de diversas enfermedades y tormentos, los endemoniados y lunáticos, los paralíticos y lo peor es que sanaba a todos... gratis. Obviamente, como a la gente le interesa más el milagro que quien lo hace, más el resultado que quien lo efectuaba -definitivamente pueblo es pueblo en cualquier época- comenzaron a seguirnos muchísimas personas de Galilea, de Decápolis, de Jerusalén, de Judea y hasta de la otra parte del Jordán.

Y eran tantos, que un día me atreví a decirle: oye Jesús, deja de hacer tantos milagros que toda esta gente te está siguiendo es por eso y no por lo que estás enseñando; el pueblo siempre es una masa de gente que lo que busca es su propio bienestar gratis y tú estás haciendo milagritos aquí y allá, a éste y a aquel; y por eso nos están siguiendo, por interesados. Deja de hacer lo que estás haciendo y solamente háblales acerca de cómo tienen que vivir y verás que nos quedamos solos. Estás usando un muy mal sistema de repartir tus enseñanzas; pareces político de mi tiempo que para obtener votos promete acueductos; o cura de pueblo que vende indulgencias con tal de que la gente vaya a misa. Piénsalo bien, tu táctica va a fracasar y acabarás promoviendo más tu figura que tu mensaje. Es

71

mejor ser un individuo dentro de la masa, que una masa de individuos...

- *Déjame que sé lo que estoy haciendo, recuerda que es mi Padre quien me ha enviado.*

- Bueno, está bien haz lo que quieras, pero después no me digas que no te lo advertí. Recuerda también que por eso quisiste que me uniera a tu grupo de pescadores. Además, es mejor que no seas todo lo que quieras ni quieras todo lo que seas... Y que hagas lo que dices, pero jamás digas lo que haces.

Fue en ese momento cuando, viendo a tanta gente, nos sacó de entre la multitud diciéndonos que lo acompañáramos hasta un monte cercano. Nos hicimos señas entre nosotros, le pegué un chiflido a Judas que estaba algo retirado conversando con unos judíos y nos apartamos de la gente. Una vez terminada la cuesta del camino que tomamos, pidió que nos sentáramos muy cerca de él, pues quería contarnos algo de suma importancia sin que nadie más lo supiera en medio de la montaña en la cual nos encontrábamos.

- *Óiganme bien porque lo que les voy a decir no lo vuelvo a repetir*, dijo acomodándose bajo los arbustos que nos servían de sombra y escondedero: *Bienaventurados los pobres en espíritu porque de ellos es el reino de los cielos. Bienaventurados los que lloran, porque ellos recibirán consolación. Bienaventurados los mansos, porque ellos recibirán la tierra en heredad. Bienaventurados los que tienen hambre y sed de justicia porque ellos serán hartos. Bienaventurados los misericordiosos porque ellos alcanzaran la misericordia. Bienaventurados los de limpio corazón, porque ellos verán a Dios. Bienaventurados los pacificadores, porque ellos serán llamados hijos de Dios. Bienaventurados los que padecen persecución por causa de la justicia, porque de ellos es el reino de los cielos. Bienaventurados son ustedes cuando los vituperen, los persigan y digan de ustedes todo mal por mi causa, mintiendo.*

Todos quedamos absortos porque era la primera vez que se dirigía a nosotros en tales términos y con tan gran emoción que, al vernos así, nos recomendó permanecer gozosos y alegres, porque nuestra merced era grande en los cielos; y porque así habían perseguido a los profetas que habían sido antes que nosotros. Claro que en ese momento me fue imposible dejar de pensar en la Santa Inquisición que iba a ser fundada siglos después por la misma iglesia que este tipo dizque venía a fundar.

- Maestro, ¿me dejas reflexionar acerca de estas nueve Bienaventuranzas? Le pregunté pensando en dejarlo descansar un poco mientras yo tomaba la palabra sintiéndome como en otro estado. Quisiera recordar lo que Juan aconsejaba a sus discípulos que había que hacer: arrepentirse. Pero, como lo que aquí nos estás diciendo es qué tenemos que ser, me parece que vas más profundo; porque si hago lo que tengo que hacer, eso no necesariamente me lleva a ser mejor. Conozco mucho Cardenal, Monseñor y Pastor, aún yo mismo, que hacemos mucho rito externo y prendemos tanta velita estúpida y le rezamos a cuanta virgen nos venden o le pedimos a cuanto ángel baboso nos vuela enfrente, todo dizque por Dios -que no necesita ritos- y, sin embargo, seguimos en el mismo nivel de ser. De modo que comprendo que "pobre de espíritu" es, en ese sentido, como decir que reconozco ser nada para ser algo o ser nadie para luego ser alguien. Maestro, entonces, en este momento reconozco ante ti mi ignorancia y pobreza de espíritu.

Que al hacerlo, paso a ser un bienaventurado llorón porque, comprendiendo mi ignorancia, lloro emocionalmente por la misma ignorancia. Lloro porque me has demostrado que soy parte de los muertos entre quienes estás andando. Y ese reconocimiento de mi mortandad psicológica espiritual, me lleva a amansar mi ser en la tercera bienaventuranza; es decir, a dominar la bestia que antes me dominaba en esta tierra. De ahí a dar el paso a la siguiente bienaventuranza en donde me siento con hambre y sed de justicia, es estar en paz conmigo mismo y con las demás personas. Ya sé que hay una parte de mí mismo dentro de ellos y una parte de todos ellos dentro de mí; y que debo buscarla.

Ahora sé que soy justo conmigo y con ellos, por medio de poner en la balanza de la justicia a la Verdad y al Bien en armonía. Hecho eso, soy el bienaventurado misericordioso que no le pido cuentas a nadie, porque nadie me debe; puesto que cualquier cosa negativa que yo vea en otra persona, es porque mi ser negativo lo ha identificado en ella y, por lo tanto, yo también soy eso que veo en ella. Ahora sé que debo ser misericordioso con los demás, e implacablemente inmisericorde conmigo mismo o, al menos, con las partes de mí que sé que me pueden dañar.

Para mí, en un comienzo, lo positivo y lo negativo estaban en mi interior; luego creí que lo positivo continuaba allí y que lo negativo estaba afuera rodeándome. Después reconocí que lo positivo, siguiendo adentro, también estaba afuera; y así, por fin comprendí que desde un comienzo sólo existe lo positivo en y afuera de mi mismo en forma de Bien. Eso me dio el saber y la comprensión suficiente para entender que no debo estar ahí al sucederme algo negativo; y que esta actitud debo mantenerla así por un muy largo tiempo, para que luego pueda saber y comprender que sí estoy ahí al sucederme ese algo aparentemente negativo porque, entonces, en ninguna de ambas ocasiones me habría de ver afectado por tal suceso. Bienaventurado yo cuando logre comprender que no puedo ni debo cambiar el destino, pero sí los efectos adversos que éste me produce. Si soy dueño de mi destino debo vivirlo; pero la pregunta es ¿sabré ya cual es mi destino? Porque el destino debe ser como una fuerza de gravedad individual que me atrae hacia él; lo quiera o no, lo sepa o no. No puedo cambiar el destino, es cierto, pero sí puedo cambiar de destino; sabiendo si cambiar de destino está dentro de mí destino. Pero, ahora me lo pregunto: ¿será que yo voy hacia el destino o éste viene hacia mí?

Y mi corazón, ¿sólo se sentirá bienaventurado cuando lo limpie de todas la hipocresía que lo ensucia? Debo elevar el nivel emocional de vida diaria, ahora que sé que enamorarse nada tiene que ver con el amor verdadero. Además, lo importante no es que tanto amor hay en uno, sino que tanto de uno hay dentro del amor. Porque el sexo es una cuestión de cuerpos, pero el amor es una cuestión del alma y el alma no tiene sexo. Sí, primero debo limpiar el corazón de basuras emocionales de todo tipo, porque hay algo que anda buscando un sitio vacío para llenarlo entrando en él; pero todo lo encuentra lleno de esa basura y de olvido. Y ese algo es el amor. Lograr llenar todo con él, me lleva a la séptima bienaventuranza que es ser un pacificador de mí mismo; porque ¿si no lo soy primero en mí, cómo puedo llevar esa paz a los demás?

Según esto, sospecho que para lograr la paz con los demás, primero debo aumentar la carga energética del Bien en mí mismo y ya sé que el Bien reside en el corazón, mientras la verdad está en la mente. Si me conecto con el lado "bien" de cada quién, nuestras verdades o diferencias de opinión jamás pelearían. La paz viene del corazón, mientras que la guerra viene de las distintas verdades. Si el Bien nos une, somos Uno con la fuente del Bien; es decir, con eso que llamas Dios. Pero, a veces pienso que debo salir de los conceptos acerca del Bien y del Mal, para entrar en lo único.

Yo creo que todo esto que nos estás diciendo, lo has copiado de algún registro akáshico universal; porque mira que entre los griegos, la forma de nacer Afrodita, más allá de generarse de la castración de Urano, el cielo estrellado, nos indica que el amor nace de una parte que ha caído del cielo; es decir que ha venido desde un estado superior... El amor descendiendo a la Tierra desde el Cielo, es un adelanto de Buda y de ti mismo, por no mencionar otros personajes.

Pero ahora reflexiono que hay distintas clases de manifestación del amor: aquel que no lo es, porque es cuando nos maneja el instinto, la excitación sexual, el amor terreno y posesivo, en donde lo importante es la unión de cuerpos como acto físico. Luego avanzamos hacia el amor en donde nuestro deseo es fundir alma y psique con la otra persona. De allí ascendemos a comprender el amor como el de Dios a la humanidad en una especie de amor tierno, divino y desapegado, como las relaciones abiertas por convencimiento y no por obligación. Y, por último, el amor fogoso que se basa en la consciencia. Es cierto que la unión hace la fuerza, pero es la comprensión quien permite la unión. Comprensión, unión, amor.

Definitivamente, Maestro, esto que nos estas enseñando es un trabajo psicológico tan profundo, largo y perseverante, que no creo que estos pescadores de nivel de comprensión tan bajo, puedan dar la altura correspondiente y eso le va a suceder a la mayor parte de la masa que te va a seguir en los próximos milenios. Es por ello que las tres últimas bienaventuranzas son las más importantes y difíciles, porque logrando todas las anteriores, puede nacer escondida bajo un camuflaje indetectable, la vanidad y el mérito de pensar que ya somos buenos. Y una cosa muy diferente es ser bueno a hacer el bien. Yo me considero bueno porque no he matado a nadie, tengo la conciencia tranquila; cuando iba a la iglesia lo hacía el día que era y regalé la ropa que no necesitaba; di una moneda aquí y otra allá. Pero ¿quién me asegura que eso está bien? Lo que debo aprender es a regalar a los demás, no sólo parte de mi tiempo, sino parte del mismo tiempo de ellos.

De pronto, y habiéndome dejado hablar mientras prestaba atención a lo que decía, viendo lo que yo había comprendido, Jesús me sacó de estas profundas reflexiones exclamando con júbilo y a todo pulmón, como si él también hubiera comprendido algo: *¡ustedes son la sal de la tierra!. Si la sal se desvaneciera ¿con qué será salada? No vale más para nada, sino para ser echada fuera y hollada de los hombres.*

- Pero Maestro, me parece que la sal es como un buen matrimonio, o mejor dicho, la sal le da sabor a algo; como en el caso del matrimonio entre la Verdad y el Bien. Y, ahora que lo pienso, la sal también es la unión de dos componentes ¿Acaso nos estás insinuando que hay que poner cierto sabor a la práctica de la enseñanza? Y, si es así, entonces ¿por qué dicen que cuando uno está de malas está salado? Eso no me cuadra con lo que nos están enseñando.

- *Cosas de la ignorancia y de los agüeros que hay en todas las épocas*, contestó él. *Yo sólo sé que ustedes son la luz del mundo y que una ciudad asentada sobre un monte no se puede esconder. Ni se enciende una lámpara para esconderla sino para ubicarla sobre el candelero y alumbrar a todos los que están en la casa. Así mismo tiene que alumbrar su luz delante de los hombres, para que vean sus obras buenas y glorifiquen a su Padre que está en los cielos.*

-        Bueno Diógenes Maestro, está bien, pero me parece que nunca debemos dejar que el bulto salga solo a la calle, porque sería como dejar la casa vacía: cualquier cosa podría sucedernos. Por fuera me atracan los ladrones, pero por dentro me atraca la duda, la vanidad, el mal genio, etcétera, etcétera En fin, otra vez te lo pregunto: ¿sí crees que estos humildes apóstoles que si acaso saben escribir -cosa que dudo- y que lo único que han sido desde pequeños en su casa es ser pescadores ignorantes, comprenderán y podrán con toda esta labor que les estás encomendando como una cruz a cuestas? Es más, ellos mismos deben estar llenos de agüeros sin creer en algo verdadero, que de pronto creen sólo en su entorno preguntándose cosas acerca de la vida, pero contentándose como muchos que conozco, con meditar, orar o ir al templo. A la gente le aterra dejar de creer en algo o en alguien, sea de aquí o del supuesto cielo. Aun cuando hay otra clase de gente que me imagino que es lo que estás buscando en ellos, es decir, que sean tus alumnos, porque tú eres el Maestro. ¿Nos quieres llevar a todos al círculo consciente de la humanidad? De ser así, me parece que si el reto del alumno es superar al Maestro, el reto del Hombre es superar a Dios... O por lo menos la idea que le han vendido acerca de Dios.

-        *Les estoy dando una misión, porque la mía es no derogar la ley o los profetas; no he venido a eso sino a cumplir con ella. Porque de cierto te digo que hasta que perezca el cielo y la tierra, ni una jota ni una tilde perecerá de la ley, hasta cuando todas las cosas sean hechas.*

-        Bueno, está bien, disculpe la molestia, pero no se ponga bravo conmigo que yo no soy su mamacita, que se le tiene que aguantar sus pataletas de Hijo de Dios. Además, si viniste a cumplir con la ley, lo que estoy comprendiendo entre líneas es que para ti no existe el libre albedrío... Siempre he creído lo mismo y es por tal motivo que quisiera poder decir cuán fuerte es la ley conmigo; quisiera quejarme y pedir descanso. La ley es dura ¡cómo me aporrea templa y destroza las entrañas! Pero, así como me prueba y fragua a su manera, sé que tampoco sabría ella equivocarse conmigo. Sé que la ley, como tal, no podría ir contra sí misma; y, es por ello, que a pesar de la materia y la forma animal que aún me queda, la ley es implacable conmigo.

Por eso yo jamás he buscado a Dios ¿cómo voy a encontrar algo que no conozco? Mejor que me busque él que fue quien supuestamente me creó y, entonces, debe reconocerme como su hijo ¿O no? Mejor dicho, me parece que Dios re-conocerá mi grandeza interna, sólo cuando yo re-conozca ante los demás mi pequeñez externa.

- *Por eso te digo que cualquiera que infrinja uno de estos mandamientos muy pequeños y así enseñe a los hombres, muy pequeño será llamado en el reino de los cielos; mas cualquiera que haga y enseñe, éste será llamado grande allá mismo. Porque les digo que si la justicia de ustedes no fuera mayor que la de los escribas y fariseos, no entrarán en el reino de los cielos. Oyeron que fue dicho por los antiguos: no matarás; mas cualquiera que matare, será culpado de juicio. Ahora les digo que cualquiera que se enoje locamente con su hermano, también será culpado de juicio; y cualquiera que diga a su hermano Raca, será culpado del concejo; y cualquiera que diga Fatuo, será culpado del infierno del fuego.*

- Oye, Maestro, ¿pero qué hemos hecho de malo para que nos asustes tanto hablándonos en esos términos? Somos nosotros quienes te servimos hasta de guardaespaldas espantando todo ese montón de gente que no te dejan en paz, porque quieren estar contigo. Además, te he estado oyendo hablar tanto acerca de los tales fariseos, que yo mismo me estoy viendo reflejado en ellos con algunas de mis actitudes en la vida diaria. ¿No será que en cada uno de nosotros hay un fariseo y tú te estás refiriendo es a eso y no a los fariseos externos que aquí hemos estado viendo y oyendo? Yo muchas veces he aparentado ser lo que aún no soy: por ejemplo, aparento ser un Ser Humano, cuando en verdad apenas soy una persona que estoy tratando de ser un verdadero Ser Humano. Y ni qué decir de los que se visten de púrpura, lino y armiño...

Por eso es que me parece que el dicho aquel que dice que "es de humanos errar" es completamente falso, como los fariseos. Seguro que lo escribió alguien que cree que ya es un ser humano. ¡No! A mí me parece que es de las personas errar o pecar, pero no de un verdadero Ser Humano; como el Ser que tú ya has alcanzado. Y conozco muchos fariseos que aparentan ser religiosos, creyéndose dueños y transmisores de la verdad. ¡Cuántas veces somos presumidos! ¡Por Dios, cuántas veces he sido un fariseo sin saberlo! Pero, peor aún, serlo sabiendo que lo soy y no hacer nada por dejar de serlo. Sí, menos mal que al no pertenecer a ninguna religión, no soy tan tan tan fariseo. Además, como creo en mí mismo, he hecho de ello mi religión.

- *Pues, entonces, actúa con mayor justicia*, respondió enfáticamente.
- Pero dime ¿justicia mayor es otro tipo de justicia? Porque yo puedo hacer justicia en el mismo sentido de justicia de siempre. Es decir, que en vez del juez condenar a uno, condena a diez. Él hizo mayor justicia, porque condenó a los autores físicos de un crimen, pero luego también condenó a los intelectuales. ¿Es a ese tipo de justicia mayor al cual te refieres?

-       *No*, contestó sin ninguna duda. *Me refiero a otro tipo de justicia de un nivel superior. Pero déjame terminar de explicarte porque, por ejemplo, si algún día fueras a traer un presente al altar y allí te acuerdas que tu hermano tiene algo contra ti, deja ahí tu presente delante del altar y vete; vuelve primero en amistad con él y entonces ven y ofrece tu presente. Concíliate con tu adversario rápido, entre tanto que estás con él en el camino; porque no te acontezca que el adversario te entregue al juez, éste al alguacil y seas echado en prisión. De cierto te digo que no saldrás de allí, hasta que pagues el último cuadrante.*

-       Oye, pero te estás poniendo como medio melodramático y ahí sí te equivocaste; porque yo jamás voy a ninguna clase de altar, no soy un hombre de ritos ni de ofrendas, ni de sentir que tengo enemigos ni adversarios. Dispare la indirecta para otro lado. Además, siempre pienso que cuando intento salir de mi propia prisión, aquella en la cual estoy, he de tener cuidado con mis vigilantes yoes, pues no me dejarán hacerlo.

-       *También oíste que fue dicho que no debías adulterar. Pues ahora te digo que cualquiera que mira a una mujer para codiciarla, ya adulteró con ella en su corazón.*

-       Vea pues, ya la emprendió contra mí. ¿Y yo qué culpa tengo de su vida sexual? Además no tengo ni esposa. ¿Acaso usted sí? Y la mujer, entonces ¿sí puede ver a un hombre para codiciarlo? Porque estás dando este mandato para los hombres ¿y las mujeres qué? ¿Ellas sí pueden codiciar y adulterar maridos? Es más, yo también puedo comprender la palabra adulterar como el hecho de que no debo mezclar un coctel de creencias, como las de este libro, porque me voy a indigestar y el adulterado seré yo mismo o, en este caso, quien lea la narración.

-       *Pues si tu ojo derecho te fuere ocasión de caer, sácalo y échalo de ti; qué mejor es que pierdas uno de tus miembros, y no que todo tu cuerpo sea echado al infierno. Y si tu mano derecha te es ocasión de caer, córtala y échala de ti, qué mejor te es que se pierda uno de tus miembros y que entres a la vida manco que, teniendo dos manos, ir a la Gehenna en donde el fuego no puede ser apagado; en donde su gusano no muere y el fuego nunca se apaga. Sí, es mejor eso a que todo tu cuerpo sea echado al infierno.*

-        Y dale con el cuento del infierno. Pues hermano, ahí sí que no va a conseguir ni un adepto después de estas recomendaciones. Yo creo que es mejor que siga haciendo milagritos gratis, porque si las condiciones para seguirlo a usted o entrar al famoso reino de los cielos de su papacito son de este talante, no va a seguirlo nadie. A no ser que todos sean mancos que no pueden hacer nada bien; o tuertos que no pueden ver correctamente; o paralíticos que nada pueden hacer. Yo por lo menos, y sépalo de una vez por todas, no me saco ni un ojo por usted. Y le tengo una noticia, que no creo que nadie le vaya a creer nada de lo que me está diciendo; porque, si le hubieran creído, en el Vaticano todos estarían tuertos en vez de ciegos.

Además no creo en el invento del tal infierno, porque si su papi es omnisapiente no se va a ofender con su supuesta creación para que ella termine en el infierno; de ser así, él mismo sería un pésimo creador al no prever que íbamos a ser tan brutos, malvados y pecadores. ¿Para qué, entonces, nos va a mandar al averno? De ser así, mejor nos hubiera creado directamente allá. O ¿será que el infierno es esta manera como vivimos la vida diaria terrenal externa y el cielo es un estado interno de vida?

-        *Pues todos serán salados con fuego y todo sacrificio será salado con sal. Buena es la sal, pero si la sal fuera desabrida ¿con qué la adobarán? Tengan en ustedes mismos sal, como ya se los recomendé.*

En este momento, estaban allí unos cuántos personajes que le contaban a algunos de los apóstoles acerca de los Galileos, y cuya sangre Pilato había mezclado con sus sacrificios. Oyéndolos Jesús, les preguntó que si pensaban que porque estos Galileos habían padecido tales cosas, habían sido más pecadores que todo el resto de Galileos.

- *Pues les digo que no,* respondió él mismo. *Si ustedes no se arrepienten van a perecer igualmente. O aquellos diez y ocho sobre los cuales cayó la torre en Siloé y los mató ¿piensan ustedes que ellos fueron más deudores que todos los hombres que habitan en Jerusalén? Un ejemplo más de cómo, si no se arrepienten, morirán igual que ellos. Y, por si no me he hecho entender, ahí va otra parábola: tenía un señor una higuera plantada en su viña y cierto día vino a buscar fruto en ella no encontrando ninguno. Entonces dijo al viñero que, como llevaba tres años yendo al cultivo a buscar fruto y no había encontrado ninguno, que la cortara pues ¿para qué iba ocupar la tierra?*

El viñero le respondió que la dejara aún un año más, mientras él la excavaba y abonaba mucho mejor que antes. Y que si así daba fruto, bien; y que si no lo daba que la cortara.

- Vea Maestro, ahí hay otro ejemplo de un período de tres. Pero, como me parece que las parábolas que usted nos está contando tienen por objetivo que quien las escuche saque sus propias conclusiones, según su nivel de comprensión; porque seguramente aquí entre nosotros debe haber gente que las está tomando literalmente, mientras que otros podemos ir más allá de las palabras y sacarle jugo, como Moisés sacó agua de la roca de Horeb allá en el desierto. Ahora, con la historia de la viña, ¿qué tal que en vez de ser algo literal, usted se esté refiriendo es, por ejemplo, a una escuela, religión o método de transmitir su fruto o conocimiento, que no ha dado el resultado requerido y que ahora hay que acabar con ella? No se le vaya a ocurrir mandar a su jardinero al Vaticano, a los templos evangélicos, sinagogas judías o a ninguna mezquita, porque allá la traducción de su enseñanza sí que es bien literal y sin ninguna práctica de bien. Claro que conozco uno que otro curita de pueblo que son bien trabajadores con la comunidad; pero también es cierto que viven muy lejos del Vaticano y sus placeres. Me parece que hay una relación inversamente proporcional entre la cercanía al Vaticano con sus pomposos Cardenales y la lejanía del curita que vive en carne propia la emergencia de sus parroquianos.

Obviamente, tenemos que comenzar a recapacitar en lo que te estamos escuchando, pero desde nuestro nivel diario de vida; me parece que tus parábolas deben trabajar sobre cada uno de nosotros para elevar nuestro entendimiento al estado de una nueva comprensión. Es más, no creo que sea lo mismo entender que comprender; me parece que entender es como dejarlo en la letra y comprender debe ser aplicar la letra viviéndola. ¡Uy, Maestro! Me oigo a mí mismo y me parece que estoy calmando mi sed de comprensión, pues cada vez más sé que en tu vida no hay nada real ni material, sino simbólico, parabólico y espiritual.

Qué lástima con quienes van a referirse a tu existencia como algo literal de nivel piedra física; y en especial, con quienes se van a creer dueños de la verdad y del poder de transmitir esta verdad a nivel literal. ¡Qué responsabilidad tan grande la suya, mejor dicho, la de ambos, la de todos! Dios que le da a usted; usted que le transmite a los hombres; y los hombres que reciben de usted y transmiten a otros hombres. ¿Cuándo sería que se comenzó a creer que toda esa transmisión era solamente externa, sin aplicación interna? ¿Cuándo sería que la iglesia católica comenzó a darle más valor a la catedral que al feligrés? ¿Más al oro que a la enseñanza? ¿Más al personaje que a su mensaje?

Me parece que tu responsabilidad es mantenerte con vida por y para el beneficio de ti mismo y el de los demás; hasta cuando sea tu muerte quien ocupe dicha responsabilidad y, entonces, habrás de morir por y para el bien tuyo y, por ende, el de quienes te acompañamos. Pero también creo que el impulso con el cual vivas tu muerte, ha de marcar el impulso con el cual habrás de nacer de nuevo. Porque la única vía posible que conozco para que el universo se dé cuenta por sí mismo acerca de su propia existencia, es el Ser Humano. ¿Serás ya tan verdadero ser Humano, como para que te des cuenta por ti mismo de tu propia existencia? Por ejemplo: si yo soy el universo, debo mantenerme como él: en constante expansión.; porque creo que él se expande cada vez que alguien, en alguna parte suya, desencarna habiendo alcanzado la verdadera vida. Es más, creo que en medio de la jungla, si acaso habrá un hombre; y en medio de los hombres, si acaso habrá un Ser Humano; y en medio de éstos, si acaso habrá un Dios-Universo

Estando en medio de todos estos pensamientos, en los términos de Judea y tras el Jordán, con el pueblo otra vez alrededor nuestro, enseñándolos como solía hacerlo, llegaron los fariseos a preguntar al Maestro una verdadera bobería que era traída por pura tentación: que si era lícito al marido repudiar a su mujer.

- *Fue dicho que cualquiera que repudie a su mujer, déle carta de divorcio como ordenó Moisés,* les respondió él. *Mas yo les digo que quien repudie a su mujer, fuera de causa de fornicación, hace que ella adultere; y quien se case con la repudiada comete adulterio. Y si la mujer repudia a su marido y se casa con otro, también lo comete. Por la dureza de su corazón fue que Moisés tuvo que escribir este mandamiento.*

-        ¡Ah, estás pillado, Maestro! De modo que involucra ahora a la mujer y nos está diciendo, y muy directamente, que los mandamientos no los escribió su papito Jehová, sino el mismísimo Moisés? ¿Entonces qué pasó con los originales? ¿Acaso se le rompieron y él escribió otros? Además, definitivamente creo que usted debe haber tenido algún problema grave con las mujeres porque, y empezando por la que dicen que es su mamá, las está tratando con las patas. ¿En donde están las leyes para la mujer que repudie a su marido? Porque el mandamiento dice: no codiciarás a la mujer de tu prójimo. ¿Acaso usted es un machista misógino más? ¡Claro, hijo de Jehová tenía que ser! ¿Y esa es la herencia que le va a dejar a sus seguidores, a los que le van a fundar iglesias y sectas por todo el mundo? Con razón volvieron el sexo, pecado. No hermano, no lo abandono ya y aquí mismo, porque no tengo ni idea de en donde estoy y porque el despistado de Roberto nada que aparece para irme con él.

-        *Es mejor que me escuches atentamente antes de sacar conclusiones estúpidas,* dijo Jesús.   *Al principio de la creación, varón y hembra los hizo Dios. Por esto dejará el hombre a su padre y a su madre, y se juntará a su mujer; y los que eran dos, serán hechos una carne; así que no son más dos sino una sola carne. Pues lo que Dios juntó que no lo aparte el hombre.*

-        ¡De nuevo has dado en el clavo! exclamé jubiloso. Fíjate cómo tú mismo estás diciendo en cuanto al matrimonio, que "lo que Dios juntó que no lo separe o aparte el hombre". Eso es lo que estás diciendo literalmente. De modo tal, que lo válido no es lo que junten los curas en las iglesias, los pastores en los templos, los rabinos en las sinagogas, los jueces en los juzgados ni los notarios en las notarias; sino que lo válido es lo que junte Dios y, me imagino, que Dios junta a sus parejas por ahí, por los caminos. Pero, de acuerdo a tanta regla que nos estás dictando, entonces lo mejor sería no casarse y vivir en unión libre... Al fin y al cabo, por eso se le dice "libre"; porque lo importante es ser responsable -y por convicción no por obligación- de los deberes como pareja y no porque la ley lo dice. ¿No te parece?

- *No todos reciben esta palabra, sino a quienes les es dado*, respondió secamente. *Porque hay eunucos que nacieron así del vientre de su madre; y los hay que son hechos eunucos por los hombres; mientras otros se hicieron por sí mismos, por causa del reino de los cielos. El que pueda ser capaz de eso, séalo.*

- Pues vieras con el tiempo cuántos de tus seguidores se han hecho eunucos, pero de mentiritas; mientras euniquizan a los demás a través del sexo entendido como pecado.

- *Además, ustedes han oído que fue dicho a los antiguos: no te perjurarás, mas pagarás al Señor tus juramentos. Ahora te digo que no jures en ninguna manera, ni por el cielo, porque es el trono de Dios; ni por la tierra, porque es el estrado de sus pies; ni por Jerusalén, porque es la ciudad del gran Rey. Ni por tu cabeza jurarás, porque no puedes hacer un cabello blanco o negro. Mas sea tu hablar sí, sí; no, no; porque lo que es más de esto, mal procede.*

Oíste que fue dicho a los antiguos: ojo por ojo y diente por diente. Ahora te digo que no resistas al mal; antes a cualquiera que te hiere en tu mejilla diestra, vuélvele también la otra. Y al que quiera ponerte a pleito y tomarte tu ropa, déjale también la capa. Y a cualquiera que te cargue por una milla, ve con él dos. Al que te pida dale; y al que quiera tomar de ti prestado, no se lo rehúses.

- No, Hombre, cada vez más me parece que con todos estos requisitos no vas a conseguir suficientes adeptos; y te aseguro que a los que consigas se les va a olvidar muy rápido todas estas absurdas recomendaciones. Dirán que son tus seguidores, pero no van a poner en práctica ni la mitad de la mitad de lo que estas diciéndome. Si ni siquiera me veo ni a mí mismo poniendo la otra mejilla, menos veo haciéndolo al Papa de turno desde su papamóvil.

- *No te lo puedo creer.*
- ¡Incrédulo!.
- *También oíste que fue dicho amarás a tu prójimo y aborrecerás a tu enemigo. Pero ahora te digo: ama a tus enemigos, bendice a los que te maldicen, haz bien a los que te aborrecen y ora por los que te ultrajan y te persiguen.*
- Sí, claro, como oraron los Papas para que les fuera bien a los cruzados matando y devastando a los musulmanes; y, ahora, rezando por las víctimas de los terremotos para que Dios se apiade de las víctimas. Buena ayuda. Pues ahí también estás desfasado conmigo, porque resulta que yo no puedo amar a mi enemigo, porque considero que no tengo a nadie a quien considerar como tal. Y si me maldicen, como no me afecta, el problema es de ellos; así que, como no me fijo en quien sí o quien no me aborrece para compartir con él, creo que mucho menos voy a rezar por nadie si ni siquiera rezo por mí. Y, además ¿para qué nos estás diciendo todo esto, como si nosotros fuéramos los culpables de los males de la humanidad? Échale la culpa a tu papito lindo que, según nos dices, dizque fue quien nos creó. Dime, aquí en secreto: ¿estás seguro que fue él quien nos creó y no nosotros a él? Si sigues así, voy a sentirme internamente culpable siendo inocente; o inocente siendo culpable. Voy a sentirme el mismo, siendo otro; y otro siendo aún el mismo. ¿Así serán mis pruebas andando contigo?

Pues si es así, podré jugar con todo lo que quiera, menos conmigo mismo. Porque ¿cómo así que he venido a este mundo acusado ya y culpable? Me pregunto en mi ignorancia ¿ante quién y de qué, Dios mío? ¿Qué falta he cometido y con cuyo peso he nacido en esta tierra? Necesito vencer esta carga que me agobia y que sobre mis hombros llevo cual pecado original que, sin saber cómo ni cuándo, soy responsable de él en esta vida. Esa restricción de libertad, ese encadenamiento de mis alas. ¿Culpable de qué Dios mío? ¿Acaso de no saber de qué soy responsable? ¿Cómo sacudirme las cadenas que me atan a esta culpa, si ni yo mismo sé de qué me acusan? ¿Será acaso por no sentir como el resto de personas?

- *Precisamente, te los estoy diciendo y advirtiendo para que sean hijos del Padre que está en los cielos; que hace que el sol salga sobre malos y buenos y llueva sobre justos e injustos. Porque si aman a quienes los aman ¿qué recompensa tendrán? ¿No hacen también lo mismo los publicanos? Y si abrazan a sus hermanos solamente ¿qué hacen de más? ¿no hacen también así los gentiles y los pecadores? Y si prestan a aquellos de quienes esperan recibir, ¿qué gracia tienen ustedes? También los pecadores prestan a los pecadores para recibir otro tanto. Amen a sus enemigos, hagan el bien y presten sin esperar nada a cambio, pues su galardón será grande: serán hijos del Altísimo, quien es benigno para con los ingratos y los justos.*

- ¡Cállate, cállate un momento! que me desesperas. En primer lugar el problema es definir quienes son los ingratos y quienes los justos. ¿No te parece que eso depende de la orilla en donde esté quien así lo juzga? O ¿es que actuar injustamente con alguien es ponerlo en donde no debe estar u ordenarle hacer lo que no sabe hacer? Ahora bien, si a veces la vida te parece injusta, no olvides que tú eres la vida. De ser así, pon a tu Padre a definir eso con el Diablo para ver a qué acuerdo llegan. Y ahí tienes otra contradicción, porque si nos dices que tu Padre el Altísimo, es benigno para con justos y

89

malos, ¿qué hacemos con el cuento del juicio final y el infierno a donde nos vamos a fritar los que no le caemos bien? ¿Cómo te quedó el ojo con la preguntica?

Prefiero tomar la vida como si fuera un mar sin orillas. Si no las tiene no hay dualidad; si no hay dualidad yo soy el mar; y, si eso es así, entonces tomo a Dios como si fuera un mar sin orillas...

Y, en segundo lugar, yo no amo a nadie esperando ninguna clase de recompensa, porque eso acaba sonándome a comprar indulgencias o a Dios mismo, con acciones y, según te acabo de comprender, ¿nos estás reconfirmando que el mismo Padre tuyo, del cual dices que está en el cielo, es el mismo Padre de todos nosotros? Si eso es cierto, entonces tú y todos nosotros somos hermanos por parte de Padre; y si vas a decir que él y tú son uno, entonces nosotros también lo podemos decir. Y hasta el Diablo lo puede decir, porque ¿acaso no es creación del Padre? ¿Cierto, Hermano? ¿Será, entonces, que tú también eres uno con el Diablo? Porque el Creador es El Creador de todo, incluyendo a Don Satanás. Y, si me sales diciendo que eres uno con tu Padre, pues también eres uno con el Diablo. Porque si es un solo Creador es una sola creación; de no ser así, habría dualidad como la que viviste contigo mismo en medio de tus tentaciones. Por ahora, prefiero creer que soy creador e hijo de mi mundo interno... Porque, para mí, creer y fe son unidad; ya que al tener una profunda fe en mí mismo, creo en Dios; y al creer profundamente en mí mismo, tengo fe en Dios. Porque somos Uno, sin plural e incluyendo al Diablo.

- *¡Piensa lo que quieras!* Exclamó el Maestro salido de sus cabales. *Yo sólo les aconsejo que sean perfectos, como su Padre que está en los cielos es perfecto; que sean misericordiosos como también lo es* *nuestro Padre. Den para que les devuelvan; medida buena, apretada, remecida y rebosando darán en su seno; porque sepan que con la misma medida que midan serán medidos.*

-        Uy, qué karmita el nuestro con tu papá y ahora dizque el mismo Padre nuestro. Ni que fuera Capricornio pa´ ser tan perfecto… Pues aquí entre nos y de Capricornio a Capricornio, te cuento que yo soy Dios en otro estado; mejor dicho, yo soy un estado de Dios. ¿O Dios es un estado mío?

-        *No te burles y mejor no juzgues para no ser juzgado; no condenes para no ser condenado; perdonen y serán perdonados. Miren de no hacer su justicia delante de los hombres para ser vistos por ellos, pues de otra manera no tendrán merced de su Padre que está en los cielos. Cuando hagas limosna, no toques trompeta delante de ti como hacen los hipócritas en las sinagogas y en las plazas, para ser estimados de los hombres; de cierto te digo, que ya tienen su recompensa.*

-        Ayayay,   Hombre. Pues con estas recomendaciones que nos estás haciendo sí que le va a ir mal a tu futura iglesia; mejor es que ni te aparezcas por allá, porque te vas a llevar una sorpresa bien desagradable.

-        *Déjalos y, mientras tanto, cuando tú hagas limosna, que no sepa tu mano izquierda lo que hace tu derecha; para que sea tu limosna en secreto y tu Padre que ve en secreto él te recompensará en público*

-        Y dale con el cuento de las recompensas. Deja de aconsejarnos tanto eso que, en vez de hacer las cosas por amor y propia convicción, nos vas a volver unos tipos interesados. Y otra cosa, Maestro, en eso de que una mano no sepa lo que hace la otra, me imagino que de lo que se trata es de que uno haga las cosas calladamente y sin tanta pompa ¿Cierto? Porque si lo tomo con un sentido literal y voy a pasar caminando por una cuerda floja, yo sí necesito saber que está haciendo cada mano. En ese momento no me vengas con el cuentico ese de que la mano derecha es lo bueno y la izquierda es lo malo; porque las necesito a ambas. ¿No será que a lo que te refieres es que cada mano hace alusión a diferentes niveles de ser en mí y que no debo mezclarlos?

- *Y cuando ores no seas como los hipócritas; porque ellos aman el orar en las sinagogas y en los cantones de las calles en pie, para ser vistos de los hombres; de cierto os digo que ya tienen su pago. Mas tú, cuando ores, éntrate en tu cámara y, cerrada la puerta, ora a tu Padre que está en secreto y tu Padre que ve en secreto, te recompensará en público.*

- Espera, espera un momentico. Repíteme la recomendación esa que acabas de hacernos acerca de orar? ¿Cómo es que dices que hay que hacerlo?

- *Que tú cuando ores entra en tu cámara y...*

- Para, para ahí, exclamé interrumpiéndolo. Si me estás aconsejando bien, ¿lo que me aconsejas es que cuando ore entre en mi cámara o habitación más íntima en mí mismo, y no que vaya a orar a la iglesia? ¿Seguro que no estás contradiciéndote? ¿Estás totalmente convencido que cuando yo desee rezar jamás debo ir a una iglesia o templo a hacerlo? Porque según esto que te oigo, es mi hombre interior emocional quien debe rezar hacia y pidiendo a un nivel superior…

Y, en cuanto a lo de "cerrada la puerta", ¿no será que no solamente abriré una puerta de aquí para allá, sino que en ese estado de oración, alguien abrirá una de allá para acá?

- *Y no sólo eso*, acentuó el Maestro. *Orando no seas prolijo como los gentiles, que piensan que por su parlería serán oídos.*

-        Uy, hermano, eso sí repítaselo bien a los evangélicos, porque rezan y gritan que pareciera que tu... perdón, que nuestro Padre estuviera más sordo que una piedra.

-        *No se hagan pues, semejantes a ellos, porque su Padre sabe de qué cosas tienen necesidad, antes que ustedes las pidan.*

-        Ah no, ahí sí me dejas perdido. ¿Entonces cuando uno reza nada debe pedir? De ser así ¿para qué rezamos? No me digas que es sólo para dar gracias; porque te aseguro que en mi época, el mayor porcentaje de gente que reza es pidiendo algo a Dios, a su mamacita o a los miles de santos que se les han inventado para que los carguen en las fiestas o borracheras patronales.

-        *¡Qué error!* exclamó el Hombre. *Mejor acérquense todos que les voy a enseñar la única oración válida, tal cual Juan le enseñaba a orar a sus discípulos.*

Los trece nos apretujamos lo que más pudimos unos contra otros, sentados en la arena con las piernas cruzadas sobre nuestros pechos, cuando el Hombre empezó a orar lentamente y con los ojos cerrados, como si la información le estuviera llegando en ese preciso momento: *Padre nuestro que estás en los cielos, santificado sea tu nombre. Venga tu reino. Sea hecha tu voluntad, como en el cielo, así también en la tierra. Danos hoy nuestro pan cotidiano y perdónanos nuestras deudas, como también nosotros perdonamos a nuestros deudores. Y no nos metas en tentación, mas líbranos del mal, porque tuyo es el reino y el poder y la gloria, por todos los siglos. Amén.*

-        Dios mío, acabas de estirar un segundo y comprimir un siglo, me dije al ver cómo la información le había llegado a Jesús con sus ojos cerrados. Yo mismo también tengo que encontrar otros ojos para ver, otra boca para hablar, otros oídos para comprender y otras manos para tocar; así como tú lo haces.

Pero déjame desmenuzar lo que nos acabas de enseñar porque, como siempre, una cosa es lo que dices y otra lo que yo comprendo. Empecemos por aquello que nos dices que le pidamos al Padre que venga a nosotros su tal reino de los cielos. Si ese es el pedido, es porque estoy en el nivel inferior de Tierra y estoy pidiendo que se acerque a mí un nivel superior o lo que llamas reino de los cielos. Me imagino que si nos dices que pidamos eso, es porque ambos niveles están desconectados. Eso me suena igualito que cuando Saturno, el señor Hijo de la Tierra Gea, castró a su papá Urano, el Dios del Cielo, y desconectó a su madre tierra de su padre cielo, porque con el marido castrado, ¿para qué lo iba a necesitar su esposa tierra? Fíjate bien que los griegos también estaban en lo cierto, se perdió la comunicación entre la tierra y el cielo. ¿Eso es lo que nos estás pidiendo que nos conecten de nuevo?

Mira cómo, si nos estás diciendo que la voluntad del Padre se haga en la Tierra, es porque ésta no está llegando hasta nosotros; porque si lo estuviera haciendo, ¿para qué nos ibas a aconsejar que la pidiéramos? Aquí sí que quedan mal parados toda esa partida de beatas y gente ignorante que, cuando ocurre algo bueno o malo, lo primero que dicen es: así lo quiso Dios. Cuántas veces he oído decir: si Dios quiere. Y, según esto que nos enseñas, Dios lo único que quiere es… ¡Nada! Quienes queremos somos nosotros y por eso pedimos. Pero hay que saber pedir y esperar el pedido. Porque a mí sólo me dices que pida, sin que me hayas dicho cuando me van a dar. Y si olvido el pedido y me lo mandan después de olvidado… Pero tampoco debo olvidar que en la misma medida en que todo lo que me ha sido dado se me pida, todo lo que pida me será dado.

Y luego, en tu oración, añades lo del pan diario. Creo que a lo que te estás refiriendo es al pan como alimento espiritual. Porque el otro hasta me lo puedo robar si tengo hambre. Pero éste no lo puedo adquirir sino pagando por él, a través de haber hecho el esfuerzo correcto. Ese debe ser el precio que pago para obtener esa clase de pan que estoy pidiendo que me den; porque soy lo que como y ese alimento, que pertenece a varios estados, me transporta o me mantiene en el nivel de comprensión en el cual estoy.

Pero lo de perdonar sí que no lo puedo hacer, porque ya te dije que yo no tengo a nadie a quien perdonar, porque ya cancelé todas mis deudas en cuanto a que la gente me afecte negativamente, como para odiarlos o algo semejante, por lo que me hayan o no hayan hecho. Pero ojo, querido Maestro, porque si yo no tengo nada que perdonar a nadie, según tu oración Dios tampoco tiene nada que perdonarme a mí porque nada debe ofenderlo…

Y ¿qué hacemos con la tentación, si ya vimos que es tan necesaria y tú estás diciendo que pidamos al Padre que no nos deje caer en ella? Para eso ya tengo adquirida la fe en mí mismo y la certeza de que hay una parte de mí más allá de lo que veo. Como cuando veo la ola, pero no el fondo del mar. La ola es Mauricio Puerta y el mar soy yo. Ya tengo esa certeza absoluta, porque sé que el mar tiene olas y las olas son del mar. Si desaparece la ola no así mismo el mar. Igual, si desaparece el tener, no así mismo el ser.

Y es a ese reino interno al que le estoy pidiendo a Dios que me deje entrar; es decir, que no deje que me trague el cuento de que ante tanta infinita inmensidad, tan sólo soy la ola pasajera que se estrella contra el acantilado, en una playa o se deshace en la superficie del mar. La ola siempre estará en la superficie y con el Padre Nuestro que nos has enseñado, veo un pedido para salir de la superficialidad y dejar de ser tal cual soy ahora, para poder entrar en el reino de las profundidades, porque… el Reino de los Cielos están dentro de nosotros como el nivel más alto de evolución posible. Y si nos enseñas a pedir al Padre, entonces, Yo estoy en él desde siempre… O él en mí.

Hubo un momento de silencio en el cual nos miramos unos a otros, esperando que él nos dijera o explicara la oración que acababa de enseñarnos y, en el momento en que fui a preguntarle algo, continuó diciendo: *les repito que si perdonan a los hombres sus ofensas, a ustedes los perdonará también su Padre celestial. Más, si no perdonaran, tampoco su Padre les perdonará las suyas.*

- Pues te recalco por enésima vez, que Dios nada tiene que perdonarme a mi, porque yo no tengo nada que perdonarle a nadie, le respondí. Y eso es así, no porque no quiera perdonar, sino porque emocionalmente jamás me siento ofendido como para tener que perdonar ninguna ofensa. No hay nadie tan importante como para que yo le de valor para que me ofenda. Puede ser que yo le deba a otros, pero a mí nadie me debe nada porque nada me ha hecho. Y, además, ahí te vuelves a contradecir, porque ¿no dizque debemos dejar atrás lo de ojo por ojo? ¿Pero el Padre si nos va a hacer la misma jugada que hicimos con otros? ¿Cómo le quedó el ojo?

- *Piensa en esto: ¿quién de ustedes tendrá un amigo e irá a él a media noche a pedirle un pan prestado, porque otro amigo de ustedes ha venido a visitarlos y no tiene que poner en la mesa; y él desde adentro va a responder que no lo molesten, que la puerta está cerrada y que sus hijos están con él en la cama y no puede levantarse y darle el pan que le piden? Les digo que aun cuando no se levante a darle por ser su amigo, es cierto que por lo inoportuno se levantará y le dará todo lo que tenga menester. Por eso les digo: pidan y se les dará; busquen y hallaran; llamen y les será abierto. Porque todo el aquel que pide, recibe; todo el que busca, halla; y al que llama se le abre.*

- Pues eso depende, mi querido Maestro. Porque estoy esperando que Roberto llegue con el pan del almuerzo y nada que aparece. A mí me parece que más importante que pedir, hallar y golpear en la puerta, es la persistencia para saberlo hacer. Muchos lo hacemos y ni nos dan ni encontramos, ni nos abren. Además, nos estás aconsejando que pidamos, pero ¿después de pedir, cuándo nos van a dar? ¿Se demora mucho? ¿Y no dizque no debemos pedir nada al Padre porque él sabe lo que necesitamos desde antes de pedírselo?

Pues déjame voy a ensayar a pedir algo a tu papá; escucha mi ruego, pon atención y dime qué tal me queda el pedido: ¿Cuál es tu voluntad para conmigo, Padre nuestro que estás en el cielo? ¿Qué o quién debo ser? ¿Qué y a quiénes tengo que escuchar y hablar? ¿Cuál es tu voluntad para conmigo, Señor del cielo? ¿Acaso servir de canal a tu mandato? ¡Sí, está bien! Pero, ¿en donde hallo tu voluntad, Dios santo? ¿En donde encuentro el sermón de mi montaña? Dime ¡oh Dios de los ejércitos celestiales! en él ¿cuál puesto debo ocupar? Háblame así al oído y sin que nadie más lo sepa; dime cual debe ser mi ropaje ¿acaso las estrellas? ¿Cuál ha de ser mi alimento? Dímelo para que, entendiendo tu voluntad divina, pueda cumplirla y así, jamás quebrantarla. Pero, ya sé que sólo sabré cuál es tu voluntad para conmigo, hasta después de haberla cumplido. Si es así, entonces, ya lo dijiste, hágase tu voluntad y no la mía.

- *¡Por Dios!* tienes que aprender a orar sin desmayo y correctamente*, contestó él muy alterado por mi impertinencia. *¿Cuál padre de ustedes, si su hijo le* *pide un pan le dará una piedra? O si le pide pescado ¿le dará una serpiente? O si le pide un huevo ¿le dará un escorpión? Entonces, si siendo ustedes malos, saben dar buenas dádivas a sus hijos ¿cuánto más su Padre celestial dará el espíritu santo a los que le pidieren de él?*

- Pues yo lo único que le pido es comprensión, dije tajantemente.

- *Y cuando ayunen, no sean como los hipócritas, austeros; porque ellos demudan sus rostros para parecer a los hombres que ayunan; de cierto les digo que ya tienen su pago. Mas ustedes cuando lo hagan, unjan su cabeza y laven su rostro, para no parecer ante los hombres que ayunan, sino a su Padre que está en secreto; y el Padre que ve en secreto los recompensará en público.*

- Pues tampoco te puedo hacer caso porque jamás ayuno y raras veces me lavo el rostro, como tú aconsejas.

- *No hagan tesoros en la tierra, donde la polilla y el orín corrompe, y donde los ladrones minan y hurtan.*

- ¡Esa si no te la puedo creer! exclamé carcajeándome. Porque esa es la recomendación que menos han seguido tus Papas del Vaticano. Jajaja, si te escucharan de viva voz, se les caería la cara de vergüenza. No, yo creo que la cara se les quedaría allí, porque tienen de todo menos vergüenza. ¿Cuándo sería que te dejaron de seguir? Bien, ¿entonces en donde ponemos los tesoros?

- *Háganse tesoros en el cielo, donde ni la polilla ni orín corrompe y donde ladrones no minan ni hurtan.*

- Estas recomendaciones tan antiguas sí que servirían hoy en día a quienes hemos cambiado los tesoros espirituales -que me imagino que son los que llamas "en el cielo"- por los terrenales.

- *Es que en donde esté tu tesoro estará tu corazón,* agregó él. *La lámpara del cuerpo es el ojo; así que, si tu ojo fuere sincero todo tu cuerpo será luminoso.*
- Y sí no qué ¿también me saco el ojo?
- *Si tu ojo fuere malo, todo tu cuerpo será tenebroso. Así que si la lumbre que hay en ti son tinieblas ¿cuántas serán las mismas tinieblas? Es más, también te advierto que nadie puede servir a dos amos, porque o aborrecerá al uno y amará al otro, o se llegará al uno y menospreciará al otro; es decir, no puedes servir a Dios y a Mammón.*
- Pero yo si conozco mucho mamón que tiene de a dos mujeres y les va muy bien con ambas.
- *Estén ceñidos sus lomos y sus antorchas encendidas; y ustedes sean semejantes a hombres cuando su señor ha de volver de las bodas; para que cuando venga y llame, ustedes le abran la puerta. Bienaventurados aquellos siervos a los cuales, cuando el Señor venga, halle velando; de cierto les digo que se ceñirá y hará que se sienten a la mesa y, pasando, les servirá. Y aunque venga a la segunda vigilia y aun cuando venga a la tercera y los halle así, bienaventurados son tales siervos. Pero sepan que si el padre de familia supiera a qué hora habría de venir el ladrón, velaría ciertamente y no dejaría minar su casa. Ustedes también estén apercibidos, porque a la hora que menos piensen vendrá el Hijo del hombre.*

- Señor, dijo Pedro, esta parábola ¿es sólo para nosotros o para todos los que estamos aquí?

Con su pregunta me parecía que Pedro como que le faltaba más fe en sí mismo y no depositar tanta dependencia con respecto a Jesús. Era como si la enseñanza no le hubiera llegado al fondo de sí mismo, sino que la tenía aún a un nivel muy intelectual. La fe es enemiga de los sentidos, porque es creer sin ver, sentir, palpar, probar, oler, etcétera; y a Pedro le faltaba creer más en él y tanto más, como que la fe en mí mismo es lo que siempre le ha dado valor a la verdad en mí mismo.

- Pedro, le dije, muchas veces yo también he perdido la fe, esa enorme fe que me impulsa a trepar montañas y a surcar el tiempo. Había perdido el sentido de querer hacer y, sin él, tenía rota la cadena de los hechos logrados a través del tiempo. Había perdido la fe y debía encontrarla, porque sin su apoyo no tenía sentido en el camino, por las cimas ni en los valles con senderos. Pero siempre la encontraba de nuevo, porque sin ella estaba confuso y no sabía qué hacer cada vez que perdía la fe que antes me tenía.

Pero tú, Pedro, avanzarás más porque habrás de quitarte peso de encima, le dije para alentarlo. Hasta un punto tal en que cambiarás de vibración y verás a tu lado seres que irán a velocidades semejantes. Todo te entrará más rápido, porque esta enseñanza es necesario que permanezca más tiempo dentro de ti que afuera. Es más, el tiempo tendrá para ti el mismo valor; será tan importante un segundo como un siglo o un milenio. Pero eso sí, debes tener cuidado con "tu" tiempo, pues puede chocar contra el de los demás. Pedro, destruirás el tiempo cuando te des cuenta de él; pero, si no puedes cambiar, acéptate bajo tu propio riesgo y no sufras.

- *¿Quién es el mayordomo fiel y prudente al cual el señor pondrá sobre su familia para que a tiempo les dé su ración?* preguntó el Maestro interrumpiéndonos. *Bienaventurado aquel siervo al cual, cuando el señor venga, halle haciendo así. En verdad les digo que él le pondrá sobre sus bienes. Pero, si tal siervo dice en su corazón que su señor tarda en venir y comienza a herir a los siervos y a las criadas; y a comer, a beber y a embriagarse, vendrá el señor de aquel el día menos pensado, a la hora que no sabe y le apartará poniendo su parte contra los infieles; lo cortará por*

medio y pondrá su parte con los hipócritas, en donde allí
será el lloro y el crujir de dientes. Porque el siervo que
entendió la voluntad de su señor y no se apercibió ni hizo
conforme a su voluntad, será azotado mucho. Pero el que
no entendió e hizo cosas dignas de azotes, será azotado
poco; porque a cualquiera que fue dado mucho, mucho
será vuelto a demandar de él; y al que encomendaron
mucho, más le será pedido.

-          Pero, Maestro ¿por qué nos regañas
tanto? ¿Es a eso a lo que has venido?

-          *Fuego vine a meter en la tierra ¿qué*
quiero si ya está encendido? Empero, el bautismo me es
necesario ser bautizado y ¡cómo me angustio hasta que se
cumpla!

De repente, luego que hubo hablado, un fariseo
que andaba por ahí a las hurtadillas, seguramente ya con
hambre por tan largo discurso, le pidió al Maestro que
comiéramos con él en su casa. A lo cual Jesús asintió y
fuimos a dar a su mesa. Y como el anfitrión vio
maravillado que antes de comer Jesús no se lavaba las
manos, y éste se dio cuenta del hecho, antes de que le
fuera a llamar la atención, el Señor le dijo:

-          *Ustedes los Fariseos limpian lo de*
afuera del plato y del vaso, pero no lo de adentro de
ustedes mismos, que está lleno de rapiña y de maldad.
¡Necios! ¿El que hizo lo de afuera, no hizo también lo de
adentro? De lo que les resta dan limosna y he aquí que
todo les será limpio. ¡Fariseo ciego, limpia primero lo de
adentro del vaso y del plato, para que también lo de
afuera se haga limpio! ¡Ay de ustedes, fariseos! que
diezman la menta, el eneldo, el comino, la ruda y toda
hortaliza; mas el juicio y la caridad de Dios la pasan de
largo. Estas son las cosas necesarias de hacer y no las
otras. ¡Ay de ustedes, fariseos! que aman las primeras
sillas en las sinagogas y las salutaciones en las plazas.

-        Un momento, Maestro, pero es que saber cómo hacer y cómo no hacer, es lo mismo. Además, hay que aprender a deshacer para poder hacer y, una vez que hagamos, podremos deshacer todo lo hecho. Y otra cosita: ¿usted está diciendo que todos los que se sientan en las primeras sillas de los templos, son fariseos? Vaya, vaya, de lo que me vengo a enterar ahora que están llenos el Vaticano y las catedrales… de fariseos.

-        *¡Ay de ustedes, escribas y fariseos, hipócritas! Que son como sepulcros que no se ven y los hombres que andan encima no lo saben.*

-        ¡Maestro! cuando dices esto también nos afrentas a nosotros; exclamó uno de los doctores de la ley, que ya no aguantaba más la insultada que les estaba dando.

-        *Pues al que le caiga el guante que se lo chante*, exclamó el Señor, haciendo gala de que conocía los dichos del futuro. *¡Ay de ustedes también, doctores de la ley! Que cargan a los hombres con cargas que no pueden llevar; mas ustedes ni aún con un dedo tocan las carga que no quieren ni mover. Antes, todas sus obras las hacen para ser mirados de los hombres, porque ensanchan sus filacterias y extienden los flecos de sus mantos.*

Y, aprovechando un momento de calma en medio de tanta efervescencia y calor, me acerqué a uno de los escribas para preguntarle por qué el maestro la cargaba tanto contra ellos.

- Nosotros somos oficiales del gobierno, los ministros de estado registrador y nuestros deberes son de oficina, así como copiar la ley y otros libros de las Escrituras, pues nos consideran como hombres hábiles para enseñarlas e interpretarlas.

- Ah, ustedes son lo que llamamos teólogo o erudito en religión, especialmente diligente en la ley de Moisés, y el estudio y la enseñanza de la ley de Jehová. Ya veo por qué los ataca tanto el Maestro.

- Entre los judíos somos maestros de la Palabra de Dios. Indudablemente, y a mucha honra, somos fariseos que adaptamos la ley de Moisés a los tiempos de hoy; aun cuando, como no siempre estamos de acuerdo, desarrollamos diferentes escuelas. Por eso es un insulto a nuestra inteligencia que Jesús denuncie pública y enérgicamente que somos hipócritas y que falseamos las interpretaciones, dizque desviando a la gente. Dile que no se le olvide que somos miembros influyentes del Sanedrín y que tenemos la capacidad para volvernos contra todos ustedes.

- Ay, Hermano, exclamé; pero si así será siempre en todas las iglesias. ¡De qué se queja a estas alturas! Paséese por las distintas religiones que todas son pura parafernalia y Obispos sobre los feligreses.

- *¡Ay de ustedes escribas y fariseos, hipócritas!* recalcó Jesús continuando con sus ataques; *que edifican los sepulcros de los profetas y los mataron sus padres. De cierto dan testimonio que ustedes consienten de los hechos de sus padres; porque, a la verdad, ellos los mataron pero ustedes edifican sus sepulcros, adornan los monumentos de los justos y dicen: si fuéramos en los días de nuestros padres, no hubiéramos sido sus compañeros en la sangre de los profetas. Por lo tanto, la sabiduría de Dios también dijo: enviaré a ellos profetas y apóstoles y de ellos, a unos matarán y a otros perseguirán. ¡Así, pues, que testimonio dan ustedes mismos que son hijos de aquellos que mataron a los profetas. ¡Ustedes también, hinchen la medida de sus padres!*

-        Oiga Maestro, y si su papá sabía que los iban a matar y a perseguir, ¿para qué los envió? pregunté esperando el regaño inmediato ¿Por qué no vino él mismo en persona?

-        *Para que de esta generación sea demandada la sangre de todos los profetas*, me contestó clavándome una mirada de esas que acostumbraba lanzar. *Sangre que, además, ha sido derramada desde la fundación del mundo.*

-        ¿Y quién le mandó a su papacito a fundar un mundo tan sangriento? De tal palo tal astilla y de tal Padre, tal hijo, ¿no le parece? Además, hasta el dios Indra del Tibet, derramó su sangre por la salvación de los hombres.

-        *Pues desde la sangre de Abel hasta la de Zacarías, que murió entre el altar y el templo; así les digo, será demandada esta generación.*

-        Bueno, menos mal yo pertenezco a otra generación bien, pero bien lejana, contesté mirando el reloj para saber qué hora era; porque, definitivamente, a Roberto tenía que haberle sucedido algo muy grave después de tanto tiempo de no regresar.

-        *¡Ay de ustedes doctores de la ley!*, continuó diciendo el malgeniado Maestro; *que han quitado la llave de la ciencia; ustedes mismos no entraron e impidieron la entrada a los demás.*

-        Pero Jesús, usted sí que está bien desinformado acerca del futuro. Así es hoy en todas las iglesias, no se queje más. Además, hay cosas que nos sucederán por el futuro; otras por el pasado; existen aquellas que nos ocurrirán para y por el presente; así como aquellas que jamás nos sucederán… ¿Le parece complicado el asunto?

-        *Mejor no se acongojen por el futuro de su vida, qué han de comer o qué han de beber, ni por su cuerpo, qué han de vestir ¿no es la vida más que el alimento y el cuerpo que el vestido? Miren las aves del cielo que no siembran ni siegan ni allegan alfolíes y su Padre celestial las alimenta ¿No son ustedes mucho mejores que ellas?*

-        Sí, me suena a una situación semejante que se vivió por allá en la década de los 60 y que la conocimos como las comunas de los hippies. Todos vivían a la buena de Dios comiendo de lo que la vida les diera, nadie trabajaba, pero se fumaban el paisaje entero... Y ahora la mayoría están calvos, arrugados, barrigones y sin un peso.

-        *¿Quién de ustedes podrá, acongojándose, añadir a su estatura un codo?* Continuó preguntando el Hombre mientras nos mirábamos entre nosotros para saber cuál era el más bajito. *Y por el vestido ¿por qué se acongojan? Reparen en los lirios del campo cómo crecen, no trabajan ni hilan. Más les digo que ni aún Salomón con toda su gloria fue vestido así como uno de ellos. Y si la hierba del campo que hoy es y mañana es echada en el horno, Dios la viste así, ¿no hará mucho más a ustedes, hombres de poca fe? No se apesadumbren pues, diciendo: ¿qué comeremos o qué beberemos o con qué nos cubriremos? Porque los gentiles buscan todas estas cosas que su Padre celestial sabe que de todas estas cosas han menester. Mas busquen primeramente el reino de Dios y su justicia, y todas estas cosas les serán añadidas. Así que no se acongojen por el día de mañana, que el día de mañana traerá su fatiga; basta al día su afán.*

-        Oye Maestro, definitivamente, si dieras este discurso en la Plaza del Vaticano, tendrías muy pocos seguidores, porque este estilo de vida que nos predicas es lo menos parecido al modus vivendi de tus futuros Monseñores. ¿Qué fue lo que pasó con tus siervos que ya ni túnica usan? Vieras qué tan distintas tus sandalias a los zapatos del Papa...

-        *Un momento, joven amigo,* me respondió; *no juzgues para que no seas juzgado. Porque con el juicio con que juzguen serán juzgados; y con la medida que midan los volverán a medir. Y, además, ¿por qué miras la mota que está en el ojo de tu hermano y no echas de ver la viga que está en tu ojo? O ¿cómo dirás a tu hermano: espera, echaré de tu ojo la mota y he aquí la viga en tu ojo?*

-       Ah, ¿entonces estás justificando el hecho de que en tu futura iglesia se acumulen tantos tesoros? Si así es la historia, entonces terminemos el cuento; porque mi hoy es tu mañana; tu hoy fue mi ayer. Pero si tu ayer fue el mío, mi mañana será el tuyo…

-       *¡Hipócrita!* Me gritó en uno de sus típicos   momentos de mal humor cuando se sentía acorralado por una de mis preguntas. *Lo que te estoy dando a entender es que tienes que echar primero la viga de tu ojo y, entonces, mirarás en echar la mota del ojo de tu hermano.*

-       ¡Pues ni de riesgos! Porque si vamos a comparar mi cuenta bancaria y pertenencias con las del Vaticano, te aseguro que el de la viga, mejor dicho, el del lingote de oro no soy yo. Y jálele al respetico que ya le dije que yo no soy su mamá, para que me trate como se le dé la gana.

-       *Ah, me parece que no estás entendiendo este mensaje tan santo.*

-       Pues entonces dese a comprender mejor, que aquí el Maestro es usted.

-       *No den lo santo a los perros,* dijo bajando el tono de la voz.

-       Ah, resulta ser que ahora, en vez de considerarnos sus apóstoles, ¿somos simplemente sus perros?

-       *No, hombre, lo que estoy tratando de enseñarles es que no hay que echarle las perlas a los puercos, porque no las rehuellen con los pies y vuelvan y los despedacen. Pidan y se les dará…*

-        Ah, vuelves a caer en la contradicción, dije interrumpiéndolo; porque hace como dos horas nos dijiste que para qué le pedíamos algo al Padre orando, que él ya sabía lo que necesitábamos antes de pedírselo, porque es un muy buen adivino. Entonces al fin qué, ¿le pedimos o no le pedimos? Además, los puercos no tienen pies, sino pezuñas o es que ¿acaso lo que estás diciendo tiene otro significado más profundo? Déjame reflexiono, como me dijiste al principio que debía hacerlo. Si esto que nos estás diciendo no es algo literal, entonces, los pies que estás mencionando deben ser una referencia a la vida diaria y yo sería el puerco; porque son mis pies la única parte del cuerpo que toca el suelo, es decir, la parte material de la vida de todos los días. Como quien dice: ahí estoy yo pintado cuando no creo sino en lo que toco o en lo que me muestran los sentidos, que serían los cinco deditos de mis pies que tocan la tierra. Y las perlas, claro, debe ser la sagrada información que nos estás dando, que no debo revolverla o revolcarla con los asuntos de la vida diaria representada por mis pies.

El Hombre se quedó pensativo, mientras yo me acomodaba mejor en la arena, porque ya tenía una nalga dormida de tanto estar en la misma posición y con semejante discurso tan largo. Parecía una de esas conferencias de astrología que yo dicto de vez en cuando. Pobrecitos mis espectadores, al menos yo aquí estoy cómodo en la arena.

-        *Así que todas las cosas que quisieran que los hombres hagan con ustedes, así también hagan ustedes con ellos; porque esta es la ley de los profetas.*
-        ¡Qué profetas ni qué demonio! Esa es una ley natural para saber vivir bien con los demás. No se necesita ser ningún profeta ni maestro para llegar a semejante conclusión. Ahí sí Hermano, estás diciendo frases de cajón.

En ese momento alguien, levantando la mano para llamar su atención, le preguntó si eran pocos los que se salvaban.

- *Entren por la puerta estrecha,* contestó, *porque ancha es la puerta, espacioso el camino que lleva a perdición y muchos son los que entran por ella. Porque estrecha es la puerta y angosto el camino que lleva a la vida y pocos son los que la hallan. Muchos procurarán entrar y no podrán. Después de que un padre de familia se levante y cierre la puerta, comenzando ustedes por estar afuera y llamando a la puerta diciéndole que les abran, el padre contestará que no los conoce. Me imagino que de ser ustedes, comenzarán a decir que delante de él han comido y bebido y que en sus plazas enseñó. Seguro que el padre va a insistir en que no los conoce, que se aparten de él todos los obreros de iniquidades.*

Les aseguro que allí también será el llanto y el crujir de dientes, cuando ustedes vean a Abraham, Isaac, Jacob y todos los profetas en el reino de Dios, de donde ustedes han sido excluidos. Y vendrán de Oriente, de Occidente, del Norte y del Mediodía y se sentarán a la mesa en ese reino de Dios. Y serán postreros los que eran primeros; y primeros los postreros. Y guárdense de los falsos profetas que vienen a ustedes con vestidos de ovejas, mas por dentro son lobos rapaces. Por sus frutos los conocerán. ¿Se cogen uvas de los espinos o higos de los abrojos? Así, todo buen árbol lleva buenos frutos; mas el árbol maleado lleva malos frutos. Así que, por sus frutos los conoceréis.

- Pues hablando de puertas, y espero que tu recomendación no sea una indirecta a mi apellido, vieras el tamaño de las puertas del Vaticano y el de las catedrales que te han construido. Esas sí que en nada se parecen a la puerta estrecha de que nos estás hablando aquí. Y allá sí que se ven de los disfraces que hablas, que no serán de piel de oveja, pero que tal vez lo sean de armiño… Puede que el vestido sea distinto, pero te aseguro que el que lo lleva si es el mismo lobo que dices.

- *Pues cuando vayas por allá, mi joven apóstol, diles que no todo el que me dice: Señor, Señor, entrará en el reino de los cielos; sino el que hiciere la voluntad de mi Padre que está en los cielos. Muchos me dirán en aquel día: Señor ¿no profetizamos en tu nombre y en tu nombre lanzamos demonios y en tu nombre hicimos muchos milagros? Si lo que me cuentas de ellos es cierto, diles que yo les protestaré diciéndoles que nunca los conocí. ¡Apártense de mí obradores del mal!*

- Bueno, les daré tu razón en cuanto pueda. Pero no creo que me escuchen, pues ellos manejan la verdad a su antojo.

- *Pregúntales que ¿por qué me llaman Señor, Señor y no hacen lo que les digo? Que cualquiera, pues, que me oye estas palabras y las hace, le compararé a un hombre prudente que edificó su casa sobre la peña. Y cualquiera que me oye estas palabras y no las hace, le compararé a un hombre insensato que edificó su casa sobre la arena, y descendió la lluvia y vinieron ríos y soplaron vientos e hicieron ímpetu en aquella casa, y cayó y fue grande la ruina.*

Gócense en aquel día y alégrense, porque he aquí su galardón es grande en los cielos; porque así hacían sus padres a los profetas. Más ¡ay de ustedes ricos! Porque tendrán su consuelo. ¡Ay de ustedes, los que están hartos! porque tendrán hambre. ¡Ay de ustedes, los que ahora ríen! porque lamentarán y llorarán.

- Oye, Jesús, pues en el Vaticano, ni en los altos cargos de ninguna iglesia creo que haya gente hambrienta; todos estás hartos ¿Te refieres a ellos? Y, ahora que dices eso de lamentar y llorar, caigo en la cuenta de que jamás te hemos visto reír. ¿Por qué será?

- *No me interrumpas con semejantes tonterías. ¡Ay de ustedes, cuando todos los hombres digan bien de ustedes! Porque así hacían sus padres a los falsos profetas.*

De repente, como llegaron algunos de los fariseos diciéndole que se fuera porque Herodes lo quería matar, el Hombre se levanto, extendió los brazos como queriéndonos abrazar a todos los presentes y exclamó:

- *Vayan y díganle a esa zorra que yo echo afuera los demonios y que acabo sanidades hoy y mañana, y al tercer día soy consumado. Que es necesario que hoy, mañana y pasado mañana camine; porque no es posible que profeta muera fuera de Jerusalén. ¡Jerusalén, Jerusalén! que matas a los profetas y apedreas a los que son enviados a ti, ¡cuántas veces quise juntar tus hijos, como la gallina sus pollos debajo de sus alas y no quisiste! He aquí que te es dejada tu casa desierta. Y a ustedes les digo que no me verán más, hasta cuando venga el tiempo cuando digan: Bendito el que viene en nombre del Señor.*

Y diciendo todas estas cosas, los escribas y fariseos comenzaron a apretarle en gran manera y a provocarle para que hablara de muchas cosas, acechándolo y procurando cazar algo de su boca para acusarlo. Pero él apagó su voz dejándonos a todos admirados de su doctrina y a la expectativa de qué más iba a decir. El tiempo fue transcurriendo y, en vez de continuar con la charla tan interesante, se profundizó en sí mismo y de forma tal, que nadie pudo sacarle ni un suspiro. Parecía que él ya sabía cómo acelerar o retardar el tiempo interno para su conveniencia.

Cuando volví a hacer presencia en mí, estaba bien entrada la noche y hasta la leña de las hogueras se había acabado porque, como los doce apóstoles restantes se habían dormido, no había quien la recogiera. Y, entonces, me dormí como ellos.

CAPÍTULO TRES

LAS PARABOLAS

A la mañana siguiente, sin tener una idea muy clara de cuánto tiempo había pasado, me levanté muy temprano llamando por mi celular a Roberto, pero entraba directamente en correo de voz. Después de mucho intentarlo y ver que no podía comunicarme con él, le dejé un mensaje diciéndole que por favor me devolviera la llamada, pues tenía algo urgente que contarle.

Pero Jesús también se levantó temprano y, descendiendo del monte en donde nos encontrábamos, de nuevo nos comenzó a seguir mucha gente mientras nos dirigíamos una vez más para Capernaum. Como todos los sábados, comenzó a instruir en las sinagogas en donde, y también como siempre, los asistentes se admiraban con su doctrina porque, ¡para qué!, el Hombre en verdad enseñaba como quien tiene potestad y no como los escribas.

Una tarde, cuando ya me estaba aburriendo de tanta sinagoga, apareció de pronto un tipo que parecía estar cansado de tanta habladuría, porque se levantó y le dijo al Maestro: ¡Ah! ¿Qué tienes con nosotros, Jesús Nazareno? ¿Has venido a destruirnos? Sé quién eres, el Santo de Dios.

Y, cuando pensé que Jesús iba a entrar en un interesante diálogo con quien lo retaba, me desilusionó tremendamente el ver que, en vez de encararlo, todo lo que hizo fue enmudecerlo y decirle al demonio que, según él, poseía al pobre hombre, que saliera de su interior. Me quedé viendo al Maestro como preguntándole ¿qué haces? Mientras, efectivamente, el espíritu inmundo haciéndole pedazos y clamando a gran voz, salió de él. Obviamente todos se maravillaron, menos yo, porque ya en mi época había mucho tipo poseído por el demonio, y a quienes llamábamos políticos y fanáticos religiosos.

- Maestro, le dije pensativo. Quiero preguntarle algo. ¿No será que eso de "espíritu inmundo" se refiere a mí mismo? Mire lo que he pensando acerca de la palabra "inmundo": si la partimos en dos "in" y "mundo", la primera sílaba debe significar "adentro", como cuando digo interno o interior; y la otra parte del vocablo "mundo" debe referirse literalmente a la tierra, al mundo que vivo. Entonces ¿no será que "inmundo" es como cuando yo mismo estoy tan metido y atrapado por el mundo que me esclaviza, que por eso tengo el espíritu in- mundo? Si mi espíritu está atrapado por el mundo, ¿en dónde queda su cuento del Diablo? Todos estamos atrapados por él.

Pero el Maestro no alcanzó a contestar mi pregunta porque inmediatamente llegó una mujer que tenía espíritu de enfermedad desde hacía diez y ocho años y andaba tan agobiada que de ninguna manera podía levantarse. Viéndola en un estado tan lastimero, el Señor posó sus manos sobre ella y, apenas la enderezó, ésta comenzó a glorificar a Dios.

- ¡Bravo, nuevo Quirón! Exclamé comparando al viejo centauro griego con el Maestro, al ver cómo utilizaba las manos para sanar a la mujer.

Fue entonces, cuando el príncipe de la sinagoga, enojado porque Jesús estaba utilizando el sábado para curar, se dirigió a todos diciendo: en la semana hay seis días en que es necesario obrar; vengan en éstos para ser curados todos, pero no en día sábado.

- *¡Hipócrita cada uno de ustedes!,* respondió el Maestro lanzándoles uno de sus calificativos preferidos. *¿No desatan en sábado su buey o su asno del pesebre y lo llevan a beber? Y si cayera en algún pozo, ¿no lo han de sacar en día sábado? Y a esta hija de Abraham que Satanás la tenía ligada durante tantos años ¿no convino desatarla de esta ligadura en día sábado?*

Y sucedió que al sábado siguiente, entrando en casa de uno de los príncipes fariseos a comer pan, éstos le acechaban. Ya era tarde cuando me percaté de la presencia de un hombre hidrópico que estaba delante del Maestro, quien aprovechó el momento para preguntar una vez más a los doctores de la ley que estaban con los fariseos si era lícito sanar en sábado. Al Hombre le encantaba tentar la lengua de los ignorantes y sabios por igual, porque sabía que no le podían replicar estas cosas. Y, como vio que no contestaba ninguno de ellos, sanó al pobre hombre y lo despachó pa´ su casa.

Después, observando cómo escogían los primeros asientos a la mesa, propuso otra parábola a los convidados, diciéndoles: *cuando alguno de ustedes sea convidado a una boda, no se siente en el primer lugar, no vaya a ser que otro más honrado esté convidado por el dueño del banquete. Y, viniendo el que los llamó, le pida que le dé el puesto al otro y, entonces, comience con vergüenza a ocupar el último lugar. Cuando sea convidado, siéntese en el último puesto; porque cuando llegue quien lo convidó puede que le diga que se siente en mejor posición; y así tendrá gloria delante de quienes se*

sientan a la mesa con usted. Porque cualquiera que se
ensalza será humillado y quien se humilla será ensalzado.

Entonces el Maestro volvió su rostro a quien lo
había invitado a cenar y le dijo que cuando hiciera una
cena como esta, no llamara a sus amigos, hermanos,
parientes ni vecinos ricos. De forma tal que ellos también
le devolvieran el favor y ya tuviera su recompensa. Que
cuando hiciera un banquete llamara a los pobres, a los
mancos, los cojos y los ciegos; que así sí sería
bienaventurado porque no le podían retribuir la invitación
y que su recompensa sería en la resurrección de los justos.

-        Pero Maestro, dije interrumpiendo sus
sugerencias. Volvemos al error de invitar a alguien   a
hacer algo esperando una recompensa. ¿Por qué mejor, no
le dices al fariseo que cuando invite a esta clase de gente,
lo haga esperando que cenen como nunca y que se
diviertan? Esa ya sería su propia recompensa sin esperar
ninguna otra. Es decir, que lo haga por convicción no por
obtener un premio.

Además, ya he entendido a qué te refieres cada
vez que mencionas   o curas a un ciego; por eso le he
dicho al Señor que me ayude a tener la visión suficiente
para no transgredir sus santas leyes; que pueda ver a
tiempo el invisible hilo que las marca o el límite exacto
que las cruza. Ayúdame Señor en mi infinita ceguera, a
ver sin ojos y comprender en donde exista tu ley para que,
al no quebrantarla, pueda ser ella, comprenderte y ser uno
contigo y con tus leyes infinitas que marcan el sendero de
regreso a mí y a ti. Yo, tu propia morada sempiterna
desde la cual eres ley de leyes, ser de seres, uno de miles
e inmortal de los mortales. Ayúdame Dios mío a ser en ti
aquello que aún no soy en mí; para que siendo así, pueda
ayudar a cumplir tu ley en mí por tu camino. Ayúdame
Dios mío a ver tu voluntad a tiempo, para que así mismo

pueda -ya lo dije- cumplir con ésta y no la mía; la mezquina voluntad de un ser que se debate en la oscuridad de su ceguera y que no conoce de leyes más que las suyas propias. Ayúdame luz de luces a encontrar mi ser en la ley que tú mismo eres y que a la vez soy yo en tu interior; en aquel ser interno que siempre he sentido, me lleva, me conforta y me rodea con sus brazos llenos de amor a mí, como parte tuya inextinguible, cubierta por un ser mortal que estorba y pesa en el camino. Ayúdame Dios mío, para que ese ser torpe, lleno de sí mismo, no rompa tus leyes y tenga yo que pagar por ello. Yo también vine a cumplir con la ley, pero ¿cuál es ésta? ¿Es a este tipo de ciegos que somos, a los que te refieres con tus simbólicos milagros?

- Bienaventurado quien ha de comer pan en el reino de los cielos, exclamó de repente uno de los invitados a la mesa, cuando ya el Maestro iba a responder a mi pregunta.

- *Y va otra parábola*, declaró el Señor en seguida: *un hombre hizo una gran cena a la cual convidó a mucha gente. A la hora de servir, envió a su siervo a decir a los convidados que vinieran, que la cena ya estaba servida. Pero todos comenzaron a excusarse, uno diciendo que acababa de comprar una hacienda y que necesitaba salir a verla, que por favor lo excusara. Otro dijo que había comprado cinco yuntas de bueyes y que tenía que ir a probarlos, que también lo excusara. Y el de más allá se acababa de casar y que por ese motivo no podía asistir a la cena, etcétera. Entonces, vuelto el siervo con las razones, el enojado padre de familia le ordenó que fuera a las plazas y a las calles de la ciudad, trayendo a todos los pobres, mancos, cojos y ciegos que se pudiera encontrar por ahí. Después de cumplida la orden, el siervo le dijo que aún había más lugares en la mesa. Entonces ve por los caminos y vallados, y fuérzalos a entrar para que se sienten a mi mesa, añadió el señor.*

115

Porque les digo que ninguno de aquellos hombres que fueron llamados, gustarán de mi cena.

De pronto, y antes de que los fariseos pudieran revirar, oímos un galopar de caballos que se aproximaban al lugar en donde estábamos reunidos oyendo las parábolas de Jesús. Me entró un mal presentimiento porque pensé que venían a detenernos por tanto alboroto que estábamos causando entre la gente. No eran más de diez soldados quienes se acercaban, dirigidos por un centurión que apenas vio al Maestro se bajó rápidamente de su brioso corcel. Quise detenerlo al ver la extraña mueca que traía en su cara, pero lanzándome a un lado siguió derecho hasta donde estaba Jesús.

- Señor, menos mal lo encuentro, exclamó el soldado exhausto frente a él. He oído hablar maravillas suyas y tengo un problema que sólo usted me puede solucionar.
- *Dime, ¿cuál puede ser la necesidad que preocupa a un soldado como tú?*
- Señor, mi siervo yace en casa paralítico gravemente atormentado.
- *Bien, vamos hasta allá y lo sano.*
- No, Señor, yo no soy digno de que entres debajo de mi techo; mas solamente di la palabra y mi mozo se sanará. Porque también yo soy hombre bajo potestad y tengo bajo de mí soldados y digo a éste ve, y va; y al otro ven, y viene; y a mi siervo haz esto y lo hace.

Yo mismo no pude quedar más que admirado de las sabias palabras del centurión, quien no sólo reconocía que no estaba al mismo nivel del Maestro, sino que me daba a entender, otro más, que el libre albedrío no existía, porque siempre había quien obedeciera a algo superior y, en ese sentido él, como yo, tampoco era libre. Es la fe quien me lleva a obedecer.

Todo esto hizo que me acordara de cuánta gente iba hasta a mi casa en Tierradentro, con la absoluta fe en que yo les iba a solucionar el problema que traían, por el simple hecho de ser yo. Hasta vi en Jesús una mueca de maravilla en su rostro y tan grande fue su sorpresa que dijo que ni aún en Israel había hallado tanta fe jamás.

- *Y les digo que vendrán muchos de oriente y del occidente, y se sentarán con Abraham e Isaac y Jacob en el reino de los cielos. Mas los hijos del reino serán echados a las tinieblas de afuera; allí será el lloro y el crujir de dientes. Ve, y como creíste te sea hecho, tu mozo ya está curado.*

Muchos empezaron a preguntarse qué era eso que estaban presenciando, qué clase de nueva doctrina y con qué potestad aún los espíritus inmundos le obedecían a lo que les mandaba el Señor. Fue allí cuando añoré que efectivamente este Maestro apareciera algún día en mi generación para que desendemoniara a tanto diablo disfrazado de cura, pastor, político o brujo barato, que andaba por las calles, las iglesias y los estrados públicos. ¿Por qué no podíamos ser de una manera diferente? ¿Acaso necesitábamos otra clase de fe, como la de este centurión?

- Óigame, señor soldado, centurión, le dije llamando su atención. Antes de irse quiero hacerle una preguntita que usted sí me puede contestar.

- Dígame qué quiere joven que estoy de afán, pues regreso a ver a mi siervo.

- Siendo usted romano y soldado, ¿ha oído hablar de Mitra? Le pregunté intrigado.

- Por supuesto que sí, ¿! Qué soldado romano no está bajo su tutela?! El mitraísmo llegó a

Roma con los frigios quienes, a su vez, lo habían conocido con los persas. Lo trajimos con nosotros en una de nuestras antiguas conquistas a Persia y tiene total veneración entre la soldadesca del imperio romano. Es nuestro dios intermediario entre el cielo y la tierra, amigo luminoso de la plebe y del cielo diurno; el dios de la amistad y de la compasión, un bienhechor a quien pedimos todas sus bendiciones y protección. Sé que lo veneran desde hace más de mil años ¿Por qué me lo preguntas?

- Porque tiene un enorme parecido con la labor de este tipo que te acaba de hacer el milagro. Pero bueno, tal vez sea tan solo una coincidencia.

- Puede ser, porque para nosotros Mitra es el dios de la luz del día, revela lo que está en la oscuridad y vuelve lo inconsciente en algo consciente. He sabido que en muchas mitologías y religiones, se nos revela que todos somos parte de la chispa divina y que, como tales, todos somos parte de la totalidad del cosmos. Somos un Mitra-Sol único, pero a la vez, como todos los somos, formamos una galaxia de amigables... soles.

- ¿Sabes algo de su nacimiento?

- ¡Quién no lo va a saber! Contestó el centurión con mucha gana. Mitra fue parido por una piedra o petra generix y se relaciona con el vocablo persa Mihr, que designa al Sol y al amor. Mitra siempre ha de morir para resucitar como nuestro Natalis Solis Invicti.

- Pues yo he sabido que el zoroastrismo pretendió abolir el culto de Mitra y del haoma, o bebida de la inmortalidad, que se mezclaba con la sangre de un toro sacrificado; y lo pretendió, porque Mitra competía en importancia con Ahura Mazda, su gran deidad. Tengo la sospecha de que la historia habrá de repetirse y el cristianismo va a pretender acabar con el mitraísmo romano, aun cuando les toque construir su nuevo templo sobre el de Mitra. ¿De dónde sacaría la iglesia católica su mitra episcopal?

Ahora entiendo, por qué será mucho después cuando los emperadores romanos querrán sincronizar el cristianismo con los eventos de su preciada deidad Mitra, a quien dedicaron el día domingo o como usted dice el día del Sol Invicto. Mucho de lo que hoy damos como sentado con verdadero sentido bíblico, no es más que el acomodamiento de lo pagano-romano con lo judeo-cristiano, para poder ordenar la vida religiosa de los pueblos de antaño y de hoy. Por eso ha de ser que el nacimiento de este Jesús ha de quedar institucionalizado en una fecha tal, que se pueda borrar de un papazo el nacimiento de Mithra. No importa, lo trascendental es que ha sido heredada, de Persia y Egipto, una misma fecha para la celebración de una natividad más...

-      ¿De qué estás hablando? Preguntó el centurión al verme rumiando ideas, cual si fuera un toro mitráico.

-      Pues estoy pensando acerca de todo lo que me has confirmado y, según esto, me parece que Jesús es un impostor.

Sin embargo, la fama del Señor, en vez de disminuir aumentaba por toda la provincia alrededor de Galilea y le pedían tanto milagro, que ese día nos tocó salir de la sinagoga y refugiarnos en casa de Simón y de Andrés, junto con Jacobo y Juan; no sin antes echar a un lado a tanto pordiosero que lo único que quería era un milagrito gratis. Como sucede en mi época, la actual: eche la monedita, prenda la vela; rece el rosario, arrodíllese y pida, que seguro que lo escuchan y, de no escucharlo, es que no lo supo hacer bien. Eche otra monedita e inténtelo de nuevo...

Sí, algo en mí no entendía del todo con la forma en que este Hombre estaba haciendo su supuesta misión de Hijo de Dios. Pero no pude pensar más en esto, porque apenas entramos en la casa nos encontramos con que la suegra de Simón estaba acostada con calentura. El Maestro se le acercó y bastó con que la tomara de la mano para que ella se levantara y nos sirviera. Y nos tuvo que servir mucho porque nos tocó quedarnos en la casa hasta el anochecer, ya que afuera estaban amontonando a todas las personas que tenían algún mal, incluyendo a los endemoniados. Parecía ser que en estos tiempos estaba de moda que cada quien tuviera en su familia un demonio personal que acompañaba a cualquier familiar a todas partes. Mejor dicho, toda la ciudad se juntó a la puerta de la casa en donde estábamos alojados.

Y no sé si fue por la necesidad de hacer lo que tenía que hacer o por su enorme fascinación con la fama, pero de pronto el Hombre se levantó, salió a la calle y comenzó a poner las manos sobre la gente, sanando a muchos que estaban enfermos de diversas dolencias; y hasta echó más demonios sin dejarlos decir que lo conocían ni contarle al pueblo que él era el Cristo. Cuando entró de nuevo a la casa, se dejó caer exhausto sobre una estera que había tendida en el corredor del patio interno y, viéndolo en ese estado tan lastimoso, me le acerqué para conversar un rato.

- *¿Qué tal te pareció el servicio que hice y cómo con mis manos curé a todo el mundo, incluyendo la suegra de Pedro?*
- Con tu bendito permiso, me veo obligado a recordarte que no eres tú quien sirve; que es algo que, saliendo de ti, pasa a través tuyo y los demás se sirven de ello. Pero bueno, me pareció bien; y todos deben estar muy agradecidos contigo, especialmente la suegra de Pedro que, al estar acostada, es como si el libreto sostuviera que estaba dormida; es decir, en otro nivel de comprensión. Obviamente, "levantarse" significa que cambió su posición de entendimiento y se elevó. Porque

me imagino que cada vez que se nombra en este tipo de libreto un parentesco con alguien, es algo-alguien de su pasado, es decir, una relación establecida con algo de quien uno se alimentaba del pasado internamente. Puedo ser hijo de mis rencores y algo en mí es como una madre que alimenta mis pasiones. En esta frase acabo de mencionar dos parientes en mi mundo interno. Pero te informo que tampoco es nuevo el hecho de sanar con las manos ni eres el primero, ni el único que ha hecho curaciones de este tipo.

- *¿Cómo así?* Exclamó apoyándose sobre sus codos mientras me miraba fijamente y la suegra de Simón le traía una jarra de agua y un gran racimo de uvas.

- ¿Acaso no has oído hablar de Quirón? le pregunté. Quirón fue el primer gran maestro de la mitología griega y tanto así, que su nombre le ha de dar origen al quirófano, a lo quirúrgico, a lo quiropráctico; es decir, a todo lo que tenga que ver con sanación. ¿O es que acaso no vamos al quirófano cuando estamos heridos? Pues, bien, eres el mejor quirófano de la época, con la ventaja de que no cobras el servicio. Cobra o exígeles algo a cambio, para ver si vienen con la misma intensidad que lo hacen ahora. Es más, el nombre de Quirón traduce "mano", ¿no ves que de allí viene la palabra quiromancia? Las mismas manos con las cuales has estado curando. De modo que ¿de qué originalidad me hablas? Estás haciendo lo que ya muchos otros han hecho, sólo que no les hicieron la misma propaganda que te están haciendo a ti. Al fin y al cabo estamos entre judíos ¿no?...

Parece que estas últimas palabras no las escucho o no le gustaron, porque cuando me di cuenta estaba en una profunda meditación. Viéndolo así preferí dejarlo solito y regresar a hurtadillas hasta donde estaban Pedro y los demás compañeros de apostolado pero, encontrándolos dormidos por el enorme trajín del día, me arrinconé por ahí a pensar en donde diablos andaría

121

Roberto que se demoraba tanto en regresar por mí. Y así, a mí también, me cogió el sueño.

Al otro día, levantándose el Maestro muy de mañana antes de que apareciera el sol, vi que salió a hurtadillas sin que nadie se diera cuenta; pero, viéndolo, lo seguí sin que se percatara de mi presencia. Recorrimos un largo trecho, hasta cuando fue a parar a un lugar aún más desértico que los de costumbre. Me intrigaba qué era lo que iba a hacer ¿acaso tenía una cita secreta con alguien? ¿Había alguna mujer en su vida? Todos nos preguntábamos eso. Entonces me agazapé detrás de una duna y cuál no sería mi sorpresa, tanto que me estremecí sobremanera, cuando vi que el Hombre se arrodilló, juntó las manos en su pecho y, agachando la cabeza, se puso a orar.

Cuando intenté levantarme para llamar a los apóstoles a que vinieran a verlo, ya Simón y los demás estaban a mi lado, pues también ellos se habían dado cuenta de a qué hora se había levantado su Maestro. Y, por más sigilosamente que habíamos llegado, el Hombre se había dado cuenta de nuestra presencia y, al hacerlo, uno de ellos le dijo: Maestro, todos te buscan, nadie se quiere apartar de ti. A lo que él contestó que sí, que era necesario ir a otras ciudades y sinagogas de Galilea para continuar anunciando el evangelio del reino de Dios y seguir echando demonios afuera.

-        Como yo cuando doy tantas conferencias de astrología ¿cierto? Le pregunté.

-        *Para eso he sido enviado, concluyó diciendo.*

-        ¿Yo también? Porque lo importante no es a qué hemos venido sino que sepamos hacerlo. Ya te he dicho que me parece que estás creando demasiada

122

dependencia con respecto a la gente; y estás haciendo que eso sea así por lo que les das, y eso no es tan bueno. Te lo digo yo que en eso tengo mucha experiencia en Tierradentro. Si uno sabe lo que hace, nada le sucede...

A medida que íbamos andando por la región, nos fuimos acercando al lago de Genezaret a donde intentamos llegar sin que nos vieran; pero la fama del Maestro ya era tan grande o el interés de los necesitados era tan absurdo, que las gentes se agolparon inmediatamente sobre él para oír la palabra de Dios. Les calmó la gana de escucharlo con alguna cosa que salió de sus labios, e inmediatamente nos hizo señas para que lo siguiéramos hacia la orilla, pues había visto de lejos un par de barcos que estaban cerca de la playa del lago.

Llegamos allí en el preciso instante en que los pescadores comenzaban a lavar sus redes; y al ver que el barco era de Simón, el Señor le dijo que nos permitiera entrar en él, pues era tanta la gente que había en la orilla que prefería usar la embarcación como púlpito desde el cual dirigirse a la muchedumbre. Afortunadamente el mar estaba calmado y para mí era relativamente fácil mantenerme paradito en mis dos pies, mientras oía lo que Jesús le hablaba al pueblo.

Terminado el discurso y, viendo que la embarcación estaba pobre de resultados en pesca, Jesús le insinuó a Simón que fuéramos mar adentro a echar las redes, porque nos habría de ir muy bien.

Y dicho y hecho, las redes encerraron tal multitud de peces cuando comenzamos a recogerlas, que casi se rompían de lo pesadas. Era tanto lo obtenido del mar, que tuvimos que hacer señas a los del otro barco para que vinieran a ayudarnos a levantarlas. Por Dios, llegó un momento en que había tantos pescados dentro de los barcos que casi se anegaban. Era tan espectacular el resultado y la emoción de Pedro tan grande al ver la pesca milagrosa que acabábamos de tener, que no le quedó más remedio que arrodillarse ante el Señor pidiéndole que se apartara de él porque se sentía muy pecador.

Pero ahí observé una extraña relación entre la cantidad de peces atrapados en la red y la cantidad de gente escuchando al Maestro desde la orilla. Ellos también estaban atrapados en otra clase de red. Jesús tenía el poder de convocatoria de Orfeo, el dios griego del sonido quien, con su música y voz apaciguaba las bestias... Sí, definitivamente en este Maestro yo nada podía encontrar de nuevo; nada que antes ya no hubiera sido vivido por otra persona.

Pero claro ¿quién no se iba a emocionar ante semejante espectáculo inesperado de pasar de tener nada a tenerlo todo? Para ellos, Jesús se había convertido en su pata de conejo de la buena suerte y en su cuerno de la abundancia, porque él mismo así lo había permitido. Y, con su actitud, me recordaba mi propia forma de actuar en la vida, pues había aprendido que me era muy necesario tener varios tableros en la vida para escribir en ellos; hasta cuando el gran tablero y mi vida, fueran lo mismo.

Fue tanto el impacto que produjo entre todos el hecho de esta pesca, que el Maestro tuvo que decirles a Juan y a Jacobo que no temieran, que de ahora en adelante los iba a convertir en pescadores de hombres. Fue, a partir de este momento cuando más tomaron la decisión de dejar de ser pescadores y seguirlo para siempre. Y al oír sus palabras pensé que definitivamente este Hombre si había venido a inaugurar la era de Piscis. Que tal vez tenía que hacer y repetir lo mismo de otros en antaño, pero para otro público y en otro escenario. Sí, su libreto estaba escrito, como él mismo nos lo confirmaba cada vez que citaba las escrituras.

Pedro se había comenzado a transformar ante mis ojos como un ser que, además de lo violento que seguía siendo, tenía una capacidad de poder que Jesús había reconocido en él. Pero cuánto le faltaba al bruto de Pedro para seguir luchando en su interior con la parte burda que aún lo dominaba. Sí, cuánto más le faltaba por sufrir para no depender tanto de su Maestro, sino creer en él mismo. Pero Pedro tenía un buen material para trabajar su ser: él mismo.

Al descender de las barcas, aún con la multitud de gentes agolpadas en la orilla, salió de entre ellos un leproso rogándole de rodillas al Maestro que lo limpiara. Me quedé mirándolo para ver que hacía Jesús, cuando extendiendo su mano lo toco y le dijo: *quiero, sé limpio. Pero no le cuentes a nadie sino que ve a ofrecer tu limpieza.*

Pero ¡qué va! más se demoró Jesús en decirle que se callara que él en correr a contar a todo el mundo el milagro que le acababan de hacer. Y a cada acto de este tipo, el gentío aumentaba de forma tal que nos tocaba andar en lugares desiertos, mientras el Señor continuaba orando con más frecuencia. Venía gente a buscarlo desde cada una de las aldeas de Galilea, de Judea y de Jerusalén y tanto que, cierto día en que estábamos oyéndolo enseñar en una casa de Capernaum, y los fariseos -partida de farsantes- y los doctores de la ley estaban sentaditos por ahí como para que no los vieran, todos fuimos testigos de cómo unos hombres se nos acercaron abriéndose paso por entre la muchedumbre, trayendo sobre un lecho un hombre que estaba paralítico. Pero era tal el número de personas agolpadas alrededor de la casa, que no les quedó más remedio que subir al enfermo por encima, y por el tejado lo bajaron con todo y lecho en medio de toda la gente hasta ponerlo delante de Jesús.

Era tanta la fe de quienes lo traían que, cuando se lo pusieron enfrente suyo, al Maestro no le quedó más remedio que decirle que, además de sano, hasta sus pecados le eran perdonados. Pero, mientras contemplaba el espectáculo, yo mismo me sentí como el paralítico tendido en la cama, como moviéndome en un sueño diario sin lograr levantarme, porque me ataban mil cosas: las propias palabras, los actos sin rumbo y los pensamientos sin son. Postrado en la vida, por más que me moviera no lograba cambiar mi tal posición. Movediza arena que, entre más actúo, más me profundiza y, si me detengo ¿cómo he de salir? Sólo hay una forma de hacerlo ya metido en esto que llamamos vida: dejar la materia, la paralítica aquella que, tirada en su lecho, se revuelca en sí misma sin poderse parar. Mas... ¿cómo dejarla si me abraza ahora, si se aferra a mí para poder vivir? Este peso enorme que llevo en el cuerpo, que me tira hacia abajo cual bloque de piedra inmóvil y muerto, desde el nacimiento de su propio ser. ¡Comprensión, comprensión! ¡Invade la materia, diluye la roca que no me deja mover!

Y tú, paralítico en vida, le dije al enfermo viéndome reflejado en él, vas a levantarte a pesar de ti; y, al andar de nuevo ya verás tu estado y enderezaras el rumbo en que te habías desviado. Toma tu vida y anda, no la desperdicies ni un momento más.

Fue entonces cuando saltaron de su escondite los escribas y fariseos preguntándose quién era este tipo que hablaba tantas blasfemias. No supe si se referían a Jesús o a mí; pero se escandalizaron porque, según ellos, sólo Dios podía perdonar los pecados. Pero en ese momento cuando ya iba yo a contestarles, el Maestro, percatándose de su presencia, les respondió diciendo: *¿qué piensan en sus corazones? ¿Qué es más fácil decir: tus pecados te son perdonados, o decir:*

levántate y anda? Pues para que sepan que el Hijo del hombre tiene potestad en la tierra de perdonar los pecados, volteando a ver tiernamente al paralítico le dijo: levántate, toma tu lecho y vete a tu casa.

Y eso fue exactamente lo que le vimos hacer al enfermo mientras, tirando lejos su camilla, salía corriendo con los brazos abiertos y glorificando a Dios en su alegría. Pero no sólo él era el maravillado, también todos los presentes lo estábamos. Y , mientras yo observaba mis brazos y piernas estiradas, aprovechando el pequeño momento de estupor que había entre los asistentes, Jesús me tomó del brazo, me llevó adentro de la casa y me preguntó: *¿qué me dices de todo lo que estás aprendiendo?*

- Pues Maestro, hoy sí que estoy confuso.

- *Pero, ¿por qué?*

- Es que hay algo que no entiendo. Hasta ahora he comprendido que tu papá al que llamas Dios, es un ser supremamente superior a cualquier otro, que está por encima del bien y del mal y es absolutamente comprensivo. ¿Cierto?

- *Sí, tienes razón. ¿Por qué lo preguntas?*
- Porque no entiendo, entonces, por qué insistes tanto en eso de perdonar los pecados, si pecar es ofender a alguien que, en este caso, es tu papá. Yo no creo que ese Dios se vaya a ofender por algo que hagamos los imperfectos, porque entonces no está a la altura de que nada lo ofenda y es tan subdesarrollado como nosotros. Si el tipo ese fuera todo lo grande que tú nos has enseñado, entonces no puede andar en el plan de sentirse insultado ni de que han pecado contra él, porque no sería tan omnipotente como nos has dicho. ¿Cómo una miserable cucaracha como yo, puede sacar de su infinito equilibrio a

127

un ser tan supremo como él? De verdad que no entiendo esa perdedera de tiempo que tienes con el tal cuento de perdonar los pecados. ¿No será que pecar es errar y tenemos que volver a intentar dar en el blanco, así como Juan decía que había que arrepentirse, que es como corregir el rumbo? Piénsalo, porque me parece que si viniste dizque a salvarnos por nuestros pecados, y no hay a quien ofender, vas a perder el tiempo con toda esta partida de gente tan ignorante por la cual dizque te vas a...

- *No digas nada de esto en voz alta,* me pidió el Maestro interrumpiéndome. *No hagas como el paralítico que le dije no abrir la boca y ahora anda por todas partes contando el chisme de los milagros que estoy haciendo. Y tú sabes que entre más se aleja una noticia más se agranda y le añaden cosas.*

- Uy, Maestro ni me lo digas, respondí. Vieras lo que va a pasar con tu enseñanza después de unos cuantos siglos. No va a tener nada de parecido con lo que estás predicando.

Y, dicho esto, salimos de nuevo al mar dejando en la casa a la gente con los crespos hechos, porque jamás supieron por donde nos escabullimos. Pero era tanta la que había por todas partes que no demoraron en alcanzarnos otros que había por el camino para que él les enseñara más cosas. Definitivamente a la gente le encantaba oírlo hablar, parecía que fuera ese Orfeo con su voz al viento calmando a los brutos. Y pasando, vio a Leví o Mateo, un hijo de Alfeo, sentado por ahí al banco de los públicos tributos y le dijo de una manera tan fulminante que lo siguiera, que Leví, cual si fuera un robot, se paró y desde hoy está con nosotros.

Precisamente, Leví, a pesar de ser publicano, nos aconsejó que nos refugiáramos en su casa para que, además, pudiéramos comer algo. Pero la casa estaba llena de una ralea de gente de lo más bajo del pueblo: había más publicanos y pecadores tan conocidos, que apenas se enteraron los escribas y fariseos que estábamos en semejante compañía, nos dijeron a nosotros mismos que cómo era posible que dejáramos que Jesús comiera y bebiera con ellos. Pero el Maestro, que tenía oído de tísico, apenas los escuchó les dijo que no eran los sanos quienes tenían necesidad de médico sino los enfermos.

-      *No he venido a llamar a los justos sino a los pecadores*, terminó redondeando la idea para que les quedara bien clara la indirecta tan directa.

-      Pero es que hasta los discípulos de Juan y de los fariseos ayunan, le contestaron. ¿Por qué los tuyos no lo hacen?

-      *Tranquilos*, les contestó el Hombre. *Por ahora no van a ayunar porque están contentos cual si estuvieran en boda con el esposo. ¿Para qué han de hacerlo? Ya vendrán días en que, cuando yo no esté con ellos, les dará por ayunar.*

Y nos siguieron trayendo endemoniados que él echaba afuera con su palabra, sanando a todos los enfermos como si él mismo quisiera tomar las dolencias ajenas sobre sí mismo, cual Quirón lo había hecho entre los griegos. Pero como era tanto el gentío, nos mandó a cruzar con él hasta el otro lado del lago, para después llegar a la ciudad de Naín a donde de todos modos no nos pudimos escapar de llegar en compañía de mucha más gente. Apenas entrando, apareció un escriba que dirigiéndose a Jesús le dijo que quería seguirlo hasta el fin del mundo si fuera necesario. Pero, el Maestro, con la típica dulzura de un Capricornio le respondió:

-       *Las zorras tienen cavernas y las aves del cielo nidos; mas el Hijo del hombre no tiene en donde recostar su cabeza.*

-       Oye, Maestro, recuerda que caverna equivale a lugar de iniciación y, además ¿qué es esa clase de respuesta? Pregunté. El tipo éste lo que quiere es ir con nosotros, ¿cómo le respondes de esa manera? Y mira ahí viene otro haciéndote señas.

-       ¡Señor!, dame licencia para que vaya primero y entierre a mi padre para luego seguirte.

-       *¡Sígueme! y deja que los muertos entierren a sus muertos.* Contestó una vez más el Capricornio.

-       ¡Por Dios, Maestro!, con esa clase de educación vas a espantar aún más a todos los que necesitamos. Además, lo que acabo de comprender con esta respuesta tan típica tuya, es que quienes llevan el cadáver del muerto y el muerto, ¿están igual de muertos? ¿Lo que nos estás diciendo es que todos estamos muertos? Porque si es así, entonces he de mirar a la gente como si fueran pensamientos andando a mi lado, entrando y saliendo de mi vida, tal como los pensamientos entran y salen de mi cerebro. A unos les doy vida a otros los dejo muertos.   Definitivamente estamos rodeados por la muerte; la muerte nos mira.

-       *No tengo cómo explicártelo ahora, pero te aseguro que no me iré sin que lo comprendas en su totalidad.*

-       Pero Maestro, no me dejes así; porque creo que sólo podré deshacerme del mí mismo que soy ahora, cuando me comprenda a mí mismo en su totalidad.

Y a otro que también quiso seguirlo, cuando el Señor le dijo que viniera y éste le contestó que esperara a que primero despidiera a los que estaban en su casa, el Maestro le respondió algo que quedaría sonando en mis oídos por el resto de mi vida: *ninguno que poniendo su mano al arado mire atrás, es apto para el reino de los cielos.*

- ¿Te estás refiriendo no sólo a estar seguros de lo que hacemos, sino a esa labor con la cual fuimos sentenciados a ganar el pan con el sudor de la frente; aquí, en éste purgatorio, otro de los símbolos que aluden al signo Virgo y la rutina diaria? De ser así, me parece que ganar el pan con el sudor de la frente, puede significar que seremos alimento superior a través de nuestro propio sacrificio.

Expresado esto, y en vez de contestarme, Jesús nos hizo entrar de nuevo en el barco cuando a lo lejos, ya en la tarde, se veían venir unos nubarrones que amenazaban con producir una enorme tormenta sobre nosotros. Ninguno pudo disuadirlo de posponer el viaje para salir después del temporal que se avecinaba. Sencillamente él creía en sí mismo y el resto no le importaba.

Y dicho y hecho, en pleno viaje y mientras él dormía en la popa sobre un cabezal, nos cogió un gran movimiento de agua y tan peligroso, que nuestra pobre embarcación se cubría con las olas, a la vez que unos agarrábamos los lazos que sostenían las velas para que éstas no fueran arrancadas por la furia de los vientos y otros vomitaban hasta los pecados de su vida pasada. El susto fue tan grande que a algunos de nosotros y con su perdón, no les quedó más remedio que ir a despertar al Maestro.

- ¡Señor, Señor, sálvanos que perecemos! Le dijeron tocando su hombro con temor.

- *¿Por qué temen hombres de poca fe? ¿Por qué están tan amedrentados? ¿Por qué no tienen fe?* Les preguntó mientras se levantaba para ordenarle a

131

los vientos y al mar, callar y enmudecer por estarnos asustando sin su permiso.

Y preciso, al hacerlo, la bonanza fue con nosotros una vez más. Jamás olvidaré la cara de palidez que tenía Pedro mientras se preguntaba qué clase de Hombre era éste que aún los vientos y el mar le obedecían.

- *¿Cómo te pareció el milagro que les acabo de hacer calmando las aguas?* Me preguntó el Hombre ufanándose de que hasta los elementos le obedecían.
- Pues le cuento mi querido Maestro que en este caso, también se le adelantó alguien.
- *¿¡Cómo así!?*
- Pues cómo le parece, Señor, que en el peligroso viaje de los argonautas tras la búsqueda del Vellocino de Oro, los griegos llevaron en su barco a Orfeo quien, con su fantástico manejo del sonido, era el encargado -y así lo hizo- de calmar los mares embravecidos, tal como usted quiere descrestarnos con su milagro.

La tormenta nos había echado hacia la ribera del país de los griegos Gergesenos o Gadarenos en donde, apenas pusimos las sandalias en el suelo, nos vinieron a nuestro encuentro otros dos endemoniados llenos de espíritu inmundo, que salían de los sepulcros fieros de gran manera y tanto, que según me dijo un aldeano que se me acercó en ese momento, nadie podía pasar por aquel camino pues ni con cadenas ni grillos los habían podido amansar.

- Uno de ellos en especial, agregó el paisano, siempre anda de día y de noche dando voces en los montes y en los sepulcros e hiriéndose con las piedras. Mira es aquel que va allá corriendo hacia aquel señor.

132

-       Vaya vida la nuestra, exclamé al verlo correr hacia Jesús. Ahora, además de mareados, tenemos que aguantarnos a estos endemoniados epilépticos.

-       ¿¡Qué tenemos contigo, Jesús, Hijo de Dios?! ¿Has venido acá a molestarnos antes de tiempo? Te conjuro por Dios que no me atormentes. Si nos echas, permítenos ir hasta aquel hato de puercos que están paciendo allá lejos.

-       *Pues, si eso es lo que quieren... !vayan! ¡Sal de este hombre, espíritu inmundo!* Exclamó el Maestro señalándolo con su brazo izquierdo.

Y, de repente, ocurrió un fenómeno extraño: de cada uno de los endemoniados salió una sombra que, retorciéndose, fue a alojarse a cada uno de los cerdos. Y, en el mismo momento en el cual esta extraña presencia salía de los endemoniados, el Hombre le preguntó cuál era su nombre y el espíritu inmundo le contestó algo increíble:

-       ¡Legión! Me llamo legión porque somos muchos. Pero por favor, no me mandes lejos de esta provincia.

Y he aquí que todo el hato de unos dos mil puercos se precipitó de un despeñadero en el mar, muriendo todos en las aguas mientras los porqueros huían despavoridos hacia la ciudad en donde, obviamente, me imaginé que irían a contar lo que había sucedido con estos endemoniados. Y, preciso, al rato, toda la ciudad salió a encontrarnos; y, apenas vieron a Jesús, le rogaban que saliera de sus términos.

-       De verdad que eran muchos demonios, le dije al Maestro acercándome cuando comenzamos a alejarnos del lugar, haciendo caso a los aldeanos.

\-   *¿Caíste en la cuenta de su nombre?* Me preguntó.

\-   Claro, que extraño que dijeran eso: Legión

\-   *No, no lo es sí te pones a pensar que mi Padre es Uno. Eso significa que el demonio tiene que ser lo contrario a la Unidad. Pero mira, mira cómo ha quedado aquel pobre exendemoniado.*

Y, al voltear a ver, vi un campesino sentado y vestido, cabal en su juicio, pero lleno aún de miedo; a quien el resto de pastores le decían cómo había sido su exorcismo, a dónde habían ido a parar los demonios y a dónde los puercos. Y fueron todos ellos quienes, cayendo en la cuenta de lo sucedido, nos seguían pidiendo que nos fuéramos de allí. Fue entonces cuando el Hombre nos dijo que regresáramos al barco, mientras el que había estado más endemoniado le pedía permiso a Jesús para ir con nosotros.

\-   *No, no puede ser,* le contestó. *Vete a tu casa, a donde los tuyos, y cuéntales cuán grandes cosas el Señor ha hecho contigo y cómo ha tenido misericordia de ti.*

Mucho tiempo después supimos que el exendemoniado se había ido para Decápolis a cumplir con el mandato del Señor, y que allá todos se maravillaban de lo que le escuchaban decir acerca de nosotros.

\-   Pero Maestro, me quedo con una inquietud después del feliz desenlace que ha tenido este endemoniado al cual me parezco tanto. ¿No será que cuando tomo la verdad como algo literal, estoy haciendo como cuando este pobre hombre se estaba hiriendo con las piedras? Me dijiste hace tiempo que la piedra era como la tierra, un nivel literal de comprensión, como la de Pedro. Y si eso es así, qué cantidad de endemoniados nos manejan la Verdad, o al menos su verdad, desde los púlpitos católicos y evangélicos o las sinagogas, pagodas y cualquier templo religioso. Cuántas veces me he herido a mí mismo por bajar la comprensión a un nivel literal, en vez de subir desde mi nivel terrenal a uno celestial gracias a esa comprensión. Pero para lograrlo, alguien o algo en mí tiene que hacer que salga de mi interior el espíritu inmundo que se ha adueñado del hombre que soy y que, mientras no deje de serlo, jamás podrá acceder al nivel de Hombre Superior en el cual estás tú mismo Jesús o Buda, o cualquiera de quienes ya lo han logrado

- *Estás bien en tus conclusiones, menos en una.*

- ¿En cuál?

- *En que el Hombre Superior en mí no se llama Jesús. Ese es todo lo contrario, mi nivel inferior terrenal con el cual me bautizaron. Jesús es a través de quien me manifiesto. La tierra a través de la cual tengo que nacer para manifestar el Bien.*

- Entonces ¿cuál o quién es tu nivel superior?

- *Ya lo sabrás desde tu propio ser interno.*

- ¿Desde mi propio ser interno? Esa advertencia me hace acordar de algo que descubrí desde hace mucho tiempo cuando aprendí que... debo contemplar y admirar mis propios bellos paisajes internos, pero sin permanecer mucho tiempo en ninguno de ellos, porque entonces dejarían de serlo.

Como siempre, su respuesta tenía que masticarla y eso fue lo que comencé a hacer una vez terminada nuestra nueva etapa de viaje por mar. Al descender de la barca, el Hombre comenzó a hablar una vez más a la multitud, diciendo que no había que echar remiendo de paño nuevo en vestido viejo, porque el tal remiendo tira del vestido y se hace peor la rotura. Al oír el ejemplo, asocié esta idea con que sí debía dejar que mi viejo interno le contara a mi niño interno todas las historias que conoce. Pero que era más importante dejar que ese niño oyera atentamente las historias contadas por el viejo.

- *Ni echar vino nuevo en cueros viejos*, añadió interrumpiendo mis pensamientos. *Pues de otra manera los odres se rompen y el vino se derrama, y se pierden los cueros. Mejor echen el vino nuevo en cueros nuevos, y así uno y otro se conservan justamente.*

- Pero Maestro, es que yo estoy plenamente convencido que solamente debo poner algo en donde haya nada; porque si no, simplemente será poner algo más.

Mientras él estaba hablando acerca de cosas tan elementales para que ellos las pudieran entender, yo continué reflexionando acerca de que a todo lo que el Señor se refiriera como vestimenta, era citando un ejemplo de las ideas con las cuales se viste la mente del hombre. No alcancé a profundizar más en esta idea, porque he aquí que vino un principal de nombre Jairo y le adoraba diciendo: mi única hija ha muerto hace poco; necesito que por favor vengas a poner tu mano sobre ella, porque yo sé que si lo haces vivirá. Apenas tiene doce años.

- Si tiene doce años te juro que no se muere y te lo digo por propia experiencia, Jairo. Vas a ver que se salva, pues tu hija está viviendo el primer retorno de Júpiter; como lo vivió el Maestro cuando se le perdió a la familia en el templo a esa misma edad.

Entonces Jesús se levantó y, obviamente, nos tocó seguirle el paso porque iba de afán. Pero antes de llegar al sitio de la difunta, se nos atravesó una mujer enferma de flujo de sangre, también desde hacía doce

136

años. Yo mismo vi cuando ella, sigilosamente tocaba la franja de la túnica del Maestro diciendo para sí misma: con que solamente toque su vestido seré salva. Y, al hacerlo, Jesús mirándola fijamente después de preguntarse quién lo había tocado, le dijo que confiara, que su fe la había salvado, como le había sucedido al centurión y a tantos otros.

Por fin llegamos a la casa de la muertica, oyendo de lejos a los tañedores de flautas y a mucha gente que hacía bullicio de plañideros. Y era tanta la gente y la bulla, que el mismo Jesús tuvo que decirles que se hicieran a un lado para que pudiéramos pasar Pedro, Jacobo, su hermano Juan y yo; pues los demás se quedaron afuera haciendo guardia. Y muchos de ellos se empezaron a burlar cuando a Jesús se le ocurrió decir a la concurrencia que estaban equivocados, que la niña no estaba muerta sino dormida. Pero, como no le creyeron, los mandó salir, mientras yo mismo vi cómo entró en la habitación en donde estaban velando a la niña, diciendo que no se alborotaran ni lloraran más, porque la muchacha no estaba muerta sino dormida. Entonces puso a sus padres de lado y lado, nos llamó a nosotros y, parándose cerca del catre en donde estaba la difunta, tomándola de la mano muy suavemente y, en medio de nuestro asombro, fue diciendo Talitha cumi, mientras la niña se levantaba poco a poco dejando el sudario que la cubría a un lado. El Maestro, como recomendaba muchas veces, mandó que no dijesen nada a nadie y que le dieran algo de comer a la exdifunta.

¡Quién dijo miedo! Si antes era famoso ahora sí que la cosa se ponía peor para nosotros, porque teníamos que ponernos a espantar más gente que querían así no más fuera tocarlo, ya que en esa época no se estilaba lo de tomarse fotos, porque las cámaras no se habían inventado.

Y pasando Jesús de allí, lo siguieron dos ciegos bullicioso que aún no sé cómo hicieron para seguirlo si eran ciegos.

- ¡Ten misericordia de nosotros, Hijo de David! Vociferaban demostrando que, al menos, no eran mudos.
- *¿Creen que puedo hacer esto?*
- Sí, Señor, lo creemos.

Y entonces Jesús tocó los ojos del par de invidentes diciéndoles: *conforme a su fe sea hecho.*

Y sus ojos fueron abiertos, mientras el Maestro les encargaba rigurosamente que por favor no le dijeran a nadie acerca de lo que acaba de hacer. Parecía ser que tanto él, como nosotros, estábamos bien aburridos con tanta gente que lo seguía; no tan interesada en lo que decía, sino en lo que hacía... milagros. Pero de nuevo ocurrió lo contrario, los exciegos divulgaron su fama por toda aquella tierra y tanto, que inmediatamente le trajeron un pobre hombre que tenía lo peor de lo peor, pues estaba ciego, mudo y además endemoniado; a quien, obviamente, apenas le sacó la malignidad, recuperó la vista y el habla, dejando a todos los presentes aún más maravillados.

Realmente jamás se había visto cosa semejante en todo Israel. Pero, como en todas partes hay envidiosos, los fariseos que siempre merodeaban por ahí, comenzaron a decir que por el Príncipe de los demonios o Beelzebub, era que Jesús echaba fuera los mismos demonios. Como quien dice, que un clavo saca otro clavo.

Me extrañó esta relación que hicieron los fariseos del Maestro con Beelzebub, porque yo conocía muy bien la historia de tan antiquísimo personaje; que tenía tantos nombres como los 72 que decían que tenía Dios mismo. Esta es una muy antigua deidad suprema de los babilonios, caldeos, fenicios y cartagineses, cuyo nombre significa precisamente Dios o Señor, identificado con las fuerzas instintivas y el huracán; y a quien se sacrificaban niños para lograr derrotar a los enemigos, como pretendió hacer Abraham con su hijo y se hacía a Moloch en el valle de Hinnom o Gehennah, aquí cerca de Jerusalén. Fue debido al nombre del lugar, que Gehennah llegó a ser la Gehena como sinónimo de infierno. Según el mito, al llegar el estío, Beelzebub caía sucumbido por el calor del verano descendiendo a los infiernos, hasta donde era seguido por Ishtar, el amor; de forma tal que, al extinguirse el amor supremo, toda la tierra quedaba sumida en la tristeza y la desolación. Ishtar sufría en llanto y desesperación, simbolizada por las tormentas para así aplacar la terrible cólera de la deidad infernal. Ishtar se transformaba en la representación del deseo vehemente, quien al despertar en la primavera era el símbolo del triunfo del amor sobre la adversidad.

Debido al alboroto que se estaba formando y tanto, que ni siquiera podíamos comernos unos panes que alguien nos había traído, algunas personas pretendieron prender a Jesús alegando que estaba fuera de sus cabales.

- Tranquilos, les dije, ese es su estado natural. No se preocupen, ya se acostumbrarán a que su carácter nada tiene de dulce.

- *Todo reino dividido contra sí mismo es desolado,* dijo el Hombre muy alterado leyendo sus malignos pensamientos. *Toda ciudad o casa dividida contra sí misma, no permanecerá. Y, si Satanás echa afuera a Satanás, está dividido contra sí mismo. ¿Cómo creen ustedes que va a permanecer su reino? Es más, si yo, por Beelzebub, echo los demonios afuera como creen ustedes, ¿sus hijos por quien los echa? Por tanto ellos serán vuestros jueces. Y, si por Espíritu de Dios yo echo fuera los demonios, ciertamente ha llegado a ustedes el reino de Dios. Porque ¿cómo puede alguno entrar en la casa del valiente y saquear sus alhajas, si primero no prendiere al valiente? Ahí sí saqueará su casa.*

Quien no esté conmigo está contra mí y quien no recoge conmigo, derrama. Por lo tanto, señores fariseos, les digo que todo pecado y blasfemia será perdonado a los hombres; mas la blasfemia contra el Espíritu no será perdonada a nadie. Y cualquiera que hable contra mí, le será perdonado; pero cualquiera que hable contra el Espíritu Santo no tendrá perdón de Dios ni en este siglo ni en el venidero. O hacen el árbol bueno y su fruto bueno o lo hacen corrompido y su fruto dañado; porque ya les dije y les repito que por el fruto es conocido el árbol.

Generación de víboras ¿cómo pueden hablar bien, siendo malos? Porque de la abundancia del corazón habla la boca. El hombre bueno del buen tesoro saca buenas cosas; y el hombre malo del mal tesoro saca malas cosas. Pero yo les digo que toda palabra ociosa que hablen los hombres, de ella tendrán que dar cuenta el día del juicio. Porque por sus palabras serán justificados ustedes y, por las mismas, también serán condenados.

\-   Tranquilo Maestro, no se sulfure que le va a dar una taquicardia; además a usted no es el único al cual, siendo santo, lo han juzgado como si fuera el diablo. Yo mismo soy un mito perdido, el héroe de un poema épico olvidado, que cada quien interpreta a su manera; unos desde su sapiencia y otros desde su santa ignorancia. De mi se ha dicho que soy... lo que cada cual comprende que soy. Y ven en su interior aquello que yo los obligue a ver como ser sin forma que soy, poniendo en mi boca frases que no he dicho y en mi mente pensamientos que jamás he tenido. Hay quienes me ven cual ángel y otros al mismísimo diablo en persona; más aún, hay quienes ven en mí de la mano del uno al otro, sin saber a ciencia cierta si soy el día o la noche. Y nada pueden definir acerca de mí por una sencilla razón: porque ellos tampoco saben quiénes son.

- Maestro deseamos ver de ti una señal, exclamaron los escribas y fariseos interrumpiéndome y sin poder aguantar más semejante regañada tan bárbara que les estaba dando.

- *La generación adulterina demanda una señal; pues no les voy a dar ninguna diferente a la de Jonás, el profeta que estuvo en el vientre de la ballena tres días y tres noches. Así mismo estará el Hijo del hombre en el corazón de la tierra durante tres días y tres noches.*

Y ahí, me quedé absorto pensando en lo que acababa de decir, pues era la primera vez que el Hombre se refería a algo que habría de sucederle en no mucho tiempo. Y, de pronto, uno de la compañía dijo algo que no venía al caso, pero lo dijo. Le interesaba que el Maestro le dijera a su hermano que partiera con él su herencia.

- *Hombre, ¿quién me puso por juez partidos sobre ustedes? Guárdense de toda avaricia, porque la vida del hombre no consiste en la abundancia de los bienes que posee. Les voy a contar una nueva parábola: la heredad de un hombre rico había llevado mucho; y él pensaba dentro de sí mismo diciendo qué haría porque no tenía en donde guardar sus frutos. Pensó en derribar sus alfolíes y en edificar unos más grandes en donde cupieran todos sus bienes. Y le dijo a su alma que como tenía tantos bienes almacenados para muchos años, que reposara, comiera, bebiera y que se holgara de la vida. Pero, de repente oyó la voz de Dios que le dijo: necio, esta noche vuelven a pedir tu alma y lo que has prevenido ¿de quién será?*

Así es el que hace para sí tesoro y no es rico en Dios, concluyó su parábola el Maestro.

- Oye, Señor, exclame levantando la mano. Muy interesante tu cuento, pero hay algo que se me quedó engarzado en el oído: ¿me pareció o fue que te equivocaste cuando dijiste... "vuelven a pedir tu alma"? ¿Eso significa que ya se la habían pedido... en otra vida?

- *No puedo contestarte en público; ya sabes que las parábolas sólo se las explico a ustedes en privado. Déjame continúo: los hombres de Nínive se levantarán en el juicio con esta generación y la condenarán. Porque ellos se arrepintieron a la predicación de Jonás; y he aquí alguien más que Jonás en este lugar. La reina del Austro se levantará en el juicio con esta generación y también la condenará; porque vino de los fines de la tierra para oír la sabiduría de Salomón, y he aquí alguien más que Salomón en este lugar. Cuando el espíritu inmundo ha salido del hombre, anda por lugares secos buscando reposo y no lo encuentra. Es entonces cuando dice: me volveré a mi casa de donde salí. Y cuando llega la halla desocupada, barrida y adornada. Es entonces cuando va, toma consigo otros siete espíritus peores que él y, entrados en ella, moran allí; y son peores las cosas últimas del tal hombre que las primeras. Así también acontecerá a esta generación mala.*

Y estando aún hablando a la gente, una mujer de la compañía que lo escuchaba atentamente sin despegarle los ojos, levantando la voz le dijo: bienaventurado el vientre que te trajo y los pechos que mamaste. Y el Maestro, en vez de agradecerle el cumplido en nombre de la que dicen que lo parió, le contestó de una manera bastante desagradable como cada vez que se refería a la señora María, diciendo: *antes bienaventurados los que oyen la palabra de Dios y la guardan.*

142

-        Me imagino que te estás refiriendo a quienes comprenden la palabra ¿cierto?, pregunté emocionado. O sea, no todos los que la leen sino quienes la aplican... Esta historia está cada vez más psicológica. Por eso es que mientras los demás comprenden, yo tengo que actuar como si ya lo hicieran, muy sutilmente.

He aquí que al rato, precisamente, llegaron María y los hermanos de Jesús, de quienes por cierto desde hacía mucho tiempo nada sabíamos. Al verlo tan atareado con su charla, se quedaron afuera esperando respetuosamente que él les concediera un minuto de su ocupadísima agenda, pues querían hablar con él. Pero, viendo yo que el tiempo pasaba y que ellos tenían cierto afán de conversar con él, me le acerqué y le dije: oye Maestro, he aquí tu madre y tus hermanos están afuera. Te quieren hablar un momentico. Que si por favor sales o los hago entrar.

-        *¿Quién es mi madre y quiénes son mis hermanos?* Me preguntó.

De nuevo, había respondido de una manera tan grosera, que me dejó con la boca abierta. Y luego, extendiendo su mano hacia nosotros, sus discípulos, me dijo: *he aquí a mi madre y a mis hermanos. Porque todo aquel que hiciere la voluntad de mi Padre que está en los cielos, ese es mi hermano, mi hermana y madre.*

-        Oye, está bien. Yo sólo quería decirte que ellos estaban afuera; no era para que te ofuscaras tanto. Y no sé qué es lo que tienes contra doña María que, siendo una mujer tan comprensiva contigo, pareces ser la oveja negra de esa familia porque nunca estás con ella. Esta es la tercera oportunidad que tienes de reconocerla como tu madre y, sin embargo, la rechazas diciendo que no lo es y que ni su vientre ni sus pechos son bienaventurados. De verdad que a veces no te entiendo.

143

Pareciera ser que sólo admites que eres el hijo de no sé qué Dios celestial, pero niegas tu herencia terrenal.

Fuere lo que fuere, para nosotros trece ya se había vuelto rutina el hecho de que al Maestro lo rodeaban por todas las ciudades y aldeas mientras iba enseñando -o insultando- en las sinagogas; predicando el evangelio del reino y sanando toda clase de enfermedades y achaques del pueblo. Y, viendo a la gente, siempre tiene compasión de todos porque los ve derramados y esparcidos como ovejas que no tienen pastor. Fue al caer en la cuenta de esta situación y comprendiendo lo sólo que estaba para hacer su labor, cuando un día, mirándonos tiernamente, nos dijo: *verdaderamente la mies es mucha, mas los obreros pocos. Rueguen al Señor de la mies, que envíe obreros a su mies.*

- O sea que lo que necesitas son bastantes Virgo que te den la mano en lo que tú mismo te inventaste. Cuidado, porque por ahí dicen que uno puede ser víctima de su propio invento. Y de eso te aseguro que también soy testigo, porque nada he hecho, si sólo he hecho aquello que de todos modos tenía que hacer...

Fue la primera vez que nos pidió ayuda; pues nos reunió a los trece dándonos potestad contra los espíritus inmundos para que los echáramos afuera y sacáramos toda enfermedad y toda dolencia. Pero, además, juntó a setenta más, a los cuales envió de dos en dos delante de sí, a toda ciudad y lugar en donde él había de venir.

- Ah, ¿te diste cuenta que sin nosotros tampoco puedes? le dije cuando nos vimos ya solos. Ya era hora de que nos compartieras tu fama. Aquí también somos todos para uno y uno para todos. Pues siendo así, dije, desvalido e inútil ser que es Dios; y tanto es así, que siempre está necesitando de nosotros para vestir al desnudo, visitar al triste preso, cuidar al hermano enfermo y dar de comer al hambriento. Dios sin forma que tiene que adoptarla a través nuestro para hacer él solo y, por intermedio nuestro, manifestarse como él mismo, a otra parte de sí mismo que está siempre muy necesitada de él: el prójimo.

- *Sí, pero primero quiero llamar a lista para saber si son todos los que están y están todos los que son. Comencemos por el más bruto de todos: Simón, que es dicho Pedro.*

- Presente, Maestro, jamás te abandonaré.

- *Andrés, su hermano.*

- Presente, Maestro.

- *¿Están Jacobo y su hermano Juan, los hijos de Zebedeo?*

- Sí Maestro, aquí estamos detrás de ti.

- *Pues ahora los apellido Boanerges, como si fueran Hijos del trueno. ¿Y están Felipe y Bartolomé?*

- También estamos Maestro, aún no te hemos abandonado.

- *¿Y Tomás y Mateo, el publicano?*

- Firmes Maestro, hasta la muerte creeremos en ti.

- *¿Y Jacobo, el hijo de Alfeo?*

- Sin duda soy tu esclavo, Maestro.

- *¿Y Lebeo, que tiene por sobre nombre Tadeo?*

145

- El mismo, aquí estoy.

- *¿Simón el Cananita Celador, anda por* *aquí?*

- Claro que sí Maestro, todo el tiempo.

- *¿Y Judas el pelirrojo?, que ese no me* *falte jamás.*

- No maestro, jamás dejaré de cumplir con tus órdenes. Aquí estoy.

- *Y Mauricio Puerta, ¿no se ha ido a* *buscar a su amigo Roberto?*

- No maestro, contesté emocionado al ver que no se había olvidado de mí. Su discípulo número trece jamás se perdería el final de esta historia. Además, quiero decirle al grupo que considero que ahora somos apóstoles de una nueva era en la cual nada nos pertenece; tan sólo debemos hallar cual es el sitio de nuestra actuación para desempeñarla de la forma perfecta con la cual se espera de nosotros un perfecto resultado. El esfuerzo individual de cada uno de nosotros, aunado al grupal, nos permite comprender aún más que la unión sí hace la fuerza.

Si nada nos pertenece nada puede atarnos; si nada nos ata somos libres en el proceso de transformación sin dolor; puesto que de todos modos la metamorfosis se llevará a cabo y depende de nosotros el hacerlo dolorosamente o sacrificando ese sufrimiento haciéndolo conscientemente como el Maestro. Somos cual los apóstoles de una nueva manera de vivir, en donde nuestra morada es el movimiento interno y nuestros frutos el movimiento externo o viceversa. Somos andariegos en un mundo que quiere atarnos a sus leyes de nivel de tierra y, para zafarnos de su fuerza de gravedad, debemos saber que somos nada y que nada, por lo tanto, debe ligarnos a esta tierra. Nada más allá de saber que ella será la recipiendaria de la cual salimos y en la cual dejaremos este cuerpo planetario que, como su nombre lo indica, aquí debe permanecer porque es tierra y en tierra habrá de convertirse. Nada nos pertenece y, si ni siquiera nuestra actuación es libre, mucho menos lo son el disfraz ni el escenario que la naturaleza ha montado para el ejercicio de nuestra actuación, según el libreto escrito por otras voluntades superiores a las nuestras. Con lo único que contamos es con el grado de conciencia adquirida acerca de y durante dicha actuación en este escenario.

A cualquier cosa que creamos tener derecho de propiedad, vana ilusión; somos pertenencia de todo aquello que creemos ser dueños y señores. Hasta cuando soltemos el lastre no podremos movernos en la dirección ascendente que nos pertenece y de la cual somos herederos por la línea directa del Padre, según nos ha venido informando el Maestro. Una vez que caigamos en la cuenta de cual y cómo debe ser nuestra actuación, debemos comprender que dicha actuación sirve individualmente para nosotros y, colectivamente, para el perfecto desarrollo y fin de toda la trama. Cada actor es tan importante individual como en grupo. Es tan necesario el crucificado como el crucificador; quien manda como quien obedece y no hay en este nivel ningún mérito posible por desempeñar una actuación para la cual hemos sido escogidos, nos hemos hecho escoger o escogido a sí mismos por actuaciones en otros libretos tal vez del mismo escenario natural.

- *Entonces, pónganme mucha atención,* exclamó el Señor interrumpiendo mi discurso. *Porque les voy a dar varios mandamientos que son única y exclusivamente para ustedes, con el fin de que vayan a predicar. Primero, por el camino de los gentiles no vayan*

147

a andar. Tampoco entren en la ciudad de los samaritanos. En cambio, vayan antes a las ovejas perdidas de la casa de Israel. Y yendo, prediquen diciendo que el reino de los cielos se ha acercado. Sanen enfermos como me han visto hacerlo, limpien los leprosos, resuciten los muertos, echen afuera los demonios. Y si de gracia reciben, de gracia den.

- Pero Maestro, interrumpí, siempre he pensado que cuando ha estado bloqueada la vía para llegar a mí mismo, no debía afanarme, sino limpiarla y esperar un mejor tiempo con fe en mí mismo; y aquí, en cambio, he observado que todos los enfermos se sanaron porque tuvieron fe, pero en ti. ¿Tendrán la misma fe en nosotros? Porque te cuento que cuando yo hago cartas astrales, mucha gente pregunta antes si efectivamente se van a sentar a trabajar conmigo, porque dicen que si es con alguno de mis alumnos prefieren no ir.

Además, eso de arrear ovejas perdidas me da para pensar que uno jamás debe arrearle los "yoes" a los demás, si no dejar que cada quien arree los suyos; pues podemos hacerles perder una ovejita o "yo" que vaya a necesitar después.

- *Tengan fe en sí mismos, que el resto les llegará por añadidura,* contestó. *Ah, y por cierto, no lleven oro ni plata, ni cobre en sus mochilas.*
- ¿Y yo cómo voy a hacer si, precisamente, mi mochila de Tierradentro es todo mi banco?
- *Ni alforja para el camino,* recalcó lanzándome una mirada castigadora. *Ni dos ropas de vestir ni zapatos, ni bordón; porque el obrero es digno de su alimento. Más, en cualquier ciudad o aldea a donde entren, investiguen quién sea digno en ella y reposen ahí hasta cuando salgan. Pero, eso sí, saluden cuando entren en la casa; que si es digna la paz vendrá en ella. Si no lo fuere, su paz se volverá a ustedes mismos. Y cualquiera*

que no los reciba ni oiga sus palabras, salgan de esa casa o ciudad y sacúdanse el polvo de sus pies; porque de cierto les digo que el castigo será más tolerable a la tierra de Sodoma y de los de Gomorra en el día del juicio, que a aquella ciudad. He aquí que yo los envío como a ovejas en medio de lobos; sean pues prudentes como serpientes y sencillos como palomas. Y cuídense de los hombres, porque los van a entregar en concilios y en sus sinagogas los van a azotar. Y aún van a ser llevados a príncipes y a reyes por mi causa, por testimonio de ellos y a los gentiles.

Mas, cuando los entreguen a ustedes, no se apuren por cómo o qué hablarán, porque en aquella hora les será dado lo que habrán de decir. Porque no son ustedes quienes han de hablar, sino el Espíritu de su Padre que habla en ustedes. Y, ténganlo por seguro que el hermano entregará al hermano a muerte, y el padre al hijo; y los hijos se levantarán contra los padres y los harán morir.

-        ¡Claro, Hombre, si delatores ha habido en todas las épocas! exclamé. Y más aún si les pagan por la información. Pero ya que le metiste zoología al asunto, necesito que me aclares lo siguiente: la serpiente es supremamente venenosa, en cambio las palomas son lo más inofensivo del reino animal. ¿Por qué los juntas en esta recomendación? ¿Acaso por su inteligencia y sencillez respectiva? Lo que nos estás recomendando es que seamos como la serpiente y la paloma? Eso me sonó a la serpiente emplumada de los aztecas. Pero bueno, lo que entiendo es que seamos lo que tenemos que ser: puros como la serpiente y la paloma que son reales. Sí, te creo, estoy de acuerdo contigo, se aprende mucho de la pureza así sea pura mierda. Es eso y punto. Además, creo que cuando me tocó comer mucha mierda en la vida, debió ser porque tuve la boca abierta durante mucho tiempo. Es por

149

eso que creo que la vida nunca cambia, que siempre es la misma; lo que cambia son las conexiones que establecemos con ella.

Pero, déjame rescato a la serpiente a la cual acabas de alabar. Si tú mismo reconoces su inteligencia y por eso nos recomiendas ser prudentes como serpientes, ¿por qué, entonces, debe extrañarnos que fuera ella, la más astuta de todas las bestias, quien le dijera a Eva que lo que no quería tu papacito era que a Adán y a ella se les abrieran los ojos para que, como Dios, fueran conocedores del bien y del mal? Eva intuyó, al probar el fruto del árbol, que éste era bueno para la inteligencia, motivo por el cual se lo dio a probar a su pareja. Y he aquí la dirección de los acontecimientos: Árbol de la ciencia=Sabiduría. Serpiente=Sabiduría. Serpiente+ Árbol o Serpiente y Árbol= Sabiduría. Eva, al probar del Árbol= Sabiduría. Serpiente y Árbol y Eva=Sabiduría.

-       *Pues, sea lo que comprendas, sólo sé que por mi nombre ustedes van a ser aborrecidos por todos; pero el que soporte hasta el fin, éste será salvo.*

-       ¡Delatores nosotros, y torturadores ellos! ¿Será que me necesitas muy urgentemente o me puedo ir ya? Pregunté afanosamente, imaginándome la escena inquisidora en que yo habría de ser asado por culpa de Roberto, que nada que venía a rescatarme.

-       *Cuando los persigan en una ciudad huyan a otra; porque de cierto les digo que ustedes no acabarán de andar todas las ciudades de Israel, que no venga el Hijo del hombre. Recuerden que el discípulo no es más que su maestro, ni el siervo más que su señor. Bástale al discípulo ser como su maestro y al siervo como su señor. Si al padre de familia llamaron Beelzebub ¿cuánto más a los de su casa? Así pues que no teman, pues no hay nada encubierto que no haya de ser manifestado, ni oculto que no haya de saberse.*

150

- Uy, hermano, pero faltan como dos mil años para que empiece la era de Acuario en la cual todo se sabrá, pues apenas estás inaugurando la de Piscis. Además, fíjate bien, nos estás mandando solamente a predicar las ciudades de Israel, porque todo este cuento es única y exclusivamente para el pueblo judío ¿Cierto que sí? ¡Contéstame!

- *Lo que ahora les digo en tinieblas díganlo en la luz; y lo que han oído, predíquenlo desde los terrados.*

- Pero es que no por alejarnos de la luz vamos a dar al infierno. ¡No!, sencillamente, seremos el infierno.

- *Pues, entonces, no teman a los que matan el cuerpo, mas al alma no pueden matar; teman antes a aquel que puede destruir el alma y el cuerpo en el infierno. ¿No se venden dos pajarillos por un cuarto? Con todo, ni uno de ellos cae a tierra sin el permiso de vuestro Padre.*

- Ah, barbaridad, eso me sonó nuevamente a que sostienes que no hay libre albedrío, dije pensativo. Además, de todos modos no puedo saber lo que es el cielo, sin haber estado antes en el infierno. Por tal motivo es que tengo que llegar al Yo y ser el Yo, para que éste utilice conscientemente el cuerpo en el que habito, esta mente, esta emoción y el sufrimiento que hasta ahora han sido usados inconscientemente.

- *Pues aún tus cabellos están todos contados.*

- Bueno, ¡qué chiste!, tampoco se van a demorar mucho contándolos. ¿No? Le pregunté agachándole mi cabeza.

- *No teman, más valen ustedes que muchos pajarillos. Cualquiera de ustedes que me confiese delante de los hombres, le confesaré yo también delante de mi Padre que está en los cielos. Y cualquiera que me*

151

niegue delante de los hombres, le negaré yo también delante de mi Padre.

-        Pero, por Dios, ¡qué falta de memoria la suya! ¿No dizque nos debíamos alejar de la vieja ley mosáica del ojo por ojo y diente por diente? No hermano, usted si se contradice a cada tanto y yo, con esta memoria tan tenaz que tengo, no le puedo pasar ni una sola falla. Además, no se me haga el loco, respóndame si todo esto es sólo para los judíos.

-        *Pues no vayas a pensar que he venido a traer paz en la tierra; no he venido para traer paz, sino espada. Porque he venido para hacer disensión del hombre contra su padre y de la hija contra su madre, y de la nuera contra su suegra.*

-        Oye y, entonces, ¿qué hacemos con el cuento ese de… "y paz en la tierra a los hombres de buena voluntad"?

-        *Es irremediable que los enemigos del hombre sean los de su casa. Porque el que ama padre o madre más que a mí, no es digno de mí. Y el que ama hijo o hija más que a mí, no es digno de mí.*

-        Oye, pero en eso si estás igualito a tu papá, cuando le puso la prueba aquella a Abraham de matar a su hijo en su nombre. Como sanguinarios ustedes ¿no? ¿Por qué todo tiene que ser a punta de enemistades, de sangre, de sacrificios, de muertes y de dolor? Es más, si "madre" es quien lo alimenta a uno, yo también puedo ver en esta recomendación anterior, un mandato para que deje de alimentarme espiritual o psicológicamente de lo que antes me nutría. Si no soy el cuerpo-materia, soy el alma que construyo con una cierta clase de alimentación interna. Y, la espada a que te refieres ¿debe ser un nuevo conocimiento que corte con esa fuente nutricia del pasado?

-        *Piensa lo que quieras, pero el que no tome su cruz y siga en pos de mí, no es digno de mí.*

-        Y ¡¿a mí qué diablos me importa tu dignidad si ya te he cogido en tantas contradicciones?!

-        *El que encuentre su vida la perderá,* dijo solemnemente levantando el dedo índice de la mano izquierda, como si nada de lo que yo dijera le importara. *Y el que pierda su vida por mi causa, la hallará. El que los reciba a ustedes me recibe a mí; y el que a mí me recibe, recibe a quien me envió.*

-        Pues cuénteme algo más original, porque lo mismo decían Hermes y Mercurio cuando Dios los mandaba como sus mensajeros. Allí hay cuatro etapas de evolución: el pueblo que recibe a sus apóstoles; éstos que lo reciben a usted y por encima de todos su Padre que lo mandó, como Zeus mandaba a Hermes. De modo que aquí no se las venga a dar de original, que de eso no sé que tenga. Además, alma y vida ¿no serán lo mismo?

-        *Escúchame bien, el que recibe profeta en nombre de profeta, merced de profeta recibirá; y el que recibe justo en nombre de justo, merced de justo recibirá. Y cualquiera que dé a uno de estos pequeños,* dijo señalando a unos niños que en ese momento cruzaban a nuestro lado arreando unas chivas, *un vaso de agua fría solamente en nombre de discípulo, de cierto les digo que no perderá su recompensa.*

-        Ya me tiene usted aburrido con el cuento ese de que todo lo tenemos que hacer por obtener alguna recompensa y no por convicción. Y le aseguro que esa es una pésima táctica de su parte, que en el futuro va a tener unas consecuencias fatales. Es más, según esto, me voy a poner a repartir agua fría a cuanto muchachito me encuentre para obtener mi recompensa; porque eso es lo que nos estás diciendo. A no ser que, déjame reflexiono de nuevo… si me dijiste que el agua es simbólicamente un nivel de la Verdad y, digamos que yo sea ese niño por mi poco entendimiento, entonces comprendo que debo ayudar a calmar la sed de conocimiento a toda la gente de pequeño entendimiento acerca de lo que me estás enseñando y con la que vivo, por ejemplo, allá en Tierradentro.

Y me quedé solo con mi reflexión, como siempre me dejaba él, pensativo. Terminada la lista de mandamientos que nos ponía, descendimos a un lugar llano en donde había una gran multitud de pueblo de toda Judea, de Jerusalén, de la costa de Tiro y de Sidón, muchas de ellas ciudades de sus apóstoles, que habían venido a oírle y para ser sanados de sus enfermedades. Fue así cómo, quienes habían sido atormentados de espíritus inmundos fueron sanados y toda la gente procuraba tocar al Hombre, porque salía de él una especie de virtud que sanaba a todos.

Era la segunda vez que el maestro se dirigía a nosotros de una forma tan contundente; pero también era a nosotros, sus más fieles seguidores, a quienes más garrote nos daba. Claro, tenía que estar seguro de cada uno de sus trece apóstoles, no fuera a ser que transmitiéramos mal sus enseñanzas. Pero, ni por eso se pudo salvar de que con el tiempo tergiversaran completamente su mensaje. Es más, me daba la idea de que con su actitud, pasados los siglos, él mismo iba a ser más importante que el mensaje. Y para mí, definitivamente, era más importante el mensaje que el Maestro.

CAPÍTULO CUATRO

PUEBLO ES PUEBLO

Habiendo venido a la tierra de Judea, nos pusimos a bautizar a la gente mientras Juan lo hacía en Enón, junto a Salim, en donde había mucha agua y mucha gente por bautizar. Supimos, entonces, que se levantó una gran discusión entre los discípulos de Juan y los judíos, acerca de la purificación. Tanto fue el alboroto, que ellos mismos le contaron a Juan que quien había estado con él de la otra parte del Jordán, y del cual él mismo había dado testimonio, también estaba bautizando o purificando, y que todos venían a Jesús.

- No puede el hombre recibir algo, si no le es dado del cielo, les contestó Juan sabiamente. Ustedes mismos son testigos que dije que yo no soy el Cristo, sino el enviado delante suyo. Quien tiene esposa es el esposo; pero el amigo del esposo que está en pie y la oye, se goza grandemente de la voz del esposo; así pues, éste mi gozo es cumplido. A él le conviene crecer, mientras a mi me conviene menguar. Quien de arriba viene está sobre todos. Quien es terrenal, terreno es y habla cosas terrenas. Quien viene del cielo, sobre todos es. Y lo que vio y oyó, esto testifica; y nadie recibe su testimonio. Quien recibe su testimonio, signó que Dios es verdadero. Porque el que Dios envió, habla las palabras de Dios; porque no da Dios el Espíritu por medida. El Padre ama al Hijo y todas las cosas las dio en su mano. Quien cree en el Hijo, tiene vida eterna; pero quien es incrédulo al Hijo, no verá la vida sino que la ira de Dios está sobre él.

- Pero un momento, Maestro, ¿qué es eso que advirtió Juan que a él ahora le toca menguar y a ti crecer? Algo así como ¿dejar el ruido para oír el sonido o menguar lo externo para que crezca lo interno? ¿Cómo si Juan fuera aún de nivel tierra, más alto que el normal terrenal, y tú de nivel cielo? ¿También hay niveles de cielo? Porque los mayas de Mesoamérica tienen como trece. ¿Por eso Juan bautizaba o limpiaba con agua para que, por medio del arrepentimiento, la gente se limpiara de su pasado y pensara de una nueva manera? ¿La manera que tú ibas a traer?

- *Tú lo has dicho,* dijo él secamente.

De modo que, como Jesús sabía que Juan conocía el libreto de memoria, y entendiendo que los

155

fariseos habían oído que él hacía y bautizaba más discípulos que Juan, aunque en verdad no era él quien lo hacía sino nosotros trece, nos fuimos de Judea para Galilea pasando por Sichar en Samaria, junto a la heredad que Jacob dio a su hijo José. Jesús, que sabía que allí había una fuente, nos mandó a la ciudad a comprar algo de comer, mientras él , como estaba cansado del camino, se sentó al lado de la fuente. Después, cuando regresamos a su lado, nos contó que como a la hora sexta, vino una mujer de Samaria a sacar agua del pozo a la cual, apenas la vio él, le dijo que le diera de beber.

- ¿Cómo tú, siendo Judío, me pides de beber a mí que soy una mujer samaritana? Porque los Judíos no se tratan con nosotros.

- *Si conocieras el don de Dios y quien te lo dice, tú pedirías de él y él te daría agua viva.*

- Pero Señor, no tienes con qué sacarla y el pozo es muy hondo. ¿De dónde, pues, tienes el agua viva? ¿Acaso eres tú mayor que nuestro padre Jacob, que nos dio este pozo del cual él bebió junto con sus hijos y ganado?

- *Cualquiera que beba de esta agua volverá a tener sed. Pero quien beba del agua que yo le daré, jamás volverá a sentirla. El agua que yo le daré, será en él una fuente de agua que salte para vida eterna.*

- Entonces, Señor, dame de esa agua para que no tenga sed ni venga a sacarla hasta acá.

- *Anda, llama a tu marido y ven acá.*

- No tengo marido, respondió ella.

- *Bien has dicho la verdad, mujer. Porque cinco maridos has tenido y el que ahora tienes tampoco es tu esposo.*

- Señor, me parece que eres un profeta. Nuestros padres adoraron en este monte y ustedes dicen que es en Jerusalén en donde es necesario adorar.

- *Mujer, créeme que la hora viene, cuando ni en este monte ni en Jerusalén adorarán al Padre. Ustedes adoran lo que no saben; nosotros adoramos lo que sabemos, porque la salud viene de los judíos. Pero la hora viene y ahora es cuando los verdaderos adoradores adorarán al Padre en espíritu y en verdad; porque también el Padre busca que le adoren tales adoradores. Dios es Espíritu y quienes le adoran, en espíritu y en verdad es necesario que le adoren.*

- Sé que el Mesías ha de venir, el cual se dice el Cristo, reconoció la mujer. Cuando él venga nos declarará todas las cosas.

- *Yo soy, quien hablo contigo.*

Fue en ese último diálogo, cuando regresamos de hacer las compras, y veníamos tan cansados que, a pesar de verlo conversando con ella, no le preguntamos acerca de sobre qué lo hacían. Además, viéndonos llegar, la mujer dejó su cántaro ahí y se fue para la ciudad a decirle a la gente que había conversado con un hombre que le había adivinado su vida y que ella pensaba que de pronto él podía ser el Cristo. Al oír tal historia la gente salió corriendo de la ciudad y vinieron hasta donde nos encontrábamos.

Viendo a tanto samaritano reunido, aproveché la oportunidad para conversar con algunos de ellos, preguntándole al más anciano que encontré, cual era la historia de sus ancestros.

- Los samaritanos tenemos una historia bien larga y extraña, contestó el anciano. Pero lo único que te cuento es que construimos un templo en el monte

Gerizim, que dedicamos a Zeus o Júpiter, porque lo consideramos el defensor de los extranjeros.

- Vaya, vaya, exclamé. Mira las sorpresas que me da la vida por preguntón.

- Pero hace tiempo que los judíos, al recuperar el control sobre Palestina, se pusieron en contra nuestra y destruyeron el templo; aun cuando llevamos más de ciento veinte años celebrando servicios religiosos en la cumbre del mismo monte. Es el odio que aún existe entre los judíos y nosotros, la razón por la cual la mayor parte de los peregrinos que viajan de Galilea a Jerusalén evitan pasar por Samaria, y prefieren hacer un desvío por Perea. Sin embargo, nuestra religión no difiere demasiado de la de ellos, porque también aceptamos el Pentateuco y estamos esperando que aparezca un Mesías. La diferencia con ellos es que nuestras creencias religiosas son más liberales, obviamente más que las de los fariseos y, en ese sentido, algo más parecidas a las de los saduceos.

Pero, como estábamos más interesados en que el Maestro comiera algo, pues trabajaba tanto que a veces no almorzaba ni comía… no le quedaba tiempo ni de bañarse, me despedí de ellos y regresé donde él.

- Maestro ¿acaso sería ésta, del agua que me diste a beber cuando llegaron todos ustedes a buscarme a la cabaña de Roberto y su mujer?

- *Yo tengo una comida que comer, que ustedes no saben.* Nos dijo con tono picarón.

- ¿Pero quién te la ha traído? Le preguntó Andrés.

- *Mi cena es que haga la voluntad del que me envió y que acabe su obra. ¿Acaso no dicen ustedes que aun hay cuatro meses hasta cuando llegue la siega? Entonces alcen sus ojos y miren las regiones, porque ya están blancas para la siega. Porque en esto es el dicho verdadero: que uno es el que siembra y otro es el que siega. Y yo los he enviado a segar lo que ustedes no labraron; otros lo hicieron y ustedes han entrado en sus labores.*

Así pues, que muchos de los samaritanos de aquella ciudad creyeron en el Hombre por la palabra de la mujer, que había dado testimonio diciendo que él le había dicho todo lo que ella había hecho. Ese fue el motivo por el cual los samaritanos nos rogaban que nos quedáramos con ellos, como efectivamente lo hicimos durante dos días. Fue entonces cuando muchos más creyeron en él por su propia palabra y ya no por el testimonio de la mujer. Decían entonces que verdaderamente Jesús era el Salvador del mundo, el Cristo. Ya él mismo había dado testimonio de que el profeta en su tierra no tenía honra.

Cierto día vimos regresar gozosos a los setenta que había mandado a hacer su misión semanas atrás.

- ¡Señor! Exclamó acercándosenos emocionado uno de ellos; aún los demonios se nos sujetan en tu nombre.
- *Es cierto, yo vi. a Satanás que caía como un rayo del cielo*, les confirmó el Maestro. *Entonces, ahora les doy potestad de hollar sobre las serpientes, los escorpiones y sobre toda fuerza del enemigo, que nada los va a dañar a ustedes. Pero no se gocen con el hecho de que los espíritus se le sujetan; mejor gócense de que sus nombres están ya escritos en los cielos.*
- ¿Y es que acaso cuántos cielos hay? Pregunté de nuevo sin tener respuesta, pues al Maestro le parecían muy bobas muchas de mis preguntas.

Tiempo después, un día en que nos hallábamos descansando, cosa a veces imposible, se nos acercaron dos jóvenes que en otra oportunidad habíamos visto entre nosotros escuchando atentamente al Señor. Me levanté a recibirlos y al llegar a nosotros nos dijeron que eran discípulos de Juan el Bautista, quien aún estaba en prisión, pero que como le habían contado las maravillas que hacía Jesús, los había mandado a ellos a averiguar si era cierto.

- ¿Eres tú aquel que había de venir o esperaremos a otro? Preguntaron a Jesús cuando los llevé ante él.

Y el Maestro, tomando de entre la multitud a muchos enfermos de plagas y poseídos por espíritus malos y a otros ciegos, los sanó a todos en frente de ellos.

- *Regresen y háganle saber a Juan las cosas que ven y oyen ustedes mismos. Díganle que los ciegos ven, los cojos andan, los leprosos son limpiados, los sordos oyen, los muertos son resucitados y a los pobres es anunciado el evangelio. Y que es bienaventurado el que no fuere escandalizado en mí.*
- De todos modos díganle a Juan que es mejor saber nada, que no saber qué hacer con lo que sabe. Les pedí a los emisarios del Bautista

Dicha esta recomendación por parte mía, porque parecía ser que literalmente Juan dudaba de si Jesús era el Mesías, el par de mensajeros se retiraron haciendo la venía de respeto que dictaba el protocolo de la época, mientras el Maestro le preguntaba a quienes estaban con nosotros, qué era lo que ellos habían salido a ver al desierto cada vez que buscaban a Juan.

- *¿Acaso una caña que es meneada al viento? ¿Un hombre cubierto de delicados vestidos? Quienes traen vestidos delicados están en las casas de los reyes. Más, ¿qué salieron a ver? ¿un profeta? También* *les digo que Juan es más que un profeta. Porque de él es de quien está escrito: he aquí yo envío mi mensajero delante de tu faz, que aparejará tu camino delante de ti.*

- Un momentico, que ahí yo tengo otro aporte cultural que hacer referente a los tales "mensajeros" de Dios que ya tantas veces has mencionado. Resulta ser que, como ya te dije, Hermes, Mercurio, Buda y tantos otros, todos ellos son mensajeros de los dioses que también tuvieron sus propios cielos: el Olimpo de los griegos, el Valhalla de los nórdicos, etcétera. Y obviamente sus propios infiernos: el Hades de los griegos, el submundo de los mayas, la Gehena de los judeocristianos. Lugares que han visitado la Innana de los sumerios, el Orfeo de los griegos, y hasta usted y yo... sin habernos dado cuenta de haber estado en él en la vida diaria, sino sólo cuando salimos; si es que hemos salido. Todos ellos también tienen sus jueces: y desde el maligno Jehová, su papito, hasta el rey Minos de Creta, entre otros tantos, se pelean por tan honorífico puesto.

- *Pues te aseguro y de cierto les digo a todos ustedes que, hablando de heraldos y mensajeros, no se levantó entre los que nacen de mujeres otro mayor que Juan el Bautista; mas el que es el más pequeño en el reino de los cielos, es mayor que él. Desde sus días hasta ahora, al reino de los cielos se hace fuerza y los valientes lo arrebatan. Porque todos los profetas y la ley hasta Juan profetizaron. Y si ustedes quieren conocer un secreto, Juan es aquél Elías que había de venir.*

- ¡Un momento Maestro, alto ahí!, exclamé emocionado. No me diga que hay diferentes niveles de aquí hasta el cielo; porque eso es lo que estás diciendo de Juan. Y dígame ¿usted también cree en la reencarnación y las otras vidas? Porque lo que nos está confesando es que Juan el Bautista ¿es Elías en persona? Es la segunda vez que nos lo mencionas.

- *El que tiene oídos para oír que oiga.*

-       No, Maestro, no me deje con esa duda; eso dígaselo a la masa descerebrada que lo sigue, pero no a mí. Además me parece de muy baja categoría el hecho de que, cuando usted no sabe una respuesta, se salga por la tangente con la frasecita esa de que "el que tenga oídos que entienda". Esa también es una muy mala costumbre de su parte; mire que si sigue así nadie lo va a entender y va a terminar muy mal, pero muy mal parado.

-       *Todo el pueblo oía a Juan*, añadió; *y los publicanos justificaron a Dios bautizándose con el bautismo de Juan. Pero los fariseos y los sabios de la ley desecharon el consejo de Dios contra sí mismos, no siendo bautizados por él. ¿A quién comparare esta generación? Es semejante a los muchachos que se sientan en las plazas y dan voces a sus compañeros.*

-       Pero si eso es lo que hacen todos los universitarios ¿no ves que a esa edad tienen alborotadas las hormonas? Le pregunté esperando algún regaño.

-       Y gritan diciendo: *les tañímos flauta y no bailaron; los endechamos y no se lamentaron.*

-       Pues en mi época no tañen flautas pero sí lanzan piedra; y en cuanto a lamentarse, lo hacen si se dejan agarrar por la policía que los persigue con sus gases lacrimógenos.

-       *Porque vino Juan, que ni comía ni bebía y de él dijeron que tenía el demonio metido.*

-       Bueno, deja de victimizarlo tanto, que en toda huelga universitaria siempre hay uno que arenga a los demás. Además, a Juan le encantaba y le tocaba ese oficio, ¿cierto?

-       *Sí, pero es que ahora vengo yo, el Hijo del hombre, que como y bebo, y entonces dicen de mí que soy comilón y bebedor de vino, amigo de publicanos y de pecadores. Mas la sabiduría es justificada por sus hijos.*

-       Bueno, Maestro, pero no nos digamos mentiras ¿Sí? Porque si recapacitas en tu vida, es con esa clase de gente con quienes nos has hecho andar, comer y beber. Has andado en banquetes y bodas fastuosas, dándole de beber vino a la gente para que se emborrachen más, pues hasta el agua les has convertido en motivo de borracheras. De modo que me parece que tienen razón ¿no? Por eso tu famosa futura iglesia se va a inventar las fiestas patronales que van a acabar en borracheras patronales. Vas a ver la cantidad de fiestas idiotas que le van a inventar al pueblo para que terminen bien borrachos mientras dejan la plata de su sudor en las cantinas y, obviamente, en la limosna de las iglesias, pidiendo que les vaya mejor en sus cosechas hasta la próxima borrachera.

Y, ¡Zas! ni que me hubiera estado escuchando en ese preciso instante, uno de los fariseos que andaba por ahí le rogó a Jesús que fuéramos hasta casa para que comiéramos con él. Y, aun cuando no teníamos mucha gana de meternos con esa clase de gente, el dicho nos aconsejaba que al enemigo era mejor tenerlo cerca que lejos. Bien, así lo hicimos. Y, no más nos sentamos a la mesa, apareció una mujer que no solo en toda la ciudad tenía fama de pecadora, sino que habiéndose enterado que el Señor estaba a la mesa de este fariseo, trajo un precioso ungüento en frasco de alabastro y, estando detrás de sus pies, comenzó a llorar regando con lágrimas sus pies, mientras los ungía con las preciadas gotas del ungüento a medida que los besaba e iba limpiando con su larga cabellera. He ahí la ternura femenina derramada sobre el Señor luego de romper el frasco que lo contenía, como diciendo que todo su amor era de Él, que a nadie más le pertenecía.

- Maestro, dijo el fariseo aparentando, si en verdad fueras el profeta que dices ser, conocerías bien quién y cuál es la mujer que te toca, pues esta es conocida como la más tremenda puta del pueblo.

Entonces éste se levantó y le respondió: *un acreedor tenía dos deudores; el uno le debía quinientos denarios y el otro cincuenta. Y no teniendo ellos cómo pagarle, perdonó a ambos su deuda. Dime, ¿Cuál de éstos lo amará más?*

- Pues me imaginó que aquél al cual más le perdono, contestó el fariseo.

- *Has juzgado rectamente. ¿Ves esta mujer? Entré en tu casa y no me diste agua para mis pies; mas ella me los ha regado con sus lágrimas y limpiado con sus cabellos. No me diste beso, mas ella, desde cuando entré, no ha cesado de besar mis pies. Tampoco ungiste mi cabeza con óleo, pero ella ha ungido mis pies con ungüento. Por eso te digo que sus muchos pecados le son perdonados, porque amo mucho. Mas al que poco se perdona, poco ama. Mujer, tus pecados te son perdonados. Tu fe te ha salvado, ve en paz.*

Comprendiendo que esta mujer era María Magdalena, me le acerqué diciéndole que me permitiera conversar un momento con ella, pues tenía algo de suma importancia qué preguntarle. Al saber que yo pertenecía al grupo del Maestro aceptó que la distrajera un momento y, levantándose del lado del ungido, nos alejamos un tanto. Una vez apartados, le dije con mucho respeto: dime María, necesito que me digas algo que sólo tú conoces.

- ¿Qué quieres de mí? Yo ya no trabajo en eso.

- No, no, disculpa, no necesito esa clase de servicio. Lo que quiero es que me digas si es cierto que tu compraste el santo prepucio del Maestro y qué hiciste con él.

¡Quién dijo miedo!, inmediatamente, se puso furiosa y quienes estaban sentados con el Maestro a la

164

mesa, comenzaron a preguntarse entre ellos quién era yo, y quién el hombre que también perdonaba los pecados. Pero, mientras ellos se asombraban del hecho de cómo Jesús se adjudicaba el poder de perdonar los pecados, yo me fijaba más en la última frase pronunciada por Jesús a la mujer: tu fe te ha salvado, ve en paz.

Durante varios días el Maestro nos mantuvo caminando por todas las ciudades y aldeas, predicando y anunciando el evangelio del reino de Dios. Y, acercándose algunas mujeres que con anterioridad habían sido curadas de malos espíritus y de enfermedades, pude reconocer entre ellas a María Magdalena, de quien el Maestro había sacado siete demonios; a Juana, mujer de Chuza, procurador de Herodes; a Susana y a muchas otras que le servían de sus haciendas. Porque, a decir verdad, el Maestro tenía tantas mujeres que pareciera que hubiera nacido con Venus en Acuario.

- Maestro, ¿acaso llegaste a conocer tu carta astral, alguien te la enseñó mientras estuviste escondido entre los doce y casi los treinta años de edad?

Como casi siempre, el Maestro no me contestó porque no le gustaba hablar de su vida privada y menos aún de aquellos 18 ½ años que había andado perdido del mundo; sino que, en vez de responderme, comenzó a reconvenir a las ciudades en las cuales habían sido hechas muchas de sus maravillas, porque no se habían arrepentido. Y parece que en ese momento le dio como un ataque de ira, porque empezó a maldecir diciendo: *¡Ay, de ti Corazín! ¡Ay de ti, Bethsaida! Porque si en Tiro y en Sidón hubieran visto las maravillas que han sido hechas en vosotras, en otro tiempo se hubieran arrepentido en saco y ceniza. Por eso les advierto que a Tiro y a Sidón será más tolerable el castigo en el día del juicio que a vosotras.*

- Definitivamente este tipo si es hijo de Jehová, pensé para mis adentros. Heredó de él la manía de andar acabando hasta con el nido de la marrana si no le hacen caso. Su papacito acabó con la humanidad mandándoles un diluvio universal de la madona, que tampoco es tan original, porque hasta en los sumerios y los aztecas existe la misma leyenda. Luego le dio por acabar a la gente de Sodoma y Gomorra, sin saber cuántos niños inocentes estaban naciendo en ese momento. Le dañó la construcción a los de la Torre de Babel, que se hubieran jodido menos si se las daña recién poniendo los cimientos y no cuando ya la estaban terminando. Y claro, también acabó con la vida mullida que llevaban Adán y Eva en el Paraíso, porque a Eva se le ocurrió querer ser inteligente, cuando él quería que fueran tan brutos como él o Pedro.

- De pronto el Maestro dio un grito que me sacó de mis elucubraciones, diciendo: *¡Y tú, Capernaum! que eres levantada hasta el cielo, hasta los infiernos serás bajada; porque si en los de Sodoma hubieran sido hechas las maravillas que han sido hechas en ti, hubieran quedado hasta el día de hoy. Por eso les digo que a la tierra de los de Sodoma será más tolerable el castigo en el día del juicio que a ti.*

- Como no Maestrico, siga con el cuento ese de que en Sodoma se hicieron maravillas. ¿Qué tal la bomba nuclear que les mandó su papá? Si su Padre viera lo que sucede hoy en la tierra, tendría que hacer estallar el mundo entero, porque en esta era de Acuario que está comenzando, el mundo entero es la libre Sodoma...

En ese momento lo vi. tan ofuscado y tan fuera de sus santos cabales, que no me quedó más remedio que pedirle a Mateo que me alcanzara una jarra con agua que había por ahí cerca a la sombra de un arbusto, y se la lancé todita a la cara. Quedó tan asombrado con mi impertinencia que no supo cómo reaccionar. Y,

166

sentándose al lado de Felipe se puso a alabar a su Padre el Señor del cielo y de la tierra, y a darle gracias porque había escondido todas estas cosas de los sabios y de los entendidos, y que las hubiera revelado a los niños, porque así le había agradado a su Padre.

- Ah, entonces no es culpa de los sabios ni de los entendidos el hecho de que no las hubieran sabido ni entendido; sino de su papá que las escondió de ellos. ¿Y, entonces, éstos qué culpa tienen? La misma pendejada que le dio con Adán y Eva allá en el Paraíso, que no quería que probaran del árbol del conocimiento, y los expulsó para que no probaran también del árbol de la vida. Como quien dice, salimos con el conocimiento, pero nos tenemos que ganar la inmortalidad. Que tampoco es nada nuevo Hermano y, si no, léase la epopeya de Gilgamesh, que vivió casi dos mil años antes que usted y verá lo parecida que es la vida de su papá y la suya, con la de éste héroe de la antigüedad. Me parece que es necesario ser el tiempo, para ser inmortal...

- *Yo no puedo juzgar a mi Papá, porque esas son cosas que agradan a sus ojos.*

- Pues medio miope su papacito y, además, no respeta ni los derechos de autor.

- *Pero es que todas las cosas me son entregadas por Él. Además, nadie conoció al Hijo sino el Padre; ni al Padre conoció alguno sino el Hijo y aquel a quien el Hijo lo quisiere revelar. Pero, les digo algo muy particularmente dirigido a ustedes trece: bienaventurados los ojos que ven lo que ustedes ven... Porque muchos profetas y reyes desearon ver los que ustedes ven y no lo vieron; y oír lo que oyen y no lo oyeron.*

- Y dale con el cuento del Padre y del Hijo. ¿Y en donde dejamos alguna madre? ¿O es que su merced es tan misógino como su papá? ¿Como raros ustedes dos ¿no?

- *¡Yo Soy el Hijo de Dios!* exclamó solemnemente. *Vengan a mí todos los que estén trabajados y cargados, que yo los haré descansar. Lleven mi yugo sobre ustedes y aprendan de mí que soy manso y humilde, y hallaran descanso para sus almas. Porque mi yugo es fácil y ligera la carga...*

Y ahí si no me quedó más remedio que literalmente revolcarme de la risa. ¿Usted manso y humilde? Le pregunté en medio de la explosiva hilaridad que se adueñó de mí, como cuando como los honguitos de anillo negro. Jajajajaja. ¿Cómo puede usted creer ser manso después de todas las insultadas que le ha dado a la gente? ¿Y cómo puede pensar que es humilde si no ha hecho sino restregarnos en las ñatas que usted es el único Hijo de Dios? ¿Y lo del yugo… cómo no que va a ser fácil y ligera la carga, después de toda la sarta de mandamientos que nos dio? Si eso es fácil, no quiero ni imaginarme cómo será lo difícil.

Y he aquí, que un doctor de la ley se levantó interrumpiéndonos de entre la gente que nos escuchaba y tentándole le dijo al Maestro que qué cosa debía hacer él para tener la vida eterna. Todos nos preparamos para oír la respuesta, que debía ser contundente y fenomenal, mientras yo me acordaba del árbol de la vida que había en el Paraíso, y del que Adán y Eva no habían alcanzado a probar.

- *¿Qué está escrito en la ley? ¿Cómo lees?* Le preguntó Jesús de sopetón.

- Que amarás al Señor tu Dios de todo tu corazón, de toda tu alma, de todas tus fuerzas, de todo tu entendimiento y a tu prójimo como a ti mismo.

- *Pues si lo sabes, haz eso y vivirás.*

168

-       ¡Maestro! Exclamé lleno de júbilo. ¿Eso qué dices es cierto? ¿Estás seguro que si hago eso tendré vida eterna? Es decir, ¿qué me acercaré a Dios amando al prójimo y que me acercaré al prójimo amando a Dios?

-       *Sí, así está escrito*, respondió el Hombre enfáticamente.

-       Perfecto. Entonces si hago esto que nos estás diciendo tendré vida eterna. Pero, de ser así, resulta que, para hacerlo, no necesito pertenecer a tu supuesta iglesia ni a la de ninguna religión; porque nos estás diciendo que quien cumpla con ese mandamiento tendrá vida eterna. Y para cumplirlo no se necesita ser cristiano ni judío, ni musulmán ni ateo, ni rezarle a la virgen ni a ningún santo; tan sólo se necesita ser un verdadero Ser Humano. Además, al nivel de ser del judío, por lo que veo cada vez que nos los encontramos, sólo les interesa la Verdad y para nada el Bien. Yo, al menos prefiero el Bien antes que a la Verdad, porque con la excusa de defenderla a ella sí que se han cometido pecados y, por lo tanto, maldades... Y, si no, cuando puedas pregúntale a los papas que ya se han ido de esta tierra, por qué le causaron o dejaron que se le causara tanto daño al prójimo de cada una de sus épocas. Y, tan sólo te pongo tres ejemplos, para continuar con lo del número tres: el daño que dejaron que se hiciera en las Cruzadas, en la Inquisición y en la segunda guerra mundial...

-       ¿Y quién es mi prójimo? Preguntó el doctor de la ley interrumpiéndome inmisericordemente, pues yo iba ya galopando con esta idea, ya que me faltó poner en la lista los muertos de la conquista de América.

-       *Escucha*, le dijo Jesús: *un hombre descendía de Jerusalén a Jericó, cuando cayó en manos de ladrones que lo despojaron e, hiriéndole, se fueron dejándolo medio muerto. Y aconteció que descendió un sacerdote por aquel camino y viéndole pasó de lado.*

-       Maestro, dije interrumpiéndolo, que conste que quien puso el ejemplo del sacerdote fue usted y no yo; para que después no diga que es que tengo algo contra los sacerdotes. Además, aquí hay una reflexión: si en el camino que tomo para llegar a mí, voy a atropellar a alguien, no debo permitirlo; debo hacerme a un lado, abrir trocha, sufrir; pero que no lo haga él por culpa mía, como este herido de la parábola que nos pones, si es que tengo la culpa, claro. Además, de todos modos no espero llegar a ningún lugar, porque tampoco vengo de ningún lado. Sin embrago, lo que sí no debo olvidar es que debo regresar al siguiente estado…

- *Déjame continuar, Pues luego cruzó un levita llegando cerca de aquel lugar y viéndolo, también pasó de lado.*

- Maestro, ¿los levitas son los que usan sacoleva? Porque de ser así se me parecen a los anteriores. Ah, ya me acuerdo: esos son los descendientes de Leví que estaban encargados de servicio en templo. Y, como Dios los escogió como sus siervos especiales para realizar los deberes religiosos, ofician vestidos con ropas de lino blanco en ocasiones especiales. En este momento sirven como ayudantes de los sacerdotes en sus tareas en el santuario; como cantores y músicos; como porteros, jueces y escribas. Aun cuando también creo han sido obligados a descuidar el servicio del templo y a ganarse la vida realizando trabajos agrícolas.

- *Sí, así es. Pero, un samaritano que transitaba viniendo cerca de él, apenas lo vio fue movido a misericordia. Y, llegando hasta él, vendó sus heridas y echándoles aceite y vino, lo puso sobre su cabalgadura llevándolo a un mesón en donde cuidó de él hasta cuando sanó del todo. Y, por si fuera poco, cuando ya se iba, le dio al dueño del mesón dos denarios para que se lo cuidara en todo lo que gastara y que él, cuando regresara, pagaría los gastos en que hubiera incurrido. ¿Quién, pues, de estos tres te parece que fue el prójimo de aquel que cayó en manos de los ladrones?*

- El que usó con él su misericordia, contestó el hombre.
- *Entonces ve y haz tú lo mismo.*

De repente el Maestro se quedó pensativo y me pregunto: *hola, discípulo número trece, ¿qué día es hoy?*

- Hoy es sábado, tu día preferido, le contesté.
- *Uy, vamos que se nos hace tarde.*

Y como siempre, tuvimos que seguirlo sin saber para donde ni a qué íbamos, pero de todos modos ya sabíamos cómo sería el final del día. Y aconteció que en nuestro caminar pasamos cerca de unos sembrados y, viendo estas espigas doraditas, nos dio hambre como a cualquier mortal que no fuera el Único Hijo de Dios... Y le dijimos que paráramos un rato, que teníamos ganas de coger algunas de las espigas maduras que se veían en los campos cercanos. Nos dio su permiso, pero no sin antes advertirnos que no nos dejáramos ver de nadie.

Pensé que iba a poder achacarle el hecho de que estaba apoyando el robo, pero al momento me di cuenta de por qué nos hacía la advertencia. Los fariseos nos acababan de pillar con la masa entre las manos y se pusieron de soplones ante el Maestro diciéndole: he aquí tus discípulos hacen lo que no es lícito hacer en sábado.

- ¡¿Qué?!￼ exclamé asombrado. ¿Están diciendo ustedes que lo ilícito no es robar, sino hacerlo un sábado? Ah no, ésta si no me la van a creer Roberto cuando le diga que podemos robar todos los días menos los sábados. Pero robar también puede significar que yo me adjudico como de mi cacumen algo que no es mío; es decir, que me gano las indulgencias con una camándula ajena, como Jehová. Como si fuera yo el del poder y no "alguien" que lo hace a través mío. Y, en ese sentido, no

171

quiero adjudicarme más a mí mismo, que en el fondo no sé quién soy, nada de lo que creo haber hecho.

- *¿Acaso no han leído qué hizo David teniendo él hambre y quienes estaban con él? ¿Cómo entró en la casa de Dios, siendo Abiathar el sumo pontífice, y comió los panes de la proposición, que no le era lícito comer ni a los que estaban con él, sino sólo a los sacerdotes? Y no sólo los comió sino que también les repartió a quienes andaban con él. O ¿no han leído en la ley que los sábados en el templo los sacerdotes profanan el sábado y son sin culpa?*

- Ay, Maestro no sea tarado, ¿acaso se le olvida que la ley es sólo para los pobres y no para los de sotana?

- *Pues señores fariseos, les comunico y para que se enteren, que uno mayor que el templo está aquí. Si ustedes supieran qué es: misericordia quiero y no sacrificio, no condenarían a los inocentes. Porque el Hijo del hombre es el Señor del Sábado. El sábado es hecho para el hombre y no el hombre por causa del sábado. Es más, los convido a que entremos a su sinagoga.*

Y haciéndonos señas para que dejáramos allí las espigas arrancadas, nos dijo que los siguiéramos. El sendero que nos llevó hasta el pueblo, era largo, sinuoso y muy empolvado. Unas tres horas después llegamos a un caserío de casas pintadas en colores blancos, marrones y ocres, sin mayor arquitectura porque, además, casi nunca llovía por estos parajes. Inmediatamente entramos en la sinagoga, porque por más pequeño que sea un pueblo, siempre tienes que haber los dos mejores negocios: la iglesia, y el otro imagínenselo ustedes... Entramos y lo primero que vi. fue un hombre que tenía la mano derecha seca; y, al verlo también los fariseos, buscando siempre cómo ponerle la zancadilla al Hombre, le preguntaron si era lícito curar los sábados.

-    *¿Qué hombre entre ustedes, teniendo una oveja que ha caído en una fosa en sábado, no ha de echarle mano para sacarla de ahí?*

Se quedó mirándolos fijamente esperando su respuesta y como nada dijeron, el Maestro les pegó otra cachetada de esas que sabía dar él; añadiendo que cómo no iba a hacer lo que tenía que hacer el sábado, si el hombre valía más que una miserable oveja. Fue en ese momento, cuando, desafiándolos a que se lo prohibiera, le dijo al parroquiano que se levantara en medio de ellos, que estirara su mano seca y tomándola entre las suyas, se la sanó.

-    *¿Es lícito hacer el bien en sábado o hacer el mal? ¿Salvar la vida o quitarla?* Les preguntó enojado a los fariseos.

Pero éstos, callados, furiosos y más que brutos, humillados y ciegos en su corazón, salieron para urdir con los Herodianos cualquier cosa que fuera contra él, con tal de destruirlo o matarlo tarde o temprano. Pero Jesús, no teniendo un pelo de bobo, nos hizo señas para que nos fuéramos de nuevo al mar y, con nosotros, todos los habitantes de Galilea y de Judea que habían presenciado el nuevo milagro. Por el camino aprovechó el tiempo para recomendarles una vez más que no lo fueran a delatar, porque él quería que se cumpliera lo que estaba escrito por el profeta Isaías, uno de sus preferidos, quien dijo: He aquí mi siervo, al cual he escogido; mi Amado, en el cual se agrada mi alma. Pondré mi espíritu sobre él y a los gentiles anunciará juicio. No contenderá ni voceará, ni nadie oirá en las calles su voz. La caña cascada no quebrará y el pábilo que humea no apagará, hasta que saque a victoria el juicio. Y en su nombre esperarán los gentiles.

Y nos seguía lloviendo gente de todas partes: de Jerusalén, de Idumea, de la otra parte del Jordán, de Tiro y de Sidón; todos con el mismo propósito de ver qué era y quién era el que hacía tantas maravillas. Y era tanta la audiencia que, una tarde, después de los milagros y las enseñanzas de siempre, sentados en la barquilla desde donde últimamente nos tocaba trabajar, le pregunté al Maestro: dime, qué crees en definitiva, ¿será que esta gente te sigue por lo que dices o por lo que haces? Porque mira que la mayoría vienen con sus plagas para ser sanados, pero una vez les haces el favorcito, se van. Tanto es así que tú mismo les dices que no digan nada al irse; pero que se van, se van. ¿Cuántos se han quedado después de obtener lo que querían? Piensa en eso, porque ahí me parece que sigues teniendo una enorme falla en la forma de transmitir las enseñanzas; es decir, que a la masa le está importando más el resultado que el contenido. Como a todas las masas ¡siempre!

Es cierto que los que tú llamas espíritus inmundos se postran ante ti cuando te ven, y que vociferan diciendo que eres el Hijo de Dios; pero eso mismo es lo que hace que yo crea que la gente te sigue más por salir de sus problemas que por trabajar sobre su propia evolución. Tú mismo los has reprendido diciendo que por qué te llaman Señor, Señor y, sin embargo, no hacen lo que les dices."No todo aquel que diga Señor, Señor…"

- *Eso lo dices porque estás confundido y no entiendes cual es mi misión. Pero, mejor síganme ustedes trece, salgamos de esta gente y vamos hasta aquel monte que quiero orar y contarles algo sin que nadie nos oiga,* nos dijo el Maestro en voz baja y señalando un bosquecillo no lejano, en donde, efectivamente, pasamos toda la noche orando a Dios y pensando en nuestra histórica situación.

A la siguiente mañana fuimos muy temprano a sentarnos de nuevo junto al mar, pues a Jesús le encantaba observar las olas con la vista perdida en lontananza. Pero el momento de paz no duró mucho pues, como a cada rato, se allegaron a él muchas personas y tantas, que de nuevo tuvo que subirse rápidamente al barco desde donde sentado y a salvo, comenzó a hablarles. Y les contó muchas cosas y tantas que ni me acuerdo. Pero una de ellas sí me quedó bien grabada, pues se parecía mucho a mi vida en Tierradentro.

- *He aquí el que sembraba salió a sembrar,* dijo mirándome de soslayo. *Y sembrando, parte de la simiente cayó junto al camino en donde vinieron las aves y se la comieron. Y otra parte cayó en pedregales donde no tenía mucha tierra y nació luego, pero como no tenía profundidad de tierra, saliendo el sol, se quemó y se secó porque no tenía raíz. Y otra parte cayó en espinas en donde éstas crecieron y ahogaron a las semillas. Y la última parte cayó en buena tierra en donde dio fruto, cual ciento, cual a sesenta y cual a treinta.*

- ¿Pero qué significa esa parábola? Preguntaron varias personas que no habían entendido ni un rábano de lo dicho. Háblanos más claro.

- *¡Quien tiene oídos para oír que oiga!*

Y al oír su respuesta favorita, se fueron de nuestro lado mal humorados. Cuando estuvimos solos me levanté y dije: Oye, Jesús, ¡Por Dios! te repito que esa no es la mejor forma de ganarse adeptos. ¿Si no vas a explicar lo que estás diciendo, sino sólo en parábolas, cómo quieres que te sigan por lo que sabes y no por lo que haces? Pésima táctica, Hombre, pésima táctica. Ya verás cómo los Papas, Monseñores, Cardenales y uno que otro cura bruto, va a explicar lo que dijiste según a ellos les de su inteligencia…

175

- *Es que solamente a ustedes les es concedido saber los misterios del reino de los cielos, contestó; pero jamás a ellos.*

- Entonces ¿para qué se lo dices?. Ahí sí que no entiendo lo que estás haciendo. ¿Quieres que te maten?

- *A cualquiera que tiene se le dará y tendrá más, agregó. Pero al que no tiene, aún lo que tiene le será quitado.*

- Pero, Hombre, estás actuando con la más grande de las injusticias. ¿Acaso no ves que éste es un pueblo miserable? Pregunta cuántos saben leer o escribir, Te aseguro que no entienden nada de lo que estás diciendo y menos aún si les hablas en parábolas. Y eso es lo que van a heredar.

- *Por eso les hablo en parábolas, recalcó; porque viendo no ven y oyendo no oyen ni entienden.*

- Pero más bruto es usted. Porque si me está recalcando que no entienden nada, pues en parábolas sí que menos. ¿Qué le cuesta ser más explícito al transmitir su mensaje?

- *No puedo hacerlo porque está escrito por el profeta Isaías quien dijo: de oído oiréis y no entenderéis; y viendo no veréis y no miraréis.*

- Oiga, hermano ¿y es que no nos podemos alejar un poquito del libreto y hacer algo por estos necesitados de comprensión? ¿Acaso no es usted el amor en persona?

- *Pero es que el corazón de este pueblo está engrosado, de los oídos oyen pesadamente y de sus ojos guiñan; para que no vean de los ojos y oigan de los oidos; y del corazón entiendan y se conviertan y yo los sane.*

- Pues en sus manos está el que tras de que son bien ignorantes, usted los mantenga peor; o que les dé una explicación convincente acerca de su mensaje. Porque si no, otros se van a adueñar de sus palabras y se las van a explicar a su amaño, a como a ellos les convenga. Deje y verá que eso va a suceder con sus palabras, cuando otros les den el significado que ellos quieren, para así poder manejar al pueblo como siempre ha sido manejado: con la ignorancia y el miedo. Porque pueblo es pueblo, aquí, en Egipto, en donde sea; ayer, hoy y mañana. Porque si no hay pueblo de qué y de quién van a vivir los políticos y los sacerdotes? ¿A quién le van a vender la idea de que vienen a salvarlos?

Te nombro responsable de lo que va a suceder con las creencias de la gente en los próximos milenios. ¿Alguna vez te has preguntado qué sería de tus creencias si Dios no existiera? ¿Qué sucedería contigo si nada de lo que piensas fuera cierto y que, al morir, todo desapareciera? Es más, ¿alguna vez has pensado qué sería de tus creencias si Dios en verdad existiera?

Y te lo pregunto, porque la primera forma que todos tenemos para acercarnos a los requerimientos del alma, es a través de algún tipo de creencia que luego debemos abandonar; pues en aquel momento el héroe-humano que debemos ser, Sabe que Sabe y, estando por encima del bien-Cristo y del mal-Satanás, ya no necesitamos aferrarnos de ninguna creencia. Por ejemplo, yo puedo creer con tu parábola del sembrador, que la semilla puede ser el hombre sembrado en la tierra o unas ideas sembradas en el hombre como tierra que es. Pero lo que sí me parece es que el sembrador es pésimo ¿¡Cómo se le ocurre tirar la semilla en donde no es?! ¡Quién contrató a semejante cretino? Y con lo preciada y escasa que es una semilla de este tipo. Las semillas que cayeron a la vera del camino, me parece que representan a quienes entendieron nada porque son como piedras vivientes, como Pedro; las que fueron arrojadas en el peñascal son aquellas ideas que cayeron en la mente literal y se entienden falsamente; las de cardos y espinos son aquellas enseñanzas que me llegaron al alma, es decir, que me

177

emocionaron porque me dolieron al sentirlas; y las últimas semillas son aquellas ideas que acepto, aplico y las sigo como una enseñanza desde el bien. Ya comprendo por qué dijiste que más bienaventurado que tu madre, es quien aplica la enseñanza.

-        *No me rechaces*, objetó el Hombre alzando la voz para que todos sus apóstoles pudiéramos oírlo. *Al menos, bienaventurados son tus ojos porque ves y tus oídos porque oyen. Porque de cierto les digo que muchos profetas y justos desearon ver lo que ustedes ven y no lo vieron; y oír lo que están oyendo y no lo oyeron. Pero bueno, por ser a ustedes y ya que estamos solos, les voy a explicar esta parábola del sembrador. El que siembra es quien siembra la palabra; y la primera parte de la semilla, la que cayó al lado del camino, es como si oyendo cualquiera la palabra del reino y no entendiéndola, viene el malo de Satanás y arrebata lo que fue sembrado en su corazón.*

-        Ah, o sea que no estoy tan equivocado en mis conclusiones.

-        *Y la que fue sembrada entre piedras, es como el que oye la palabra, la recibe con gozo pero, al no tener raíz en sí, es temporal y tanto, que venida la aflicción o la persecución por la palabra, luego se ofende. Y el que fue sembrado en espinas, éste es el que oye la palabra, pero el afán de este siglo y el engaño de las riquezas y la codicia, ahogan la palabra haciéndola infructuosa.*

-        Como le sucedió a tu iglesia la del Vaticano.

-        *Y el que fue sembrado en buena tierra, es como el que oye y entiende la palabra, y es quien lleva fruto uno a ciento, otro a sesenta y otro a treinta.*

¿Acaso ustedes prenden una antorcha para ser puesta debajo de la cama? ¿No es para ser puesta en el

candelero? Y para que vean que a ustedes sí tengo por qué explicarles las parábolas, ahí les va otra continuando con el ejemplo del sembrador, pero en buena tierra, pongan atención: el reino de los cielos es semejante a un hombre que siembra buena simiente en su campo.

- Déjame adivinar: el campo es la humanidad.

- *Cállate no me interrumpas la idea. Porque cuando el dueño se ha ido a dormir ...*

- O sea que dormido es dejar de comprender, dije para tentarle su impaciencia. Pues, tan dormidos estaremos, que aquella oveja es y sólo es una oveja; mientras que el hombre sueña que ya es ser humano, cuando apenas es hombre.

- *Viene su enemigo y siembra cizaña entre el trigo, yéndose antes de que lo descubran,* continuó diciendo con tonito alterado. *Y como la semilla salió después e hizo fruto, también apareció la cizaña. Y llegando los siervos del padre de familia le dijeron: Señor ¿no sembraste buena simiente en tu campo? ¿De dónde pues salió tanta cizaña?*

- *Un hombre enemigo ha hecho esto, les contestó el patrón.*

- *¿Quieres que vayamos a prenderlo?*

- *No, porque es como si cogiendo la cizaña, no vayan a arrancar también el trigo. Dejen crecer juntamente lo uno con lo otro hasta la siega; y al tiempo de ésta yo diré a los segadores que cojan primero la cizaña y la aten en manojos para quemarla y recojan el trigo en mi alfolí.*

- Pero Maestro, la injusticia cometida con la cizaña y los cabritos es de gran magnitud, porque ambos debían estar presentes el día de la Creación hecha por su papá; es decir, también fueron creados por el mismo que supuestamente creó el trigo y las ovejas. Y de no ser así, ¿quién, entonces, dio la orden de actuar a cada uno, según su propio instinto, que no fuera el Creador de Todo?

- *No me pongas a pensar en estupideces; pues si con esta parábola no comprendiste lo que es el reino de los cielos, les cuento que también es semejante al grano de mostaza que, tomándolo alguien la sembró en su campo. Siendo ésta, la más pequeña de las semillas, sin embargo, es la más grande de todas las hortalizas y luego se hace árbol y tan grande, que viniendo las aves del cielo, hacen nidos en sus ramas.*

- Pues Maestro, me parece que las aves son las ideas que revolotean por ahí, y lo del trigo y la cizaña es como mezclar en el campo que es uno mismo, las buenas ideas con las malas. Me va a tocar hacer más presencia en mí mismo para que nadie siembre errores en mi campo; como los han querido sembrar quienes en tu nombre van a decir que tienen la verdad. ¡Desde ahora juro no pertenecer a ninguna iglesia!

¡Qué responsabilidad la mía! Ahora comprendo que, como material terrenal, soy un experimento hecho entre el sol y la tierra; que debo ser una excelente tierra para cuando llegue el día en el cual alguien venga a sembrar en ella una Verdad y un secreto: con este conocimiento debo auto evolucionar ya no como material terrenal, sino celestial. Primero fui sembrado en este planeta y luego algo fue sembrado o será sembrado en mí. Entonces ¿el sol me ha sembrado y la tierra habrá de cosecharme?

- *Cállate un momento*, exclamó el Maestro; *porque me falta decirles que el reino de los cielos también es semejante a un hombre rey que quiso hacer cuentas con sus siervos y, comenzando a hacerlas, le fue presentado uno que le debía diez mil talentos. Que como no pudo pagarle lo mandó vender, incluyendo a su mujer y a sus hijos, y que con todo lo que tenía le pagara la deuda. Entonces, aquel siervo, lo adoraba de rodillas pidiéndole que tuviera paciencia con él, que le iba a pagar todo. El señor, movido de misericordia lo soltó perdonándole la deuda. Pero el siervo, apenas salió, se encontró con uno de sus consiervos quien le debía cien denarios y, agarrándolo por el pescuezo, lo ahoga a más no poder mientras le gritaba que le pagara lo que le debía.*

Su consiervo, postrándose como el siervo lo había hecho hacía poco ante el amo, le rogaba que tuviera paciencia con él, que le pagaría todo. Más éste no quiso, sino que lo hizo meter en la cárcel hasta cuando pagara lo que le debía. Y viendo los demás consiervos la injusticia cometida, se entristecieron sobremanera y le acusaron ante su amo contándole todo con pelos y señales. El señor, inmediatamente lo llamó y le pegó una insultada en donde lo que menos le dijo fue malvado, recalcándole la enorme deuda que le acababa de perdonar.

-    *¿No te convendría también a ti haber tenido misericordia, como la que tuve contigo?*

-    *Después del regaño lo entregó a los verdugos hasta cuando pagase todo lo que debía.*

-    *Así también hará mi Padre celestial con ustedes,* concluyó diciendo el Maestro mientras nos miraba fijamente; *si no perdonan a sus hermanos desde sus corazones y a cada uno en sus ofensas. Y como los veo tan perdidos, he aquí una más de las parábolas acerca de cómo comprender al reino de los cielos: él también es semejante a la levadura que tomó una mujer y*

181

la escondió en tres medidas de harina, hasta cuando todo quedo leudo.

- Pero, Maestro, sigo sin entender nada y me imagino que la gente que nos escuche con estas palabras tuyas, va a quedar igual. Con "tomar" ¿te refieres a adueñarse de lo escuchado como beneficio para el crecimiento interno? Y ¿para qué va a esconder la levadura? O ¿es que es distinta a la levadura de los fariseos y ella la va a trabajar en secreto, para no ser vista como les gusta a ellos actuar? Y lo del número tres, que aparece aquí de nuevo ¿es que ella, emocionalmente, cumplió con su labor a totalidad? Me parece que el hombre está más relacionado con la verdad y, según esta parábola, la mujer lo está más con el Bien.

- *Siempre abriré en parábolas mi boca, como dijo el profeta*, me contestó solemnemente el Maestro. *Rebosaré cosas escondidas desde la fundación del mundo. Pero escuchen en silencio, aprovechemos que seguimos solos, entremos en aquella casa para estar más apartados.*

Y levantándonos los trece, lo seguimos hasta un rancho cercano en donde entrando, nos hizo sentar el círculo. Una vez acomodados le pedimos el favor de que nos explicara la parábola de la cizaña, porque ninguno la había entendido.

- *Quien siembra la buena semilla es el Hijo del hombre*, comenzó explicando. *El campo es el mundo y la buena simiente son los hijos del reino; la cizaña, obviamente, son los hijos del maligno; y el enemigo que la sembró es el Diablo. La siega es el fin del mundo y los segadores son los ángeles. De manera que como es cogida la cizaña y quemada al fuego, así será en el fin de este siglo. Enviará el Hijo del hombre sus ángeles y cogerán de su reino todos los escándalos y a los que hacen iniquidad. Y los echarán en el horno de fuego y*

182

allí será el lloro y el crujir de dientes. Entonces los justos resplandecerán como el sol en el reino de su Padre. Y de nuevo les digo que si tienen oídos entiendan.

- Pues yo sólo entiendo un par de cosas cosa: primero, que me acabo de enterar que "el fin del mundo" es como terminar una etapa o un ciclo de experiencias; y, segundo, que los ángeles, según tú dices y ahora que acabamos de pasar por Sichar los relaciono con el lugar, son ni más ni menos que los sicarios de Dios.

- *¿Cómo así? ¡Insolente!* Exclamó el Hombre espantado de lo que acababa de oír. *¿Por qué llamas así a los ángeles de mi Padre?*

- No me vengas con el cuento que desconoces quienes son los sicarios. ¿Es cierto que no sabes quienes son los hombres de las dagas? Los llamaban así por una pequeña daga o puñal que llevan oculta entre las ropas y que, mientras se mezclan con la multitud, con ella apuñalan a las personas marcadas por su organización. No creo que seas tan ignorante como para desconocer su historia; puesto que esta es una organización bien extremista que se inventó tu pueblo judío. Porque naciste judío ¿cierto? Y ha sido creada para sacudirse del yugo que ejercen los romanos sobre ustedes, matando cuanto soldado pueden asesinar. Tan criminales son que, inclusive, atacan a los mismos judíos que se les oponen; para eso son asesinos a sueldo

Pues mira, allá en la realidad que yo vivo, cuando alguien quiere matar a otra persona, o hacerle el mal porque no se atreve a hacerlo por sí mismo, contrata unos bandidos a los que llaman sicarios, para que hagan lo que ellos no se atreven a hacer. Exactamente igualito a como tu papa le está ordenando a los ángeles que echen a no sé donde a quienes no se comportaron como él les dijo. ¿O es que entendí mal? ¿En última instancia eso son los ángeles? Y, si no sabes lo que fue la Inquisición o la Gestapo, entonces cuéntame otra historia, o léete bien el

183

Apocalipsis, para que sepas cual es el oficio de tus famosos ángeles.

- *Mente depravada la tuya. Mejor piensa que el reino de los cielos es semejante al tesoro escondido en el campo, continuó diciendo luego de insultarme. El cual hallado, quien lo encontró encubre el hallazgo y de gozo vende todo lo que tiene y compra el campo en donde halló el tesoro. Y si no comprenden esta parábola, les cuento otra más: el reino también es semejante al hombre tratante que busca buenas perlas; que hallando una preciosa, vende todo lo que tiene y la compra. O, sino, el reino es semejante a la red que, echada en el mar, coge toda suerte de peces. La cual, estando llena, la sacaron a la orilla y, sentados, cogieron lo bueno en vasos y lo malo echaron a afuera. Así será el fin del siglo y saldrán los ángeles -y cuidadito con insultarlos de nuevo- y apartarán a los malos de entre los justos. Y los echarán al horno del fuego y ya saben lo que allí ha de ocurrir, porque ya se los he dicho.*

- Uy, Señor, ahí sí me dejó pensando con que vender tiene que ser lo mismo que salir de algo que ya uno no valora o que le hace daño. Yo sí que tengo que dejar atrás tanta ansiedad ridícula, la melancolía malsana, la dañina depresión, tanta idea equivocada que sembraron en mí desde pequeño, porque nadie me dijo que la maestra y el cura eran peor de ignorantes que yo.

- *¿Ves? Te pregunto: ¿puede el ciego guiar a otro ciego? ¿No caerán ambos en el hoyo? Recuerden que el discípulo no es sobre su maestro; mas cualquiera que fuere como el maestro, será perfecto. ¿Ahora sí me hice entender en todas estas cosas por medio de estas siete parábolas?*

- Sí, Señor, respondimos en coro algunos bostezando y otros más por miedo que por comprensión. Porque estoy seguro que a estas alturas, los apóstoles amaban al Maestro pero también le tenían un respeto mezclado con un miedo tenaz. Maestro, pero ¿no te parece que todo es perfecto, que no hay nada que perfeccionar; que tan sólo hay que llegar, de nuevo, al estado de perfección dentro del cual, de todos modos, ya estamos y somos uno?

Pero yo creo que el Maestro no quedó contento con nuestra respuesta acerca de si habíamos entendido las parábolas, ni con mi pregunta; porque en seguida dijo: *por eso todo escriba docto en el reino de los cielos, es semejante a un padre de familia que saca de su tesoro cosas nuevas y viejas.*

Y así, con muchas de tales nuevas ideas que los apóstoles, cual los padres de familia de la parábola, iban mezclando con las viejas y con las parábolas que nos recitaba, el Hombre hablaba de palabra en todas partes; pero, eso sí, lo recalco, sólo nos las explicaba a nosotros trece en privado, en lo que llamaríamos nuestro "petit comité", conforme a lo que podíamos oír.

Y aconteció que yendo, entramos en una aldea en donde una mujer llamada Marta nos recibió en su casa. Marta tenía una hermana llamada María que, apenas el Maestro entró y se puso a hablar, se sentó a sus pies escuchándolo muy atentamente. Marta se enojó tanto con ella, que le preguntó al Maestro si estaba bien que su hermana se pusiera a escucharlo habiendo tanto trabajo que necesitaba de su ayuda. Me imagino que por su postura, Marta debía ser Virgo.

-   *Marta, Marta, cuidadosa estás y estás turbada con muchas cosas. Pero una cosa es necesaria; por eso María escogió la buena parte, parte que no le será quitada.*

Después tuvimos que irnos a su tierra natal para continuar enseñando en las sinagogas de tal manera que todos seguían quedando atónitos y hasta se preguntaban que de dónde tenía Jesús tanta sabiduría y obraba tantas maravillas.

- ¿Acaso no es este el hijo del carpintero? Se preguntó uno de los asistentes quien, a pesar de no verlo hacía mucho tiempo, alcanzó a reconocerlo.
- ¿Y no se llama María su madre y sus hermanos son Jacobo, José, Simón y Judas? Se preguntó uno más.
- ¿Y no están todos sus hermanos con nosotros?, agregó el que estaba a su lado. ¿De dónde pues, tiene éste todas estas cosas?

Y así, la mayoría de quienes lo estaban escuchando se hacían toda clase de preguntas, típicas de los chismes de pueblo cuando llega alguien nuevo a mezclarse con lo viejo que quiere demeritar lo que no es conocido. Porque en todas partes, cuando el pueblo es pequeño el infierno es enorme, sin importar la época ni el lugar. Sus habitantes, escandalizados, no podían dar crédito a que alguien tan miserable como un hijo de cualquier carpintero de pueblo y una mujer analfabeta, pudiera resultar sabiendo tanto.

- *No hay profeta sin honra sino en su tierra y en su casa*, respondió el Maestro con un dejo de tristeza en la mirada y en el tono de su voz. *Sin duda me diréis: médico, cúrate a ti mismo; de tantas cosas que hemos oído haber sido hechas en Capernaum, haz también aquí en tu tierra. Pues les anuncio que muchas viudas había en Israel en los días de Elías, cuando el cielo fue cerrado por tres años y seis meses, que hubo una gran hambruna en toda la tierra. Pero a ninguna de ellas fue enviado Elías, sino a Sarepta de Sidón donde una mujer viuda. Y muchos leprosos había en Israel en tiempo del profeta Eliseo; mas ninguno de ellos fue limpio sino Naamán el Siro.*

Entonces todos en la sinagoga se pusieron furiosos oyendo lo que el Hombre les decía; y levantándose le echaron fuera de la ciudad, atreviéndose a llevar al Maestro hasta la cumbre del monte sobre el cual estaba edificada la ciudad, con el fin de despeñarlo. Pero él, misteriosamente, pasó por entre ellos como si nada y se les escabulló. Y fue tan duro el golpe que le causó lo que la gente decía acerca de él, que por vez primera lo vi más humano y menos celestial. Y no les miento, porque apenas imponiendo las manos sobre unos cuantos enfermos y dando media vuelta, nos fuimos de allí sin hacer muchas ni tantas maravillas a las que estábamos acostumbrados a hacer, a causa de la incredulidad de su propia gente. Definitivamente, nadie es profeta en su tierra…

CAPÍTULO CINCO

FUNDANDO LA IGLESIA

En aquel tiempo, Herodes el tetrarca, habiendo oído de la creciente fama de Jesús pensó, y así se lo dijo a sus criados, que seguramente era Juan el Bautista a quien él había mandado degollar meses atrás. Estaba segurísimo de que Juan había resucitado de entre los muertos y que por eso sus virtudes obraban en él. Pero algunos pensaban que Herodes estaba equivocado, que no era Juan, sino Elías quien había resucitado o alguno de los profetas del pasado.

Hay que hacer un tanto de memoria y recordar que Herodes había prendido a Juan y lo había metido a la cárcel por causa de Herodías, su mujer, pero también esposa de su hermano Felipe. Motivo por el cual Juan le decía a Herodes que no le era lícito acostarse con ella

187

porque no era su legítima mujer. Mucho temor le costó a Herodes encerrar a Juan por atrevido, porque lo oía de buena gana, porque lo tenía como hombre justo y santo, y porque temía que el pueblo se levantara contra él para defender a su profeta más querido. Pero, celebrándose el cumpleaños de Herodes, e invitados príncipes, tribunos y los principales de Galilea, la hija de Herodías danzó en medio de todos ellos; y tanto agradó a Herodes que, como le produjo una impresionante subida de la libido, en medio de todos ellos le juró a la hermosa doncella darle lo que le pidiera, aún la mitad de su reino. Pero claro, la hija, instruida por la vengativa madre, sabía lo que tenía que pedir y le dijo: sírveme en una bandeja la cabeza de Juan al Bautista.

Cuál no sería la tristeza del rey pero, por el juramento dado, y por los testigos, mandó que lo degollasen en su celda y le trajeran la cabeza tal y como se la había pedido.   Cumplido el deseo y mostrada la cabeza de Juan, cual trofeo ante todos los invitados, sus discípulos sacaron el cadáver y nos vinieron a contar la noticia de su muerte. Juan había perdido la cabeza como debía ser, para que terminara la era de Aries y comenzara la de Piscis.

Juan debía saber que así era como debería morir, porque nunca se opuso a ella. Y, pensando en eso, comprendí que sólo cuando yo también viera a la muerte de frente; es decir, cuando ella saliera a buscarme y la viera venir; cuando comprendiera, como Juan lo había hecho, que voy a morir y pudiera saber si esa es mi suerte de muerte o no, sabría si la puedo vencer o si ella se adueñará de mí. Si es mi muerte no me voy a defender, pues solo una puede ser mi propia muerte; pero, si no lo es, me he de defender, pues jamás debo olvidar que hay un infinito número de maneras para morir por lo que no es; y tan sólo una manera para vencerla: aprender a morir

188

como debe ser y por lo que debe ser. Y eso es vencer la muerte.

Al saber de su deceso, Jesús se apartó de la gente, subió de nuevo en una de las barcas que había amarrada en el muelle y nos fuimos a Bethsaida, un desierto apartado en donde pudimos descansar un poco y pasar el amargo trago de la muerte de Juan el Bautista. De verdad que necesitábamos un rato de descanso y de soledad, porque eran muchos los que iban y venían, tantos que no había lugar de detenerse ni a comer algo.

Pero no fue mucha la gloria del descanso, porque al poco tiempo, como muchos nos habían visto venir para donde estábamos, concurrieron allá de las ciudades cercanas y llegando se juntaron alrededor nuestro. Como siempre, el Maestro tuvo compasión de ellos y, comparándolas con ovejas sin pastor, comenzó a enseñarles muchas cosas y a sanar sus males físicos. Y no nos pudimos acercar a él, sino cuando fue la tarde del día y la gente se había ido. Y allí me puse a pensar que el tiempo no transcurre, que el tiempo simplemente es; que quien transcurre y pasa soy yo, quien aún no soy... Que el tiempo nos había sido dado para hacer; y que habíamos hecho de todo menos eso... Hacer.

Ocurrido todo esto, cerca de la Pascua de los Judíos nos fuimos a la otra parte del mar del Galilea, que es Tiberias, siguiéndonos gran cantidad de gente interesada en nosotros por las señales que veían que el Hombre hacía en los enfermos.

- El lugar es desierto, le dije; y el tiempo ha pasado, es mejor que despidas a los que aún quedan, para que se vayan por las aldeas y compren algo de pan para comer o, al menos, para que duerman allá. Creo que con doscientos denarios les bastaría para hacer las compras.

189

\-   *No veo porqué se tienen que ir,* respondió secamente el Maestro. *Felipe, ¿de dónde compraremos pan para que coman éstos? Denles ustedes de comer.*

\-   Pero, un muchacho está aquí sentado y él tiene cinco panes de cebada y dos pececillos, dijo Andrés en medio de la gente. ¿Qué es esto entre tantos?

\-   *Tráemelos acá,* agregó el señor, *pues con la pregunta los estoy probando a ustedes; yo sé lo que voy a hacer. Díganle a la gente que se recueste cómodamente sobre la hierba en grupos de cincuenta en cincuenta y de cien en cien.*

\-   Pero, Señor, no tenemos sino doscientos denarios de pan que no bastarán para que cada quien tome un poco, respondió Felipe.

Obviamente obedecimos   rápidamente para no ganarnos otro regaño de los que a veces nos daba; una vez los tomó entre sus manos, alzó los ojos al cielo bendiciendo y partiendo los panes y los peces, y nos los dio para que se los repartiéramos a la gente; pero en vez de ser dos y siete, ahora eran cientos de cientos. ¿Cómo lo había hecho? No sé pero nos hartamos de comer y tanto, que sobraron doce cestas llenas de pedazos; y eso que éramos como cinco mil, sin contar mujeres y niños. Que, entre otras cosas, no sé por qué no los contamos.

\-   *Muchachos,* nos dijo Jesús; *ya que recogieron las sobras, adelántense en el barco mientras yo despido a la gente que ahora va a creer más en mí por las señales que estoy haciendo.*

Pero nos quedamos esperándolo, pues como lo querían nombrar rey, él quería era estar solo, aún sin nuestra compañía, para orar un rato en un monte cercano. Y, como fue la tarde del día, se quedó allí completamente solo.

Y, de pronto, sucedió algo inimaginable: cuando ya el barco que nos llevaba a Capernaum iba como a veinticinco o treinta estadios en medio del mar, por cierto otra vez atormentado por unas olas enormes y con un viento contrario, a la cuarta vigilia de la noche vimos cómo Jesús se nos vino acercando pero no en otro barco, sino caminando sobre las aguas embravecidas. Así como lo leen, Jesús estaba caminando sobre el agua. Obviamente, apenas lo vimos nos turbamos pensando que era un fantasma; algunos de nosotros alcanzamos a gritar del susto tan grande que nos llevamos.

- *Confíen, soy yo, no tengan miedo. Nos dijo apenas vio en el estado de pavor en que estábamos.*

- Señor, dijo Pedro, si eres tú, manda que yo vaya hasta ti caminando también sobre las aguas.

- *Pues ven*, le respondió Jesús tranquilamente.

Entonces Pedro, un tanto temeroso, descendió del barco y comenzó a acercarse hasta donde estaba el Maestro; pero, viendo que el viento tan fuerte lo estaba haciendo hundir en el agua, no le quedó más remedio que gritar pidiéndole auxilio. Obviamente, el Maestro estiró la mano mientras le decía que se había hundido no por culpa del viento, si no por ser un hombre de poca fe y que esa falta de fe era quien, haciéndolo dudar, lo estaba matando.

Luego, entrando ambos a la barca y mientras el viento se calmaba, todos le decían que verdaderamente él si debía ser el Hijo de Dios. Yo me hice a un lado, pensando en que, definitivamente, la gente necesitaba ver para creer. Cuánto tiempo habíamos andado con él y aún dudaban de lo que les decía, pero por culpa de él mismo, que los estaba enseñando a través del fenómeno en sí mismo. En medio de mis elucubraciones y pensando más en mí y en que definitivamente Roberto se estaba perdiendo una aventura maravillosa, nos cogió la madrugada cerca de Genezaret.

La gente que estaba de la otra parte del mar, como vieron que no había allí otra navecilla sino una, y que Jesús no había entrado con sus discípulos en ella, sino que ellos se habían ido solos, y que otras barcas habían llegado de Tiberias junto al lugar en donde habíamos comido el pan después del Señor haber dado gracias; como vio, entonces, la gente que Jesús no estaba allí ni nosotros tampoco, entraron en las naves viniendo a Capernaum buscándolo. Cuando lo reconocieron le preguntaron cuando había llegado.

- *De cierto, de cierto les digo, que ustedes me buscan, no porque han visto las señales, sino porque comieron el pan hasta hartarse. Trabajen no por la comida que perece, sino por la que permanece en la vida eterna; la cual les da el Hijo del hombre; porque a éste señaló el Padre que es Dios.*

- Entonces, ¿qué haremos para que obremos las obras de Dios? Además, yo tengo que aprender a separar mi vida de la Vida.

- *Esta es la obra de Dios: que crean en el que él ha enviado.*

- Y ¿qué señal haces tú, para que veamos y te creamos? ¿Qué obras? Nuestros padres comieron el maná en el desierto, tal cual está escrito: Pan del cielo les dio de comer.

- *De cierto les digo, que Moisés no les dio pan del cielo; pero mi Padre les dará del verdadero pan del cielo. Porque el Pan de Dios es aquel que descendió del cielo y da vida al mundo.*

- Pues danos siempre de esa clase de pan, exclamé. O ¿tendremos que seguir comiendo lo que cocinamos ayer, y cocinar hoy lo que nos vamos a comer mañana?.

- *Yo soy el pan de vida; quien viene a mí nunca tendrá hambre; y quien cree en mí jamás tendrá sed. Pero también les he dicho que aun cuando me ven no creen. Todo lo que el Padre me da vendrá de mí; y quien a mí viene no le echo afuera, porque he descendido del cielo no para hacer mi voluntad, sino la voluntad del que me envió. Y esta es su voluntad: que todo lo que me diera no lo pierda, sino que lo resucite el día postrero.*

Ahí sí no se aguantaron más los judíos y comenzaron a murmuran de él, porque había dicho que era el pan que había descendido del cielo. ¿Acaso no es este Jesús el hijo de José, cuyo padre y madre conocemos? ¿Cómo puede decir que ha descendido del cielo?

- *No murmuren entre ustedes, les contestó él. Ninguno puede venir a mí si el Padre que me envió no lo trae; y lo resucitaré en el día postrero.*
- Otra de sus contradicciones, querido Maestro, le dije feliz. Porque de ser cierto esto que está usted diciendo, entonces nuestra evolución espiritual no depende de nosotros, sino de la gana que se le dé a su papacito. Porque usted mismo dice que nadie llega hasta usted, si no lo trae el Padre. ¿Y como hace su papá para escoger a quien acercarlo hasta usted?
- *Escrito está en los profetas, que: todos serán enseñados de Dios;* me contestó. *Así que, todo aquel que oyó del Padre y aprendió, viene a mí.*
- No me convencen sus palabras mi querido maestro; porque usted dijo muy clarito que llegaba a los pies de su merced, sólo quien el padre decidiera que llegara. De modo que explíquemelo mejor.
- *No que alguno haya visto al Padre,* me dijo, *sino aquel que vino de Dios, éste ha visto al Padre.*

- Ah, ¡qué sencillo! Entonces sólo usted, porque según su realeza sólo usted ha visto y es enviado del Padre. Siga así y verá que le va a ir muy mal en medio de estos judíos tan ortodoxos. Además, me parece que ya que hemos estado tanto tiempo entre ellos, es hora de que le diga lo que opino sobre su pueblo; porque usted es Judío mi querido Maestro; o, al menos, lo es a nivel literal. Pero oiga usted mi reflexión acerca de lo que significa el ser Judío en este drama: en primer lugar, son todo lo contrario a lo que usted representa, es decir, son todo lo ritualista, lleno de dogmas y tradiciones caducas que nunca sacaron del nivel literal y, por lo tanto son el nivel piedra de la comprensión. Mejor dicho, los judíos son ahora como quienes toman todo al nivel de "pero si es que así está escrito". Y, desde ese punto de vista, hay y habrá mucho cristiano en el futuro que es como el judío de hoy... Por eso es que son tan aficionados a apedrear, porque se van encima de los demás sólo desde su nivel literal de entendimiento. Cuánto Papa judío que hemos tenido y los que vamos a tener desde la época de este relato tuyo, Maestro.

- *Sólo te digo que quien crea en mí, tiene vida eterna. Yo soy el pan de vida. Los padres de estos judíos comieron maná del desierto y sin embargo están todos muertos. Este es el pan que desciende del cielo, para que quien comiere de él no muera. Yo soy el pan vivo que he descendido del cielo y si alguno come de él, vivirá para siempre; el pan que yo doy es mi carne, la cual daré por la vida del mundo.*

- Ya me tiene aburrido con su panadería y ahora le metió canibalismo al asunto. Yo no pienso comerme ni una sola tajada de su carne. Además, no es la primera vez que nos dicen que la humanidad debe comerse la carne del Hijo de Dios. Lo mismo le ocurrió a Baco, el Hijo de Zeus, cuando se lo comieron los Titanes. Y, por si no lo sabe, le voy a contar la historia bien despacito y con lujo de detalles.

194

Baco o Dionisio fue hijo de Júpiter (Zeus) y la diosa madre Sémele. Su nombre significa "el Dios de la Vida", "el Dos Veces Nacido", "el Gran Libertador", "el Hijo de la Puerta Doble", "el Iniciado" y "el Señor del Árbol". Cierto día, los Titanes lo apresaron, lo despresaron y lo cocinaron. Fíjese bien: se están comiendo al Hijo de Dios. Zeus engulle el corazón aún palpitante de su hijo, como el sagrado corazón de Jesús o Zeus, despedazado por los Titanes; y con ese acto regenera a su hijo quien renace, entonces, por la voluntad del espíritu-Zeus. Zeus se vengó de la destrucción de su hijo aniquilando con uno de sus rayos a los Titanes; fue de las cenizas de estos gigantes de donde nació la raza humana terrestre que, como ya habían comido algo del divino Baco, nacería la humanidad con una esencia o chispa divina.

Es de allí de donde también nace la idea de la materia-cuerpo-terrestre-Titán como algo malo; y el espíritu-esencia-Baco como algo bueno. Sin ir muy lejos, me parece ver en estos Titanes comiendo la carne del Hijo de Dios, a los católicos comiendo su carne de Cristo, uno más de los Hijos de Dios. Lo tuyo es una copia barata de un hecho anterior a lo que dices que vas a hacer. Ambos, Tu y Baco, nacen del Dios Padre de la época y de vírgenes; y ambos mueren y resucitan. ¿Qué estás enseñando como novedad, que otro no haya enseñado ya? Cuatro siglos antes de que nacieras, en el llamado calendario de Bitinia, existía un mes consagrado a Dionisos o Baco que, compuesto de 31 días, se iniciaba, precisamente, el 24 de diciembre. Éste sería el mismo ciclo que luego copiará tu iglesia católica apropiándoselo como de su autoría, para celebrar tu Navidad y la Resurrección.

Estas fiestas eran desarrolladas en el momento del solsticio de invierno o hiemal, cuando la oscuridad alcanzaba su punto culminante representando como solsticio el auténtico nacimiento del Sol y el despertar desde su letargo invernal; por esa razón el cristianismo sobrepuso la fiesta de tu nacimiento sobre esta celebración que duraba en un principio 3, luego 5 y hasta 7 días, y terminaban el 25 de diciembre, día del Natalicio Invicto del Sol, en donde también se conmemoraba no sólo tu nacimiento, sino el de Mitra, Buda, Dafne, Cloé, Osiris y Zoroastro, entre otros. ¿Viste? Ni siquiera el día de tu natalicio es original.

Y hay más: en la mitología órfica, Dionisio representa el alma, una chispa de una celestial figura de luz; es el guardián del antro y quien libera al prisionero rompiendo sus cadenas; como el alma prisionera de sus pasiones, es liberada por el Nous-intelecto; es él quien difunde el júbilo en sobremanera. Es decir, Dionisos otorga el sentimiento de libertad total, como reto ineludible del hombre. Dionisio o Baco, la deidad de los éxtasis que eran llevados a cabo en las montañas, en lugares naturales como a los cuales tú nos has llevado siempre para que estuviéramos en contacto con la naturaleza; porque sabes que así participamos mejor de la experiencia religiosa a través del vino que, además, permite aliviar las responsabilidades. Es por tal motivo que nos pones tantos ejemplos con el vino, la bebida de los dioses, como Baco. La embriaguez del vino es la posesión de una deidad por medio de una locura divina que elevaba la conciencia hasta otro estado. Locura como la que tú tienes y a la cual nos estás induciendo con tus palabras y hechos. Ya sabemos por experiencia propia, que el alma se comunica así, bajo los efectos del vino, con las fuerzas de la Naturaleza. Por eso Dionisos encarna, entonces, el esfuerzo por realizar la espiritualización a través del fervor y la mística; también simboliza las fuerzas oscuras que surgen del inconsciente y preside los desenfrenos que produce dicha embriaguez cualquiera ella sea de origen terrenal o divino; igualmente crea ilusiones de múltiples formas, disuelve la personalidad, produce milagros, regresa a las formas caóticas y primordiales de la vida. Él es, en fin, la violencia psíquica. El mito central de Dioniso es su sacrificio, muerte y renacimiento, que demuestra, entre otras cosas, que tu no haz hecho nada nuevo; nada que, como la Biblia misma lo dice, ya no estuviera escrito bajo el Sol. ¿Crees que eres algo nuevo?

Terminada mi reflexión, ante la cual el Maestro quedó mudo, los judíos también se preguntaban cómo era posible que Jesús les diera a comer su carne.

- *No me importa lo que piensen todos ustedes,* contestó el Maestro algo ofuscado después de mi narración. *Si no comen la carne del Hijo del hombre y no beben su sangre, no tendrán vida en ustedes. Quien come mi carne y bebe mi sangre tiene vida eterna, y yo lo resucitaré el día postrero; porque mi carne es verdadera comida y mi sangre es verdadera bebida. Quien come mi carne y bebe mi sangre permanece en mí y yo en él.*

- Eso me suena a que, entonces, somos una sola carne y una sola sangre; como todas las olas son una con el mar. En mi caso, Mauricio Puerta es la ola y yo soy el mar; y ese "yo soy" debe ser lo que tu llamas Padre. El mismo mío y de todos, con el cual somos uno. Como uno es el mar para la legión de olas…

- *Pues igual que como me envió el Padre viviente y yo vivo por el Padre, así mismo quien me come también vivirá por mí. Este es el pan que descendió del cielo.*

- Dura es esta palabra, dijimos sus apóstoles, ¿Quién la puede oír?

- *¿Esto los escandaliza?* Nos preguntó furioso. *¡¿! Pues, qué si ven al Hijo del hombre que sube a donde estaba primero!? El Espíritu es quien da la vida, la*

carne nada aprovecha; las palabras que les he hablado
son espíritu y son vida. Pero, hay algunos de ustedes que
no creen.

Parecía que con esta última sentencia Jesús
supiera algo que nosotros no sabíamos; como si él
conociera desde el principio quiénes no creían y quién lo
habría de traicionar. Y después nos recalcó que ninguno
podía ir hacia él si no le fuere dado por el Padre. Por estas
mismas palabras, muchos de sus discípulos, no nosotros
sus apóstoles, se fueron de nuestro lado y no volvieron a
andar con nosotros.

- *¿Quieren irse ustedes también?* Nos
preguntó en tono retador y amenazante.

- Señor, ¿a quién iremos? Tú tienes
palabra de vida eterna, le respondió Pedro.

- Y ya sabes que yo no me pierdo el final
de esta historia ni de riesgos, le dije muy seguro de mis
palabras.

- Y nosotros creemos y conocemos que tú
eres el Cristo, el Hijo de Dios viviente, respondieron el
resto de compañeros.

- *¿No he escogido yo a ustedes trece y*
uno de ustedes es un diablo?

Y, de pronto, se calló ahí, en la sinagoga en
donde estábamos en Capernaum, con un silencio
sepulcral; y dejándonos a todos atónitos como si nos
hubiera echado encima un baldado de agua fría. ¿Qué era
lo que él sabía acerca nuestro, que nosotros no?

Pero, como nuevamente lo conocieron de lejos
los hombres de aquel lugar, enviaron por toda aquella

tierra trayendo toda clase de enfermos, a quienes les advertíamos que solamente tocasen el borde del manto del Maestro, pues así quedaban sanos, tal como sucedió inmediatamente a todos los que se atrevieron a tocar su túnica. Recorrimos toda la tierra de los alrededores y, a donde quiera que entrábamos, fuera en aldeas, ciudades o heredades, nos ponían a los enfermos en las calles. Fue allí cuando más comprendí no la vida de Jesús, si no la de Quirón, aquel famoso centauro griego de donde, seguramente este hombre había copiado la idea o le había correspondido un papel semejante al suyo.

Y sacaron un difunto, unigénito de su madre, la cual también era viuda y a quien acompañaba mucha de la gente del lugar en su dolor.

- *No llores,* le dijo Jesús apenas la vio. Y acercándose al féretro, hizo señas a quienes los llevaban para que se detuvieran. Y, en medio de la expectativa por lo que iba a ocurrir, el Maestro, con una poderosa voz exclamó: *¡Mancebo, a ti te digo... levántate!*
Y ya se imaginaran, por supuesto, que el difunto se incorporó inmediatamente, hablando lo que no había podido hablar mientras estuvo muerto.
- ¡Que un gran profeta se ha levantado entre nosotros! ¡Y que Dios ha visitado a su pueblo! Eran algunas de las exclamaciones que escuché entre la gente; motivo por el cual, y una vez más, su fama salió por toda Judea y por todos los alrededores.

La madre estaba tan agradecida, que nos invitó a comer algo a su casa. Y como estábamos tan hambrientos, inmediatamente entramos a la casa nos sentamos cómodamente sobre los mullidos cojines de pelo de ovejo que había esparcidos sobre el suelo de tierra, a comer del pan que nos ofrecían los siervos de la casa.

- ¿Por qué tus apóstoles traspasan la tradición de los ancianos que dice que antes de comer hay que lavarse las manos? Preguntaron inmediatamente los escribas y fariseos que andaban husmeando, como siempre, para ver cuándo caíamos en algún error.

- ¿Y ahora qué error hemos cometido? Pregunté sin siquiera acabar de tragar mi pedazo de pan.

- Pues que están comiendo pan sin lavarse las manos, contestaron ellos.

- ¡Ay, hermanos!, ahí sí se jodieron conmigo, porque yo mantengo las manos sucias. ¡Qué! ¿me van a cortar la cabeza como a Juan el Bautista, a él por usar el agua y a mí por no usarla? Además, me parece que es cuando me "despierte", que será como si me lavara internamente y, por lo tanto, oiré, sentiré, y tocaré lo que me rodea mucho mejor que antes. Esa si es la verdadera lavada, señores fariseos. De modo que… ¡despiértense!

- *¿Y ustedes porque traspasan también el mandamiento de Dios por su tradición?* Les preguntó a su vez Jesús saliendo en mi defensa. *Porque él mandó que había que honrar al padre y a la madre y, el que maldijere al padre o a la madre, que muera de muerte.*

- Cállate Jesús, no me defiendas, que en eso de honrar a la madre, es mejor que no te metas. El que tiene rabo de paja no se acerca a la candela. Deja, deja, que yo me defiendo solito de estos tipos.

- *No, déjame les canto la tabla*, respondió. *Ustedes dicen que cualquiera que diga al padre o a la madre: es ya ofrenda mía a Dios todo aquello con que pudiera valerte; no deberá honrar a su padre o a su madre con socorro. Así han invalidado ustedes el mandamiento de Dios por su tradición.*

- Jesús, cállate que si yo no he entendido nada, estos sí que menos.

- *¡Hipócritas!* Les gritó en vez de hacerme caso. *Bien profetizó Isaías de ustedes cuando dijo: este* *pueblo de labios me honra, más su corazón está lejos de mí.*

- Por Dios, Maestro, ya sabemos que te sabes a Isaías de memoria; pero no pongas ese ejemplo, porque si vieras que lo mismo va a suceder con aquellos a quienes tú estás adoctrinando. Mejor cállate, cállate que me desesperas a cada rato.

- *Mas en vano me honran, enseñando doctrinas y mandamientos de hombres. ¡Entiendan y oigan!, dijo levantando la voz para que todos lo escucháramos: no es lo que entra en la boca lo que contamina al hombre, sino lo que sale de su misma boca.*

- Oye, Maestro, definitivamente es mejor que cambies el tono de tus discursos porque los fariseos están muy ofendidos.

- *Entiende de una vez por todas, que toda planta que no plantó mi Padre celestial, será desarraigada.*

- Pero ¿no dizque todos somos hijos del mismo Padre? Al menos eso es lo que nos has enseñado. Entonces ¿en qué se equivocó tu papacito celestial, que algunos nos torcimos tanto? Y no me vengas a salir con el cuento del libre albedrío, porque recuerda que me dijiste que hasta los pelos de mi calva están contados por tu papá.

- *No le pongas cuidado a los fariseos, que son ciegos guiando a otros ciegos; y si el ciego guía al ciego, ambos caerán al hoyo.*

- ¡Ay, Jesús! Me encantaría que montaras una óptica de esas en el Vaticano y sus sectas.

- Un momento, exclamó Pedro que andaba por ahí comiendo más pan del que su estómago aguantaba. Explícame esto último que has dicho, porque no he entendido ni jota.

- *¿Aún también tú estás sin entendimiento?* Le preguntó Jesús.

201

-        Ay, Maestro, no me digas que ¿apenas ahora te das cuenta de lo bruto que es tu apóstol? Le pregunté mientras Pedro me golpeaba en el hombro.

-        *¿No entiendes aún, que todo lo que entra en la boca va al vientre y es echado a la letrina? Más, lo que sale de la boca, del corazón sale y es esto lo que contamina al hombre. Porque del corazón salen los malos pensamientos, muertes, adulterios, fornicaciones, hurtos, falsos testimonios, blasfemias, avaricia, maldades, engaño, desvergüenzas, el ojo maligno, la soberbia y la insensatez. Y estas son las cosas que contaminan al hombre. Comer sin lavarse las manos no lo contamina.*

-        Gracias Maestro, gracias, no sabes cuánto me estás ayudando para contarle eso a Roberto cuando me lo vuelva a encontrar. Lo malo no es ser como se es, sino no darse cuenta de serlo.

Y dicho esto, el Hombre se levantó como alma que lleva el diablo, diciendo que nos teníamos que ir inmediatamente para Tiro y Sidón. Y, como no había modo de contradecirlo, salimos de una vez sin siquiera poder tomar un descanso y mucho menos un baño. Apenas llegando, tres días después, salió a nuestro paso una mujer griega, de Cananea o Sirofenisa de nación, pidiéndole que, como Hijo de David, tuviera misericordia de ella porque su hija estaba haciendo malamente atormentada por un demonio o espíritu inmundo.

Pero, yo creo que el Maestro o estaba ya cansado de tanto endemoniado, o se estaba dando cuenta que su táctica de hacer milagros sólo le traía más adeptos por los fenómenos que hacía, que por las palabras que decía; y lo supe, porque esta vez, por primera vez desde cuando me había recogido en la casa de Roberto, no respondió ninguna palabra a la desesperada mujer.

- Señor, le dije, ¿cómo vas a dejar a estas mujer en ese estado? Dile algo y despáchala, porque no nos aguantamos más su quejadera pidiendo socorro. Además, piensa que en algún momento eres parte del milagro que alguien ha pedido.

- *No soy enviado sino a la ovejas perdidas de la casa de Israel, contestó enfáticamente.*

- ¿!Qué!? exclamé asombrado. ¿A estas alturas me vienes a decir que Dios tiene preferencias? Me lo hubieras dicho desde el principio y jamás te habría acompañado. Tu papacito, fuera de sanguinario, elitista. No me vengas una vez más con el cuento de que Israel es el pueblo escogido, el pueblo elegido por Dios. ¿y el resto de la humanidad qué somos ante sus ojos? ¿Un experimento fallido? Por eso te digo que tu historia es sólo para judíos y con ese cuento jodieron al resto de la humanidad.

- *No es bien tomar el pan de los hijos y echarlo a los perrillos. Déjalos que se harten primero*

- A mí no me vengas a hablar en parábolas que ya no sé si quiero ser de la rosca tuya.

- Sí, Señor; dijo la mujer apenas oyó la estúpida respuesta del Milagroso. Pero, aún los perrillos debajo, comen de las migajas que caen de la mesa de sus señores.

- *Oh, mujer, grande es tu fe. Sea hecho contigo como quieres, ve que el demonio ya ha salido de tu hija que está echada en su cama.*

Parece ser que la mujer le había asestado un golpe directo al hígado, porque al Maestro no le quedó más remedio que sanar a su hija en el momento exacto en que ella le había revirado. El Hombre siempre tenía un lado flaco, que era cuando la gente demostraba una fe inusual en él.

Entonces me le acerqué a ella antes de que se fuera y le dije que comprendiera que su hija no era su hija. Que hija de ella era sólo quien se alimentara de ella y se beneficiara de su transformación y crecimiento espiritual. Pero, en aras de que no la conocía bien, le dije que podía ser que esa persona a la que siempre había considerado como su hija, pudiera ser su hija.

Salimos de Tiro yéndonos por Sidón hasta el mar de Galilea, por mitad de los términos de Decápolis, esperando tener un poco más de tranquilidad, cuando un grupo de personas nos trajeron un sordo y tartamudo, rogándole al Hombre que le pusiera la mano encima. Entonces él, llevándoselo a un lado le metió los dedos en las orejas y, escupiendo su santa saliva tocó su lengua. Entonces, mirando al cielo, gimió diciendo: *Ephphatha,* es decir, sé abierto. En ese momento, claro, le fueron abiertos sus oídos y desatada la ligadura de su lengua para que hablara bien.

-       ¡Ay Maestro!, si pudieras poner un consultorio de estos en el Vaticano, cómo te lo agradeceríamos millones de personas, para poder entender que es lo que dice esta gente desde allá; que cuando hay tragedias, en vez de ayudar con toda esa plata que tienen guardada, se ponen dizque a rezar por las víctimas... Me parece que cual si fueran estudiantes de música que comienzan por despegar sus dedos, los mismos con los cuales acabas de sanar al enfermo, tendrán que ejercitar sus recursos internos para despegarlos y no dejarlos guardados.

De nuevo el Maestro le mandó al sanado que no dijeran a nadie acerca de lo hecho; pero cuánto más se los decía tanto más y más lo divulgaban y en gran manera se maravillaban diciendo que bien hacía todo, que hacía a los sordos oír y a los mudos hablar. Y eran tan chismosos que, al poco rato, llegaron a nosotros muchas más personas que traían con ellos más cojos, ciegos, mudos, mancos y otros muchos enfermos que echaban ante los pies del Maestro para que los sanara. Y los sanó a todos.

Mientras veía la labor que el Maestro hacía con todos estos desvalidos, yo me fui a mi propio mundo interno y, recordando y comparando a esta gente con toda aquella con la cual vivía, me pregunté: ¿qué de hacer, oh Señor, con el sufrimiento de esta gente que navega en las aguas de ardientes pasiones; que corroen sus entrañas; que embotan sus cerebros; que distorsionan sentires y malgastan sus cuerpos tirados en el mundo en espera de vientos mejores? ¿Qué he de hacer, oh Señor, con todas sus vidas arrastradas por el fango? ¿Cómo he de levantarles? ¿Acaso me corresponde hacerlo? O ¿tan sólo he de erguirme, gritarles muy fuerte y esperar que corten mi voz, para unirme de nuevo con la ida voz de trueno de mi hermano? Oh Señor, ¿qué he de hacer con el sufrimiento de toda esta gente en el camino hacia Dios?

Sanadas todas estas personas, andábamos con Jesús en Galilea, porque no quería andar en Judea, ya que sabía que los judíos querían matarlo. Y estábamos cerca de la fiesta de los tabernáculos cuando, apareciéndose los hermanos de Jesús, le dijeron que se fuera para Judea, para que los discípulos que tenía allá también vieran sus obras. Le insistían en que ninguno que procura ser claro debe hacerlo oculto; que todas las cosas que hacía las debía manifestar al mundo.

Pero la verdad era que, como ni aún sus hermanos creían en él, el Maestro terminó por decirles que su tiempo no había llegado aún y que el de ellos siempre estaba presto. Que el mundo no podía aborrecerlos a ellos, pero que a él sí porque daba testimonio de que sus obras son malas.

- Vayan ustedes a la fiesta, que yo no subo todavía porque mi tiempo no se ha cumplido aún.

Entonces nos quedamos en Galilea, pero apenas fue para despistar a sus hermanos; porque después decidió subir en secreto a la fiesta en la cual andarían ellos. La cosa se nos estaba complicando cada vez más porque, efectivamente, y el Hombre ya lo había entendido muy bien, la gente lo estaba siguiendo por lo que hacía y no por lo que decía; y la culpa era de él mismo, porque los había acostumbrado al fenómeno. Y está demostrado que en todas partes la gente es facilista, que prefiere lo que nada le cuesta a tener que trabajar sobre su propia evolución. Las gentes se maravillaban viendo cómo los mudos recuperaban el habla, los mancos se sanaban, andaban los cojos y veían los ciegos, pero algo en mis adentros me decía que todo esto iba a terminar mal, muy mal, por más que estuviéramos bajo la protección del Dios de Israel. Y eso me quedaba muy claro, era el Dios de Israel y sólo de Israel, no del resto de la humanidad.

Los judíos comenzaron a buscar al Señor en la fiesta, mientras unos cuántos decían que él era bueno y otros sostenían que era malo porque engañaba a la gente. Y eso me sonaba tan familiar, que parecía que estuvieran hablando de mí mismo. Pero, en verdad, nadie hablaba abiertamente acerca de él por miedo a los judíos. Y, en medio de la fiesta, por fin resolvió el Maestro ponerse a enseñar en el templo, en donde los judíos quedaron una vez más maravillados de todo lo que él sabía, y tanto, que se preguntaban cómo sabía las palabras no habiendo aprendido.

- *Mi doctrina no es mía, sino de quien me envió,* les contestó oyendo sus murmullos lejanos. *Quien quiera hacer su voluntad, conocerá de la doctrina si viene de Dios o si yo hablo de mi mismo. Porque quien habla de sí mismo, busca su propia gloria; pero el que busca la gloria de quien le envió, éste es verdadero y no hay injusticia en él. ¿No les dio Moisés la ley y ninguno de ustedes las hace? ¿Por qué me quieren matar?*

- Oye, Maestro, pero en eso no hables muy duro, le recriminé; porque también les diste la ley a los del Vaticano y qué poquito que la ponen en práctica; es más, ni yo mismo pongo en práctica todo lo que dices. Pero es que al menos yo no me las doy de Monseñor ni de Obispo o Cardenal ni Papa, por no decir Pastor.

- Tienes demonios, exclamaron los judíos. ¿Quién te quiere matar?

- *Pues una obra hice y ustedes se maravillaron. Es cierto que Moisés les dio la circuncisión, no porque sea de Moisés, mas de los padres; y si en sábado circuncidan al hombre para que la ley de Moisés no sea quebrantada ¿se enojan conmigo porque en sábado hice sano a un hombre? No juzguen según lo que parece, pero juzguen juicio justo.*

Y comenzaron a preguntarse en Jerusalén si acaso quien estaba diciendo y haciendo todo esto no era a quien buscaban para matarlo. Y como vieron cómo hablaba públicamente y nada le decían, se preguntaban si acaso los príncipes habrían entendido que él era verdaderamente el Cristo. Porque decían que quien hablaba sabían de donde era y quiénes eran sus padres; pero que cuando viniera el verdadero Cristo nadie iba a saber de donde era.

- *Y a mí me conocen y saben de dónde soy,* clamaba el Señor enseñando en el templo. *No he venido de mí mismo; pero quien me envió es verdadero y ustedes no lo conocen. Yo sí lo conozco porque de él soy y me envió.*

- Pues Maestro, déjame decirte que para uno decir que ya te conoces… mejor dicho: si ya acabaste de conocerte, comienza de nuevo; pues ten por seguro que no podrás conocerte sino hasta cuando te hayas conocido. Y cuando ya sepas quien eres, pregúntale al más cercano a ti, si él también te conoce.

Fue en el momento en que pronuncié estas palabras, cuando procuraron coger al Hombre, porque ya no se aguantaban más su egolatría; pero como según él, aún no había llegado su hora, no pudieron prenderlo. En cambio, muchas más personas del pueblo comenzaron a creer en él mientras decían que el Cristo, cuando viniera, cómo iba a hacer más señales que las que él estaba haciendo.

Puesto que los fariseos y los príncipes de los sacerdotes oían los murmullos de la gente, resolvieron enviar servidores para que lo arrestaran antes de que la cosa se pusiera peor de lo que ya estaba. Pero el Maestro les contestó que iba a estar un poco más de tiempo entre todos y que después volvería a quien lo envió.

- *Me buscarán y no me hallaran, les dijo. Y en donde yo estaré, ustedes no podrán venir.*

- ¿A dónde se ha de ir éste que no le vamos a encontrar? Se preguntaron los judíos. ¿Acaso se ha de ir a los esparcidos entre los griegos para enseñar a éstos? ¿Qué es lo que este individuo está diciendo?

- Pues señores, exclamé; aprender a buscar es tan importante como aprender a dejar de hacerlo. De modo que ojalá no se pierdan como se perdieron los de las catedrales y las mezquitas.

Terminada nuestra labor, me quedé pensando en que yo sólo podría saber para donde iba, cuando supiera a qué había venido hasta esta Tierra. Fue entonces cuando despachamos a las personas diciéndoles que también nosotros nos teníamos que ir pues nos esperaban en Magdalá o Dalmanutha y por eso teníamos que volver al barco. Y allá también nos estaban esperando los vendidos esos de los escribas y los fariseos, que ya me tenían aburrido con tanta pregunta estúpida de si lavarse o no las manos, de si ayunar o no. Pero esta vez lo que querían era altercar pidiendo señales de los cielos para tentarlo.

- *¿Por qué pide señal esta generación?* Preguntó gimiendo Jesús desde su espíritu. *Cuando es la tarde del día, ustedes dicen: sereno, porque el cielo tiene arreboles. Y a la mañana dicen: hay tempestad, porque tiene arreboles el cielo triste. ¡Hipócritas!, que saben hacer la diferencia en la faz del cielo ¿y en las señas del tiempo no pueden hacerla? La generación mala y adulterina demanda señal; mas la señal no le será dada sino sólo la de Jonás.*

¡Vámonos, apóstoles, que aquí apesta!

Y haciéndonos entrar al barco nos fuimos para otra parte. Sólo cuando íbamos ya mar adentro, caímos en la cuenta de que se nos había olvidado comprar lo que estábamos buscando para comer. Pero ya era tarde, y sólo teníamos un pan para repartirnos entre todos. Cuando me estaba diciendo para mis adentros que eso no importaba, porque siempre andábamos con un supermercado ambulante que todo lo reproducía, éste nos salió con un cuento todo raro.

- *Estén atentos y guárdense de la levadura de los fariseos y saduceos. ¿Por qué piensan dentro de ustedes, hombres de poca fe, que me estoy refiriendo es al hecho de no haber traído suficiente pan? ¿Es que acaso ya se olvidaron de los pocos panes y peces, y los cuatro o cinco mil hombres que se los comieron y cuántos cestos de sobras recogieron ustedes? ¿Cómo es posible que yo aún esté en compañía de gente tan tarada como ustedes? ¿Gente de corazón tan endurecido, que no considera ni entiende, que teniendo ojos no ven, teniendo oídos no entienden y de nada se acuerdan?*

- Usted nos escogió, Maestro; le dije tímidamente esperando la respuesta. Y, no me diga que no se lo advertí. ¿Qué se puede esperar de unos brutos pescadores como éstos? ¿Por qué cree que a los del Vaticano les va tan bien económicamente con los del pueblo?

- *¿Pero, es que cómo puede ser posible que no puedan entender que no por el pan es que les digo que se guarden de la levadura de los fariseos y de los saduceos.*

- Pues Señor, así de brutos somos y tal como nos necesitas, porque si no ya nos hubieras despachado. ¿Entonces, dinos, de qué nos hablas?

- *De la doctrina de ellos ¡De la doctrina!* Exclamó exacerbado.

Pero en ese momento nos interrumpieron un grupo de personas que le traían otro ciego que quería el servicio gratis. Y de nuevo el Señor lo llevó aparte, le puso las manos encima y le preguntó si ya veía.

- Veo los hombres que andan como árboles.

- ¿Y si era ciego, cómo supo cómo andaban los árboles? Me pregunté en mi apostólica ignorancia, mientras se repetía la misma historia de siempre, mandando al exciego a su aldea y recomendándole lo que ninguno de los sanados le hacía caso: que no dijera nada de lo que le había sucedido.

De allí nos dirigimos hacia las partes de Cesárea de Filipo en donde el Maestro se puso todo misterioso con nosotros, seguramente porque había caído en la cuenta de que, definitivamente, éramos más brutos de lo que se imaginaba. Parecía que nos iba a hacer un examen acerca de todo lo aprendido hasta el momento, porque nuevamente nos hizo sentar en círculo y él, puesto en la mitad, se puso a andar en derredor con las manos cruzadas detrás de su espalda y la cabeza inclinada. Se peinó la barba con la mano derecha y, de pronto, asustándonos por lo intempestivo de la acción, nos preguntó algo absolutamente absurdo.

- *¿Quién dicen los hombres que es el Hijo del Hombre?*

Todos nos miramos unos a otros, como esperando quién se iba a atrever a contestar primero.

- Dicen que eres Juan el Bautista, respondió Jacobo.

- Otros alegan que eres Elías, añadió Andrés.

- He oído que dicen que eres Jeremías, dijo Juan.

- Yo escuché que dicen que eres alguno de los profetas, contesté cuando se fijó en mí como esperando ver yo que decía. Pero los fariseos dicen que eres un hijueputa… porque les estás dañando el negocito que tienen montado con el pueblo. Recuerda que todos los sacerdotes de todas las épocas viven de lo mismo…

- *Bien, y ustedes, ¿quién dicen que soy?*

- Maestro, tú eres…

- *No, tú no digas nada, deja que uno de ellos responda*, dijo callándome en el acto.

211

Nos sentíamos más regañados que alumnos de profesor de algebra, esperando que le dijéramos cual era la raíz cuadrada de Dios. Pero no pasó mucho tiempo cuando Pedro, levantando tímidamente la cabeza, dijo:

- Tú eres el Cristo, el Hijo del Dios viviente.

Todos lo aplaudimos felicitándolo no por su respuesta, porque ésta era muy fácil y obvia, sino porque siendo el más tarado de todos, había tenido la valentía de haber sido el primero en responder al señor.

- *Bienaventurado eres Simón, Hijo de Jonás; porque no te lo reveló carne ni sangre, más mi Padre que está en los cielos.*
- ¡Qué Padre ni qué padre! exclamé. Se lo revelaste tú mismo, como a todos nosotros; porque llevamos años oyéndote decir el cuento de que eres el Hijo de Dios, que tu Padre está en los Cielo, y toda esa sarta de egolatridades a las cuales nos tienes ya malacostumbrados.

Y de pronto, el Hombre, deteniendo su andar en círculo, dijo algo que tendría unas consecuencias tan incalculables para el resto de la humanidad; algo que, si en verdad él hubiera sido el verdadero Hijo de Dios, no hubiera pronunciado jamás, porque entonces sabría lo que iba a suceder en el mundo entero con la proclamación que estaba a punto de pronunciar…

- *Yo también te digo que tú eres Pedro y sobre esta piedra edificaré mi iglesia; y las puertas del infierno no prevalecerán contra ella. Y a ti daré las llaves del reino de los cielos; y todo lo que ligares en la tierra será ligado en los cielos; y todo lo que desatares en la tierra será desatado en los cielos.*
- ¡Miserable! Exclamé furioso. ¡Eres una rata miserable! Fue por eso que me mandaste callar.

Sabías que yo iba a contestar lo mismo y, entonces, hubieras fundado tu iglesia o, mejor, tu congregación, sobre mí y me hubieras dado las llaves del reino. ¡Canalla!, si me hubieras dejado responder, la iglesia hubiera sido completamente diferente a la que le encomendaste a Pedro. Si las llaves me las hubieras dado a mí....

- *Por eso te callé ¡Sí! Pero también, porque tú no necesitas de iglesia alguna. ¿No ves que éstas son para los faltos de fe en sí mismos? Es más, les pido un favor: jamás le digan a nadie que soy Jesús el Cristo.*

La advertencia que el Maestro me acababa de hacer me extrañó, primero porque era la primera vez que se asociaba así mismo con la idea del Cristo; y segundo, porque entonces ¿cómo se iba a enterar la humanidad de quién era él, si nos prohibía decirlo? Además, si no debíamos decirlo, entonces, ¿para qué nos necesitaba?

Desde ese momento, comprendí que con razón el cetro de la iglesia católica es una copia fiel de cómo la llave abre o cierra las puertas del cielo. Obviamente el Papa, descendiente de Pedro en su oficio, cree que él es quien las abre o las cierra desde la tierra. Pero, como diría Jesús refiriéndose a los sacerdotes de la época: ni rajan ni prestan el hacha.

CAPÍTULO SEIS

LA UNCION

A partir del momento en el cual el Hombre se nos declaró como Jesús el Cristo, las cosas tomaron un cariz dramático para todos nosotros. Comenzó a decirnos que le convenía ir hasta Jerusalén para padecer mucho en manos de los ancianos, de los príncipes de los sacerdotes y de los escribas. Pero lo peor de todo, era que nos decía que debía morir para resucitar al tercer día.

213

Nada de eso me parecía tan dramático, como el hecho de que Jesús hubiera nombrado a Pedro como la base de su iglesia; semejante tipo tan bruto, que jamás había dado pruebas de fe en sí mismo, sino de una dependencia tenaz con respecto a la imagen de Jesús, quien se llamaba ahora el Cristo. Y todo porque con una estúpida pregunta, cuya respuesta la sabía cualquiera de nosotros, había pasado el examen final. Pero bueno, así estaba escrito en el libreto y así debía ser.

- *Conviene que el Hijo del hombre padezca mucho, que sea reprobado de los ancianos*, recalcó con cierto temor sacándome de mi ensimismamiento.
- Pero Maestro, exclamó Pedro tremendamente alterado, ten compasión de ti mismo; que en manera alguna esto que dices te vaya a suceder.

Pero Jesús riñó a Pedro mirándolo fijamente y contestándole algo que jamás le había dicho a nadie tan directamente: *¡Quítate de delante de mí Satanás; me eres escándalo, porque no entiendes lo que es de Dios sino lo que es de los hombres!*

- ¡Maestro, por Dios! ¡Mide tus palabras! exclamé desorbitado. Acabas de nombrar a Pedro como la base de tu iglesia ¿y ahora nos dices que Pedro es Satanás? ¿Cómo es posible que estés fundando una iglesia que va a ser dirigida por Satanás? Y no me vengas con el cuento de que es el diablo quien está hablando a través de Pedro, porque entonces le ordenarías que saliera de él, como a todos los espíritus inmundos que has hecho salir de otros endemoniados. Lo que estás diciendo enfáticamente es que Pedro... Que Pedro... ¡ES SATANÁS! Por Dios ¿sabes lo que acabas de decretar con esa afirmación? Que la iglesia que va a fundar Pedro es satánica y esa idea no me cabe en la cabeza. Además, lo que estás diciéndole a Satanás es que se quite de delante de ti, es decir, que se ponga detrás tuyo porque ya lo has vencido y vales más que él por el valor que le has dado al Nuevo Hombre que eres, gracias a haberlo vencido a él, es decir, haber vencido tu parte terrenal. De modo que ¿por qué dices que Pedro es Satanás?

- *Es que si alguien quiere venir en pos de mí, debe negarse a sí mismo, tomar su cruz y seguirme. Porque cualquiera que quisiera salvar su vida la perderá, y cualquiera que perdiere su vida por mi causa, la hallará. Porque ¿de qué aprovecha al hombre ganarse el mundo entero si ha de perder su alma? O ¿qué recompensa dará el hombre por su alma? Quien se avergüence de mí y de mis palabras en esta generación adulterina y pecadora, el Hijo del Hombre se avergonzará también de él, cuando venga en la gloria de su Padre con los santos ángeles y, entonces, pagará a cada uno conforme a sus obras..*

- Pues ahora sí que menos quiero pertenecer a tu iglesia. Porque si es Satanás quién la va a fundar y es tú famoso Padre quien va a bajar con los sicarios al lado, nada bueno les espera a quienes pertenezcan a ella. Además, siempre he oído decir que no falta mucho para que se abra el cielo y descienda en gloria dizque aquel que nos creó; y para que ángeles sentados en las nubes toquen sus trompetas y se oscurezca el sol. Siempre he oído decir que está cerca el momento mismo del final terreno en que la maldad, el hambre, la sed y el odio humano partan de esta tierra. Cuando cada quien entregue su carga y espere la sentencia, mientras los ayes que la gente grita los mezcle el viento. Eso es lo que desde hace tiempo dicen que va a acontecer muy pronto; pero, en vez de ocurrir todo eso, sucede lo contrario; nada que se va la maldad de esta tierra. Y ahora ya sé por qué... Por culpa de Satanás

- *De cierto les digo que hay algunos de los que están aquí, que no gustarán de la muerte hasta que*

215

hayan visto al Hijo del hombre viniendo en su reino con
potencia

Quedamos tan aburridos con la información que veníamos a enterarnos ahora; ahora que no podíamos ni siquiera devolvernos y mucho menos salirnos del grupo, porque la gente ya nos tenía demasiado identificados con el Maestro, y tanto que no podíamos ni siquiera pretender reinsertarnos de nuevo en la sociedad de la cual nos había sacado el Maestro. Permanecimos así unos seis días, hasta cuando Jesús nos llamó a Pedro, a Jacobo, a Juan y a mí, llevándonos con él aparte, solos y lejos de los demás apóstoles, tal vez porque nosotros ya estábamos preparados, como lo indicaba el hecho de haber sido "unos seis días," hasta un monte alto en donde, así no más y sin avisarnos nada, se transfiguró ante nuestros ojos.

-       Mira Pedro, dije asombrado viendo a Jesús. El rostro del señor está radiante como el Sol y su vestimenta se está volviendo blanca y resplandeciente como la nieve o la luz misma. No creo que haya nunca sobre la tierra un jabón blanqueador que pueda hacer esto. Pero, observa atento con quiénes habla el Señor ¿acaso no son Moisés y Elías? Escucha, hablan algo acerca de que la salida del Maestro tiene que ser en Jerusalén. ¿Qué es esto?

Pedro, medio dormido, a pesar de estar en pleno día, quedó tan espantado como yo al ver el espectáculo; pero, tanto más que yo quedaría asombrado, que corrió hasta donde el Señor y le dijo que si le parecía bien que nos quedáramos aquí para hacer tres pabellones para él y sus dos acompañantes. No alcanzó a contestar el Maestro, cuando he aquí que vino una nube de luz que le hizo sombra y una voz que salió de entre ella dijo: Este es mi Hijo amado en el cual tomo contentamiento, óiganlo.

Todos caímos al suelo temiendo en gran manera por nuestro miserable destino terrenal; pero, de repente, así mismo como tuvimos esa visión, igualmente todo desapareció quedando de nuevo Jesús solo.

-        Definitivamente somos un punto entre el Todo y la Nada, dije en voz baja. Si la Nada es parte del Todo, está dentro de él, de nosotros depende -y a veces no- estar dentro del Todo en el Todo o dentro del Todo en la Nada.

-        *Levántense, no teman*, nos dijo el Señor tocándonos en el hombro. *Vengan, bajemos hasta donde dejamos a los demás apóstoles y nada les digan de esta visión, hasta cuando el Hijo del hombre resucite de entre los muertos.*

-        ¿Por qué dicen los escribas que es menester que Elías venga primero? Pregunto Jacobo mientras caminábamos hacia donde estaba el resto del grupo, sin atrevernos a preguntarle que era esa vaina de resucitar de entre los muertos.

-        *A la verdad, Elías vendrá primero y restituirá todas las cosas. Pero Elías ya vino y no lo conocieron; antes hicieron con él todo lo que quisieron, como así también harán padecer al Hijo del hombre, teniéndolo sin ningún valor.*

-        No me digas que estás hablando de nuevo de Juan el Bautista, exclamé.

-        *Sí, es acerca de él de quien hablo.*

-        Pero entonces ¿por qué no le explicas a la gente, y en especial a los doctores de la ley, que la reencarnación si existe? Y debieras hacerlo, porque en este momento histórico estás siendo responsable de que los doctores de la ley sean otros. Sería bueno que estos nuevos futuros doctores de la ley, aquellos que van a interpretar las enseñanzas que estás transmitiendo, comprendieran claramente que no estás en contra de la idea de la reencarnación, para que no sean tan brutos

217

como éstos. Dilo claramente, porque eso cambiaría completamente el futuro de la evolución en este planeta; al menos de la evolución de la conciencia a través de las religiones y las creencias que van a pregonar tus supuestos sacerdotes.

Pero, obvio, no me hizo caso para nada y jamás explicó a qué se refería con la constante alianza que se hacía entre Elías y Juan el bautista. A la mañana siguiente, habiendo bajado del monte y estando todos juntos con los demás apóstoles, nos salió al encuentro una nueva gran cantidad de gente. Y de en medio de los escribas que discutían con algunos de los discípulos del Maestro, apareció corriendo un hombre que apenas vio a Jesús se arrodillo a sus pies.

- Señor, ten misericordia de mi hijo que es lunático y padece malamente; porque muchas veces cae al fuego y muchas en el agua. Dondequiera se despedaza y echa espumarajos y cruje los dientes, y se va secando. Y le he presentado ante tus apóstoles, pero no lo han podido sanar.

- Maestro, le dije respetuosamente, yo creo que este muchacho debe ser un epiléptico. Pero estoy leyendo entre líneas, que después de descender de la mágica experiencia que hemos compartido contigo en lo alto del monte, volvemos de nuevo al nivel de muertos lunáticos con quienes compartimos la vida. ¿Maestro, no será que éste lunático es exactamente la humanidad en su totalidad, es decir, nosotros que actuamos como él?

- *¡Oh generación infiel y torcida! ¿Hasta cuando tengo que estar con ustedes?*

- Perdónanos Maestro, le dije. Hemos intentado hacer lo mejor que hemos podido con tus enseñanzas pero yo, por ejemplo, por más que bendigo mi platica, nada que se reproduce como nos enseñaste con los peces y los panes. Creo que eso sólo te funciona a ti.

-        *¡Tráiganmelo acá!* Ordenó con uno de sus típicos arranques de mal genio. E inmediatamente reprendió al demonio para que saliera del cuerpo sordo y mudo del joven; que hasta el mismo espíritu inmundo ya le tenía miedo cuando veía a Jesús así de enojado. Por eso el mozo se sanó ahí mismito, dejando de desgarrarse por tierra echando espumarajos, como decía el padre. Claro que como quedó cual muerto tirado en el piso, Jesús tuvo que levantarlo de la mano para que no le tocará hacer ahora el espectáculo de resucitar a otro difunto.

-        ¿Por qué tu si puedes curar y nosotros no? le pregunté cuando todos se fueron.

-        *Por su incredulidad; porque de cierto les digo que si tuvieran fe como un grano de mostaza, dirían a este monte: pásate de aquí para allá, y se pasaría; o a este sicómoro, desarráigate y plántate en el mar, y les obedecería. Si así fuera nada les sería imposible. Mas este linaje no sale sino por oración y ayuno. Para el que cree todo es posible.*

-        Lo dudo, respondí burlonamente. Porque me parece que tus apóstoles no tienen fe porque sólo creen en ti. Así los enseñaste, la culpa no es de ellos; creen en lo que ven, como la mayoría de los lame ladrillos y camanduleros que van a las iglesias. O ¿es que así está escrito en el libreto? Pero, bueno, al estar comparando la fe con una semilla, me parece que la fe, entonces, es algo que tenemos en potencia pero que hay que desarrollar permanentemente. Yo, por lo menos, creo más en mí que en cualquier santo o virgen de no se dónde.

-        *Estás confundido, porque la fe no es una creencia,* respondió Jesús.

-        Entiendo que la fe es como una alquimia interna, como aquello que permite mantenerme en una constante presencia en mí mismo, para que no me asalte la duda y, entonces, siendo infiel a mí mismo, tuerza mi caminar por el sendero o me salga de aquel de regreso a lo que llamas el Padre.

Al oír mis palabras, uno de los apóstoles exclamó emocionado diciendo: ¡Auméntanos la fe!

-        Maestro, Maestro, interrumpió Juan antes de saber qué iba a contestar él. Por cierto que hemos visto a alguien que echaba afuera demonios en tu nombre, pero no es del grupo que nos sigue y por eso se lo prohibimos; precisamente, porque no nos sigue. ¿Qué hacemos?

-        *No se lo prohíban, porque ninguno hay que haga milagro en mi nombre, que luego pueda decir mal de mí. Porque el que no es contra nosotros, es con nosotros. Y cualquiera que les de un vaso con agua en mi nombre, porque ustedes son de Cristo, de cierto les digo que no perderá su recompensa.*

-        Ah, Maestro, eso significa que no eres el único en el pueblo en tener poderes. Qué interesante que admitas que hay más gente que sin ser de tu escuela, también pueden hacer lo mismo. Bueno, al fin y al cabo todos los caminos van a Roma.

-        *¿Quién de ustedes tiene un siervo que ara o apacienta, que vuelto del campo le diga luego que pase y se siente a la mesa? ¿Acaso no le dicen antes que les prepare la cena, que se arremangue y les sirva hasta cuando hayan comido y bebido y, después de hacerlo, le dicen a él que coma y beba? ¿Dan gracias al siervo porque hizo lo que le habían mandado? Me imagino que no.*

Así también ustedes, cuando hagan todo lo que les es mandado, dicen: siervos inútiles somos, porque lo que debíamos hacer eso hicimos.

-        ¡Ya decía yo que el libre albedrío no existe, Señor! Exclame contento. O si existe no nos han dicho qué es.

Al rato Jesús nos ordenó que lo siguiéramos, mientras yo iba repitiendo por el camino en voz baja: pásate de aquí para allá, pásate de allá para acá. Pero no pude hacer nada por quitar la montaña; nos tocó subir por una empinada cuesta hasta llegar a Samaria y Galilea sin que nadie se enterara de nuestra llegada. Pero, entrando en una aldea, salieron a nuestro encuentro diez leprosos quienes, al vernos, se detuvieron a lo lejos.

- ¡Jesús, Maestro! Exclamaron. Ten misericordia de nosotros.

- *Vayan, muéstrense a los sacerdotes,* les gritó a su vez. Y ahí mismo vimos cómo, yendo ellos, fueron limpios.

Uno de los diez, el que era samaritano, al verse curado regresó hasta donde estábamos y, glorificando a Dios en medio de grandes voces, postró el rostro a los pies del señor dándole gracias.

- *¿Acaso no son diez los que fueron limpios, en donde están los otros nueve?* Le preguntó el Maestro. *¿No hubo quien volviera a dar gloria a Dios, sino este extranjero? Levántate, vete, tu fe te ha salvado.*

Y habiendo unos fariseos muy cerca de nosotros, percatándose del hecho le preguntaron al Hombre cuándo había de venir el reino de Dios

- *El reino de Dios no vendrá con advertencia. Ni dirán helo aquí o helo allí; porque he aquí que el reino de Dios está entre ustedes.*

- Un momento Jesús, explícame eso mejor, exclamé. Porque resulta que si no lo haces, me lo van a explicar otros a su interés. Si dices que el reino de Dios está entre nosotros, tu iglesia va a salir con la

221

historia que con esta sentencia te refieres es a ti mismo, y que eres el reino de Dios, que estás entre nosotros como grupo de personas. Pero yo también puedo creer que lo que me estás diciendo es que el reino de Dios está dentro de mí, como un estado especial al cual debo llegar. ¿Me estás anunciando que el cielo es un estado y no un sitio? Porque, de ser así, lo mismo sucedería con tu famoso infierno. Además, si sostienes que Dios creó el cielo y la tierra, ¿en donde dice que él creó el infierno? ¿No será que ese nos encargamos de crearlo nosotros mismos? O ¿no será que nosotros creamos también a Dios, al cielo y al mismísimo Satanás de los infiernos?

Ahora bien, imagino que si… el Reino de los Cielos está dentro de nosotros, entonces el Infierno también lo está. Y, de esta conclusión, a pensar que Dios y el Diablo no son más que representantes de estados internos, no hay sino un paso. Si tú y Satanás son en nosotros hermanos internos por parte de Padre digamos, entonces, que ambos son dos caras de una misma moneda; y que la una no puede existir sin la otra. Si no fuera así, ¿por qué no mataste o fulminaste al Diablo en el desierto, sino que lo dejaste ahí? ¡Contéstame!

- *Tiempo vendrá cuando desearás ver al Hijo del hombre y no lo verás.* Fue todo lo que contestó Jesús.

- Claro que no te veré, porque si es por dentro te voy es a sentir. Además, como me parece que he de vivir todo el tiempo al mismo tiempo; así como he aprendido a "subir" y "bajar" para pensar, te veré en cualquier momento.

- *Pues como te van a decir helo aquí o helo allá; es mejor que no vayas, no sigas a nadie.*

- Pero claro, ¿cómo voy a seguir a alguien si el reino de los cielos está dentro de mí? Por ese motivo es que me van a ser escondidas las cosas en mi interior para saber cuales quiero buscar. Y hace tiempo descubrí

222

que, cuando me fuera a buscar a mí mismo, debía preguntar por mí en la Dirección General, que debe ser lo que tú llamas el reino de los cielos dentro de mí. E, igualmente, supe que no debería esperar encontrarme antes de tiempo, pero que sí debía mantenerme muy alerta por si me veía pasar.

-       *Porque como el relámpago, relampagueando desde una parte debajo del cielo resplandece hasta la otra debajo del mismo cielo, así también será el Hijo del hombre en su día. Más primero es necesario que padezca mucho y sea reprobado de esta generación. Y, como fue en los días de Noé, así también será en los días del Hijo del hombre, que comían, bebían, los hombres tomaban mujeres y las mujeres maridos, hasta el día en el cual entró Noé en el arca y vino el diluvio destruyéndolos a todos.*

Así mismo como también fue en los días de Lot, que comían, bebían, compraban, vendían, plantaban, edificaban; mas el día que Lot salió de Sodoma, llovió del cielo fuego y azufre, destruyendo a todos.

-       Sí claro, la famosa misericordia de tu papá de la cual tanto nos has hablado, y que todo lo destruye.

-       *Así será, como esto, el día en que el hijo del hombre se manifestará. En aquel día, el que esté en el terrado y sus alhajas en la casa, que no descienda a tomarlas; y el que esté en el campo, que no vuelva atrás por sus vestidos. Acuérdense de la mujer de Lot. Cualquiera que procurare salvar su vida la perderá; y cualquiera que la perdiera la salvará. Les digo que en aquella noche dos estarán en una cama, el uno será tomado y el otro será dejado. Dos mujeres estarán moliendo juntas, la una será tomada y la otra dejada. Dos estarán en el campo, el uno será tomado y el otro dejado.*

223

\-   Pero, entonces ¿en dónde Señor? Le pregunté.

\-   *Donde estuviere el cuerpo, allá se juntarán también las águilas,* me respondió en términos que yo entendía como astrólogo.

Después nos propuso una parábola acerca de cuán necesario es orar siempre y sin desmayar. Según él, había un juez en cierta ciudad, el cual ni temía a Dios ni respetaba hombre.

\-   ¿Ves? Le dije interrumpiéndolo. Ese es el problema de habernos educado con temor a Dios y no con amor a Dios.

\-   *Déjame continuar,* mozo maleducado. *También había en aquella ciudad una viuda, la cual venía a él para que le hiciera justicia sobre su adversario; pero él no quería hacerse cargo del caso. Sin embargo, después de mucho tiempo de insistencia, recapacitó pensando que aun cuando no temía a Dios ni respetaba a los hombres, con tal de salir de esta viuda tan molestosa, le haría justicia para que al final no viniera y lo moliera a palos.*

Oigan lo que dice este juez injusto. ¿Y Dios no hará justicia a sus escogidos, que claman el día y la noche, aun cuando sea longánimo acerca de ellos? Les aseguro que los defenderá pronto. Empero, cuando el Hijo del hombre venga, ¿hallará fe en la tierra?

\-   Pues yo prefiero tener fe en mi mismo, más que en ningún Dios ni santo que no conozco. Me parece que más le sirve a Dios, si es que en esos términos se puede decir, alguien que tenga fe en sí mismo y crea en él mismo, que alguien no puede vivir si no le está prendiendo la veladora a no se qué virgen o santo.

-       *Pues para aquellos que no confían de sí mismos como justos y desprecian a los demás, les voy a contar la siguiente parábola: dos hombres subieron al templo a orar: el uno era fariseo y el otro un publicano. El primero oraba de pies diciendo: Dios, te doy gracias que no soy como los otros hombres, ladrones, injustos, adúlteros, ni aún como este publicano; ayuno dos veces por semana y doy diezmos de todo lo que poseo. El publicano, más retirado, no quería aún ni alzar los ojos al cielo, sino que se hería su pecho diciendo: Dios, sé propicio a mí, pecador.*

Les aseguro que este último descendió a su casa mucho más justificado que el fariseo; porque ustedes ya saben que cualquiera que se ensalza será humillado y el que se humilla será ensalzado.

Cuando nos quedamos solos, supimos que las cosas en Jerusalén se iban a poner más difíciles para nosotros, pues el Hombre nos dijo que, efectivamente, él sería entregado en manos de sus enemigos y que le matarían.

-       *Pero tranquilos muchachos, no se entristezcan, ya saben que al tercer día he de resucitar.*

Y aconteció que, como efectivamente se había cumplido el tiempo en que había de ser recibido arriba, el Hombre afirmó su rostro para ir hacia Jerusalén. Entonces envió a algunos de nosotros por delante de él, para que entraran a la ciudad de los samaritanos para prevenirles de lo que iba a suceder. Pero, cosa extraña, no lo recibieron, porque era su traza de ir a Jerusalén. Al enterarse del desplante que le habían hecho al Maestro, Jacobo y Juan le preguntaron al Señor si quería que mandaran a descender fuego del cielo y los consumiera, como había hecho Elías en el pasado remoto.

-        *Ustedes no saben de qué espíritus son*, contestó regañándolos. *Porque el Hijo del hombre no ha venido para perder las almas, sino para salvarlas.*

-        Y, entonces ¿por qué tu Padre Jehová no hizo lo mismo en Sodoma y Gomorra? ¡Contéstame! ¿No ves que ya tus apóstoles quieren hacer lo mismo?

Nada contestó y nosotros tampoco continuamos el diálogo, porque no entendíamos a qué se refería con el cuento ese de que iba a resucitar al tercer día. Y en medio de nuestras dudas y temores nos fuimos acercando a Capernaum, a donde se llegaron a Pedro los que cobraban las dracmas diciendo que el Maestro no había pagado el dinero de los impuestos.

-        ¡Ay, ahora si!, me dije para mis adentros; y el oro de los reyes magos que ya está que se acaba. Me va a tocar ponerme a hacer cartas astrales y para eso que a estas alturas ni sé en donde quedó mi computador. Mejor será despertar al mago que hay en mí; pero para eso debo despertarme primero yo mismo y, una vez hecho esto, sospecho que he de caer en la cuenta que fue él quien me despertó.

-        *¿Qué te parece Simón?* Le preguntó inmediatamente Jesús. *Los reyes de la tierra ¿de quién cobran los tributos o el censo? ¿de sus hijos o de los extraños?*

-        Me imagino que de los extraños, contestó Pedro con cierto temor por si esta vez sí se hubiera equivocado.

-        *Entonces los hijos son francos,* le contestó el Señor avalando su respuesta. *Pues, para no escandalizarlos, ve al mar y echa el anzuelo; y en el primer pez que pesques tómalo, ábrele la boca y encontrando un estatero dáselo por ti y por mí. Y ahora quiero preguntarles algo a todos ustedes: me di cuenta en el camino de venida que estaban discutiendo algo entre todos. ¿Qué era?*

- Uy, Maestro, que usted si tiene ojo de águila para oír, le respondí. Y ya que los otros doce se callan, porque como que le tienen más miedo que yo, venga le cuento cual es el problema. Pues desde hace días nos hemos estado cuestionando que, como usted anda amenazándonos con el cuento de que lo van a matar, nosotros ya no estamos preguntando que después de que usted se muera, quién ha de ser el mayor en el grupo.

- *Vengan sentémonos un momento. Les ordeno que, si alguno de ustedes quiere ser el primero, sea el postrero de todos y el servidor de todos.*

- ¡Ay Señor! Dilo más duro a ver si el mensaje alcanza a llegar á los oídos del Papa que tienes instalado allá en el Vaticano y lo jerarcas de todas las iglesias.

- *Les voy a contar otra parábola que me encanta,* dijo. *Un hombre tenía dos hijos y, como el menor le dijo que le diera la parte de la hacienda que le correspondía, repartió sus propiedades entre su par de hijos. Días después, juntándolo todo, el hijo menor se fue a una provincia apartada en donde desperdició toda su hacienda viviendo perdidamente. Cuando hubo malgastado todo, vino una gran hambruna en donde él se encontraba, faltándole todo lo que necesitaba. Entonces le tocó trabajar en la tierra de alguien de la comarca que le dio oficio alimentando a sus puercos. Vivía tan mal, que deseaba henchir su vientre con las algarrobas que comían los animales; nadie más se las daba.*

Y, de pronto, volviendo en sí, se imaginaba cuántos jornaleros de su padre tendrían abundancia de pan y él pereciendo de hambre. Se levantó y fue hasta donde su padre quien, viéndolo venir a lo lejos lo abrazó y beso, mientras el hijo confesaba haber pecado contra el cielo y contra él; y le decía él que ya no era digno de ser

227

llamado su hijo, que por eso le pedía que lo tratara como a uno de sus jornaleros. Pero el padre, inmediatamente ordenó a sus siervos traer los mejores vestidos, que pusieran un anillo en su mano y zapatos en sus pies. Y ordeno traer el becerro más gordo, que lo mataran para comer con él en medio de la gran fiesta de recibimiento. Porque éste es mi hijo que estaba muerto y ha revivido; se había perdido y es hallado, exclamó gozoso el padre, mientras le contagiaba su alegría a todos los presentes.

Mientras todo esto sucedía, su hijo mayor que estaba en el campo, apenas llegó, y oyendo la sinfonía y las danzas, le preguntó a uno de los criados qué era lo que sucedía. Cuando el criado le explicó lo sucedido, el hijo mayor se enojó tanto que no quería entrar a la casa. Cuando su padre lo vio, salió rogándole que entrara. Pero el hijo le contestó que hacía cuántos años que él le servía sin desobedecerlo jamás y que nunca en la vida le había dado ni siquiera un cabrito para divertirse con sus amigos. Y le echó en cara cómo, apenas había llegado su hijo menor que se había consumido la hacienda con rameras, había matado para él el ternero más gordo de todos.

El padre, acongojado, le contestó que él siempre estaba con él y que todas sus pertenencias eran suyas, como hijo suyo. Pero que le fue menester hacer fiesta y holgarse, porque su hermano estaba muerto para él y había revivido; que estaba perdido y había sido hallado de nuevo.

-       Pero Maestro, dije cuando terminó la parábola;   esto también me suena como que nosotros estamos divididos en nuestro interior y una parte desea regresar al origen que, en este caso, es el padre de la parábola. Además, el hijo pródigo vuelve con el mejor de los tesoros: con la comprensión que adquirió en la vida que llevó. Cambio los tesoros mundanos por los celestiales. Y así debe ser, porque lo único que nos podemos llevar de esta vida es el grado de comprensión que hayamos adquirido acerca de una sola cosa: de quienes somos. Y por eso me imagino la alegría del padre de este muchacho, al verlo regresar al hogar cargado con lo único que nos pertenece: nuestra comprensión.

- *Es más, aquí va esta otra parábola en la cual hay un hombre muy rico que tiene su mayordomo. Pero éste fue acusando ante él como disipador de sus bienes. Cuando se enteró, le preguntó si era cierto lo que escuchaba acerca de él; que se defendiera de las acusaciones dando cuenta de su mayordomía. El siervo se preguntó a sí mismo qué haría si le quitaban el puesto, pues no sabía cavar y por vergüenza no se iba a poner a mendigar. Entonces, al avispado mayordomo se le ocurrió la genial idea de hacer una lista de quienes le debían dinero a su patrón; y llamándolos, le dijo al primero que debía cien barriles de aceite que anotara sólo cincuenta; a otro que debía cien coros de trigo le dijo que pusiera ochenta. Su actuar discreto le valió la alabanza de su señor porque, dijo él, los hijos de este siglo son en su generación más sagaces que los hijos de la luz.*

Háganse amigos de las riquezas de maldad, para que cuando cometan alguna falta, los reciban en las moradas eternas.

- Maestro, lo de "moradas eternas" ¿es porque hay varios cielos o… varios cuerpos?

- *El que es fiel en lo muy poco también en lo más es fiel; y el que en lo muy poco es injusto, también en lo más es injusto. Pues, si en las malas riquezas ustedes no fueron fieles ¿quién les confiará lo verdadero? Y si en lo ajeno no fueron fieles, ¿quién les dará lo que es*

229

de ustedes? Ya les dije hace tiempo que ningún siervo puede servir a dos señores; porque aborrece al uno y amará al otro, o se allegará al uno y menospreciará al otro. Ustedes no puede servir a Dios y a las riquezas.

-        Y, entonces, ¿cómo fue que dejaste que en el Vaticano y todas sus sectas, ocurriera todo lo contrario? Pregunté con mucha desazón en el alma.

Como los avaros fariseos lo único que hacían era burlarse de todo lo que estaba hablando el Maestro, éste los regañó diciéndoles que ellos se justificaban a sí mismos delante de los hombres, como tantas otras veces lo había mencionado. Pero que Dios conocía sus corazones, porque lo que los hombres teníamos por sublime, era una abominación a los ojos de Dios.

Aprovechando que había allí unos cuántos fariseos y saduceos, me les acerqué con el fin de conversar con ellos, pues sabía que tenían fama de ser enemigos acérrimos entre ellos, tanto como que los primeros son una secta judía exageradamente ortodoxa con unos doscientos años de antigüedad, y los segundos se precian por ser mucho más liberales.

-        Hola fariseos y saduceos, necesito que me expliquen cual es su problemita con el Señor. ¿Por qué están en contra de sus creencias y tanto, que el Maestro los cita a cada rato como lo peor de lo peor?
-        Nosotros formamos uno de los tres grupos que componen el Sanedrín, junto a los saduceos y a los herodianos, respondieron los fariseos. Y queremos mantenernos separados del mundo y sus placeres para no contaminarnos mientras salimos de él.
-        ¡Estupideces, exclamó uno de los saduceos. No hay ningún otro mundo ni hay que tener esperanza de otra vida.

-        Nosotros evitamos los deberes cívicos y resistimos pasivamente a la autoridad romana, contestó el fariseo; mientras que ustedes constituyen un partido político práctico y están dispuestos a cooperar con los romanos y los herodianos. ¡vendidos!

-        Ahí se le salió su clase media. Le devolvió el saduceo el golpe, sabiéndose ellos pertenecientes a una clase social más aristocrática que los fariseos.

-        Cuida tus palabras, saduceo inmundo; recuerda que el pueblo, aun cuando no pertenece ni a ustedes ni a nosotros, nos apoya mucho más que a ustedes. Tampoco olvides que la mayoría de los escribas o doctores de la ley, como estudiantes y expositores profesionales de la ley, son fariseos.

-        Ustedes son una partida de fundamentalistas, conservadores y ortodoxos; mientras que nosotros somos más modernistas, progresistas y liberales.

-        Cuida tus palabras, saduceo ignorante; pues olvidas que la divina providencia ordena los asuntos de los hombres, y enfatiza la dependencia del hombre con Dios, como Padre estricto que vigila atentamente hasta la más mínima infracción de su voluntad; siempre atento para castigarnos en cualquier equivocación.

-        Pues tú también cuida las tuyas, porque Dios no presta atención a los hombres ni tiene interés en nuestros asuntos; somos el árbitro de nuestro propio destino y no esperamos en una tal vida después de la muerte.

-        Claro que los espíritus existen, saduceo ignorante; tanto como la inmortalidad del alma, la resurrección literal de cuerpo y la vida futura. Y es en ella, precisamente, en dónde seremos recompensados o castigados de acuerdo con nuestros hechos en esta vida. Jamás olvide que al morir, todos vamos al Hades, el mundo subterráneo o prisión de las almas; y a donde van

231

a parar para siempre, ustedes y todos los impíos en esta vida. Todo es dirigido por el destino, pero somos libres para actuar como escojamos hacerlo

Viendo que la discusión iba en aumento y que, definitivamente no se iban a poner de acuerdo jamás, volteando a ver al Maestro, como pidiéndole ayuda, le pregunté qué opinaba de esta disputa verbal.

- *El reino de Dios es anunciado desde los profetas hasta Juan, y quien quiera se esfuerza en entrar en él,* fue todo lo que dijo. *Y es más fácil que pasen el cielo y la tierra a que se frustre una sola tilde de la ley.*
- Pues ciento decirte que en la mayoría de las religiones, parece que ahora escriben sin tildes.
- *Y oigan esto: había un hombre rico que se vestía de púrpura y de lino fino, que todos los días hacía banquetes esplendidos. Pues bien, a las puertas de su casa, siempre había un mendigo lleno de llagas llamado Lázaro, que lo que más deseaba era hartarse de las migajas que caían de la mesa del rico; su estado era tan lastimero que hasta los perros venían a lamer sus llagas. Pero un día el mendigo murió y fue llevado por los ángeles al seno de Abraham; poco tiempo después el rico también murió y, luego de sepultado, fue a parar al infierno desde donde alzaba sus ojos en medio de los tormentos, observando a lo lejos a Abraham y a Lázaro en su seno. Suplicaba a Abraham que tuviera misericordia con él o que, al menos, le enviara a Lázaro para que mojando la punta de su dedo en agua, refrescara su lengua en medio del suplicio que le producían las llamas.*

Pero Abraham le contestó que se acordara que él había recibido sus bienes en vida y Lázaro los males; que por eso ahora él era consolado, y el rico atormentado. Y, además, le recordó que había una tan gran profundidad entre ellos y el rico, que los que quieren pasar de un lado a otro no pueden hacerlo. Entonces el rico le rogó que enviara a Lázaro a su casa, porque tenía cinco hermanos a quienes no quería que les sucediera lo mismo que a él. Abraham le contestó que ellos debían oír a Moisés y a los profetas. Como último recurso, el rico le contestó que habría más impacto entre ellos si fuera un muerto quien se los dijera. Abraham dio por terminado el diálogo, cuando le contesto que si no oyen a Moisés y a los profetas, tampoco se habrían de persuadir si alguien se levantara de entre los muertos.

-   Bastante melodramática tu parábola, Maestro. Además ser rico no es malo, lo malo es no saber qué hacer con la riqueza, ¿cierto?

Y, justo en ese momento, antes de que él me contestara, como cruzaban frente a nosotros un grupo de mozalbetes que salían de la escuela cercana, tomó a uno de ellos en sus brazos, lo puso en medio de todos nosotros y dijo que el que recibiera a uno de esos pequeñitos en su nombre, a él lo recibía.

-   *Y quien a mí me recibe, no sólo me recibe sino también a quien me envió. Es más, de cierto les digo que si ustedes no se vuelven y son como niños, jamás entrarán al reino de los cielos. Así pues que cualquiera que escandalice a uno de estos niños que creen en mi, mejor le fuera que se le colgase al cuello una piedra de molino de asno y que se le anegase en lo profundo del mar.*
-   Uy, Maestro, mejor no se vaya a aparecer con piedras de molino por el Vaticano, porque van a salir todos sus inquilinos corriendo despavoridos. Usted no se imagina los escándalos que hay por allá con los niños.

- ¡*Ay del mundo por los escándalos!* Exclamó como si conociera el futuro de su supuesta iglesia. *Porque es necesario que vengan escándalos, mas ¡ay de aquel hombre por el cual viene el escándalo!*

- Pues ahí sí que usted cayó en su propia trampa, porque ¿quién más escandaloso que usted, no le parece?

- *No tengan en poco a uno de estos pequeños, porque sus ángeles en los cielos ven siempre la faz de mi Padre que también está en los cielos. Porque el Hijo del hombre ha venido para salvar lo que se había perdido.*

- Me imagino que con eso de "pequeños" te estarás refiriendo es a quienes vamos creciendo en comprensión en el sendero de regreso al Padre. Como el hijo pródigo ¿Cierto?

Pero nada me contestó, porque al oír todas estas palabras, comenzaron a acercarse todos los publicanos y pecadores para escuchar aún más; mientras los fariseos y los escribas murmuraban que Jesús recibía a los pecadores y que hasta comía con ellos.

- ¿*Qué les parece*, preguntó oyendo sus murmullos, *si un hombre tuviera cien ovejas y se descarriara una de ellas, no iría por los montes, dejadas las otras noventa y nueve, a buscar la que se ha perdido? Y si la hallara, les juro que más se goza de aquella que del resto que no se perdieron. Así mismo, no es la voluntad del Padre que está en los cielos, que se pierda uno de estos pequeños.*

O, ¿qué mujer que tiene diez dracmas, si se le pierde uno, no enciende el candil y barre la casa buscando con diligencia hasta hallarla? Y cuando la encuentra junta las amigas y las vecinas, diciendo que la feliciten porque ha encontrado el dracma que se le había perdido. Así mismo les digo que hay gozo delante de los ángeles de Dios por un pecador que se arrepiente.

- Ah carambas, exclamé pensativo. Eso me suena a que tenemos un ángel de la guarda. Y si eso es cierto, es porque también debemos tener un demonio de la guarda...

- *Por lo tanto, si tu hermano pecara contra ti, ve y redargúyele entre ti y él solo; si te oye has ganado a tu hermano; pero si no te oye, toma aún contigo una o dos personas más, para que en boca de dos o tres testigos, conste tu palabra. Y, si no los oye a ellos, dilo a la iglesia; y si no oyere a ésta, tenlo por étnico y publicano.*

Y oyéndolo la gente, le presentaban niños para que los tocara, mientras nosotros los apartábamos para que no lo molestaran tanto al Maestro.

- *¡No!*, exclamó muy enojado; *dejen que los niños vengan a mí, no se lo prohíban porque de ellos es el reino de los cielos. Recuerden que quien no reciba el reino como si fuera un niño, no entrará en él. Vengan niños los bendigo. Otra vez les digo que si dos de ustedes se convinieren en la tierra, de toda cosa que pidan les será hecho de mi Padre que está en los cielos. Porque en donde están dos o tres congregados en mi nombre, allí yo estoy en medio de ellos.*

- Pero Señor, le dijo Pedro interrumpiéndolo, seguramente pensando en su pasado, ¿cuántas veces perdonaré a mi hermano que pecare contra mí? ¿Hasta siete?

- *No te digo hasta siete, sino hasta setenta veces siete.* Y lo dejó bien aburrido con la respuesta, más de lo que ya estaba.

Y he aquí que se nos acercó alguien con una pregunta que traía para el maestro en la punta de la lengua.

- Maestro bueno, ¿qué bien haré para tener la vida eterna?

Y el Maestro, dándole más importancia a la forma en que le había hecho la pregunta, que a la pregunta en sí misma, le contesto: *¿Por qué me llamas bueno? Nadie es bueno sino uno, a saber, Dios. Y si quieres entrar en la vida, obedece los mandamientos.*

- Pero ¿cuáles son éstos?, respondió el pobre hombre.

- *No matarás, no adulterarás, no hurtarás, no dirás falso testimonio. Honra a tu padre y a tu madre y amarás al prójimo como a ti mismo.*
- Pero eso no es nuevo para mí, dijo el mancebo; todo eso lo he guardado desde mi juventud. ¿Qué más me falta hacer?
- *Pues si quieres ser perfecto, anda, vende lo que tienes y dáselo a los pobres y tendrás tesoros en el cielo; y ven.*

Oyendo esto el muchacho, como el asunto se le puso difícil, se fue entristecido porque tenía muchas posesiones. Al ver su reacción, el Maestro nos miró levantando los hombros, como diciendo que él qué más podía hacer.

- *De cierto les digo que un rico difícilmente entrará en el reino de los cielos.*

- Ah, qué bendición, exclamé. O sea que jamás nos vamos a encontrar con Papas, Obispos, Monseñores y Cardenales por allá en tu cielo. Ya me voy más tranquilo. Pero, espera, no eres el primero en aconsejarnos esto. Buda, teniendo sólo una cosa en su mente y en su corazón, deseando en su alma sólo convertirse en un pobre asceta, corrió feliz hasta donde su padre para contarle su gran idea; pero éste, lejos de alegrarse y apoyarlo, mandó redoblar la vigilancia para que no pudiera salir del palacio y traer más diversiones para disuadir al muchacho de su idea loca. Unos quinientos años después de ésta historia, apareces tú para aconsejar que diéramos a los pobres todas nuestras pertenencias, que cogiéramos nuestra su cruz y te siguiéramos. Pues te cuento que dentro de unos mil y pico de años, Francisco de Assis, "el poberello", hará lo mismo casi dos mil años después de Buda.

Entonces me le acerqué al joven rico y le dije: óyeme tú qué crees oírme. No añores otro tiempo vivido a no ser que puedas vivirlo de nuevo; porque para ti, todo lo añorado es lo mejor vivido. Mejor cree en el horizonte y camina hacia él sin importar el frío, el hambre ni el cansancio; pues ese es el simple precio mortal de tu camino. ¡Qué importa lo que pierdas, después lo repondrás! Además, lo que acá es ganancia para unos, al otro lado puede ser pérdida. Sé que después serás algo; sé el desperdicio, el ultrajado, el vencido, que ese sea tu alimento. Y, a cada vez que estés cansado en ese tu camino y las tentaciones te susurren: ¡oye, por aquí no es, es allá por aquel sendero más fácil. Acuérdate de los caminos que siempre fueron arduos y distintos; y, a cada tentación que venzas, te sentirás más animado para ir más lejos, siempre hacia arriba y no hacia abajo. Porque entre más subas en tu vida más has de ver y recordar, que siempre hacia arriba hay una cima desde la cual verás lo que dejas atrás y encuentras adelante. Por eso parto antes para abrirte más el camino, sembrando fe en los abismos.

No busques comodidad que no hallarás, mejor busca frío y sentirás alivio; porque entre más subas más frío te hará y entre más padezcas más sabrás aguantar. Tampoco busques compañía si no estás tú mismo contigo; pues sólo cuando estés seguro de conocerte, sabrás a quien buscar y encontrarás tu amigo. Pero sólo si te conoces sabrás conocer al hombre. Por eso es afortunado quien sale en la búsqueda de sí mismo ¡Sí! Pero más afortunado es quien se encuentra, porque no todo el que camina llega ni todo el que llega encuentra. Más, en verdad aprendí y oíste, que siempre en la soledad está el camino que lleva a uno mismo y al sendero eterno. Es éste el que debemos buscar y sólo se encuentra si damos primero con el que a uno llega.   Pero el bullicio, la multitud, las distracciones y la vida misma te desvían a cada instante; por eso niégate a ti mismo en esta vida y piérdete del gentío que, al hacerlo, tendrás soledad para pensar en lo que no has pensado, y encontrarás un ser meditabundo y alegre quien busca algo que se le ha perdido.   Ese ser serás... ¡tú mismo! que te has encontrado en la curva de cualquier paisaje, pero en la más alta montaña. Conversa con él, tiene mucho que contarte, pues anda buscándote y viene del sitio para el cual tú vas. Síguelo, si estás seguro de querer seguirlo, que en ese momento tú... ¡serás!

- *Pero ojo*, advirtió el Maestro interrumpiéndome, *recuerden que más liviano es el trabajo de un camello pasando por el ojo de una aguja, que entrar un rico en el reino de los cielos.*

- Pues ojalá no se le ocurra a ningún Papa decretar por medio de alguna bula papal, que hay que hacer agujas bien grandes. Pero mira, cuando siento que estoy lleno de mi mismo y con eso me basto, es la única forma de comprender por qué dices que es más fácil que un camello pase por el ojo de una aguja o, creo yo por el ojo de un lazo de amarrar barcos, a que un rico entre al Reino de los Cielos. De pronto, esta clase de rico, como

238

yo, ha mezclado la avaricia con la gula y estoy tan gordo de mí mismo, que no quepo en ninguna parte y menos por el ojo de una aguja. Al menos tú no fuiste avaro con tu energía; porque hubieras podido quedarte en el desierto luego de vencer al Diablo, pero ¿quién se hubiera dado cuenta? Saliste a contar no sólo que sí se podía vencerlo sino cómo hacerlo. Oye, Maestro, pero y, entonces, según esto ¿quién podrá salvarse?

- *Pues, para los hombres esto es imposible, pero para Dios todo es posible.*

- ¿Y si es imposible, entonces, para qué les dices eso, si de todos modos es imposible? A veces no te entiendo Hombre. Además, me parece que aquí "rico" es el hombre que busca el pago, el lleno de méritos, de vanagloria, de vanidades, el que se atribuye todo a sí mismo como si fuera él el origen de la luz. Ese debe ser el rico al cual te refieres con esta parábola ¿cierto? De esos sí se dónde hay bastantes, empezando por mí.

Y Pedro, que tampoco se aguantó con lo de quién era o qué era ser rico, levantándose preocupado le dijo: pero nosotros hemos dejado todo por seguirte ¿qué tendremos?

Uy, se le había salido al apóstol lo interesado que era, de modo que nos quedamos esperando el regaño del maestro.

- *De cierto les digo que ustedes, quienes me han seguido, en la regeneración, cuando se ha de sentar el Hijo del hombre en el trono de su gloria, ustedes también se sentarán sobre doce, perdón, sobre trece tronos, para juzgar a las doce tribus de Israel.*

- ¡Ay, qué tan de buenas yo, Maestro! Exclamé. Hágame el favor de quitarme de la lista porque no quiero juzgar a nadie.

- *¡Por qué! ¿No quieres estar ahí?*

-        No, es que acabo de caer en la cuenta por lo que nos reconfirmas, que todo este cuento falso del juicio final es sólo para las doce tribus de Israel y, como yo no pertenezco a ninguna de ellas, entonces no voy a meterme en asuntos que no me incumben. Además. ¿no dizque no debemos juzgar a nadie para que no seamos juzgados? Ya las doce tribus de Israel tienen su propio karmita con ser lo que son y creerse ser lo que creen ser: judíos y, además, Hijos del Dios.

-        *Cualquiera de que deje casas, y aborrece a hermanos, hermanas, padre, madre, mujer, hijos, tierra y aún su vida por mi nombre y del evangelio, recibirá cien veces tanto y heredará la vida eterna. Quien no lo haga no puede ser mi discípulo. Cualquiera que no trae su cruz y viene en pos de mí, tampoco puede ser mi discípulo. Muchos primeros serán los postreros y postreros primeros.*

-        Como en cualquier negocio, concluí. Además, cuando uno ha alcanzado algo y encuentra algo mejor, lo que antes era lo primero pasa a segundo plano. Yo prefiero el bien a le verdad.

-        *Prefiérelo como quieras, pero ¿cuál de ustedes, queriendo edificar una torre, no cuenta primero sentado los gastos, si tiene lo que necesita para acabarla? Porque después que haya puesto fundamento y no pueda acabarla, todos aquellos que lo ven se van a burlar de ustedes, diciendo que comenzó a edificar y no pudo acabar. O ¿cuál rey, habiendo de hacer guerra contra otro rey, sentándose primero no consulta si puede salir al encuentro con diez mil al que viene con veinte mil? De otra manera, cuando aún el otro está lejos, le ruega por la paz enviándole una embajada. Así pues, cualquiera de ustedes que no renuncie a todas las cosas que posee, no puede ser mi discípulo.*

Además, el reino de los cielos es semejante a un padre de familia que salió por la mañana a buscar

obreros para su viña. Y, habiéndose concertado con los
obreros en un denario al día, los envió a su viña. Cuando
salió como a las tres, viendo otros que estaban en la
plaza ociosos, les dijo que si querían ir a trabajar
ofreciéndoles lo justo. Y ellos fueron a trabajar. Después
salió cerca de la hora sexta y de la nona, e hizo lo mismo.
Y saliendo cerca de la hora undécima, encontró otros que
también estaban ociosos a quienes les preguntó que por
qué estaban sin oficio; apenas le dijeron que porque
nadie los había contratado, les dijo que fueran a su viña a
trabajar y que recibirían el pago justo. Cuando fue la
tarde del día, el señor de la viña mandó a su mayordomo
a llamar los obreros para pagarles el jornal. Comenzó
desde los postreros hasta cuando llegó a los primeros. Y
viniendo quienes habían ido cerca de la hora undécima,
recibieron cada uno su denario. Y, viniendo también los
primeros pensando que habían de recibir más, pero cada
uno recibió su denario, lo tomaron de mala gana
murmurando contra el padre de familia que los había
contratado. Alegaban que los últimos en llegar al trabajo
y que sólo habían trabajado una hora, les habían pagado
lo mismo que a ellos, que habían llevado la carga y
soportado todo el calor del día. ¿Y saben qué le dijo el
padre de familia a uno de ellos?

- *Amigo, no te hago agravio. ¿No te*
concertaste conmigo por un denario? Toma lo que es tuyo
y vete; porque he querido dar a este postrero como te di a
ti. ¿Acaso no me es lícito hacer lo que quiera con lo mío?
O ¿es malo tu ojo porque yo soy bueno? Así los primeros
serán postreros y los postreros primeros. Porque muchos
son llamados, mas pocos los escogidos.

Con esta parábola nos dejó aburridos y
pensativos a más de uno de nosotros. El padre de familia,
que según lo que comprendo, representa el Bien, porque
él mismo dice que es bueno, tenía razón en que cada

241

trabajador se había comprometido con lo suyo; pero, como envidiosos existen en todas partes, debió ofrecer menos a quienes iban a trabajar menos, para no crear envidias innecesarias entre obreros que, seguramente, tenían más músculo que comprensión... Pienso que esta parábola es una reflexión acerca de que debemos aprender a obrar desde el Bien, por el placer de obrar y no por la recompensa. Si mi placer está en compartir el bien, la bondad y en prestarle una manito al prójimo; si ese en mi placer, ese ya es mi pago. Y, si ese es mi jornal, la ingratitud ajena no tiene por qué afectarme. Porque si me afecta, es que entonces no estoy actuando desde el Bien, sino esperando algún pago o recompensa. Yo quisiera, como este padre de familia, decir que soy bueno. Y voy a proponérmelo de ahora en adelante.

Después de semejantes lecciones Jesús resolvió subir a Jerusalén por un camino áspero en donde, de repente, nos detuvo a los trece diciéndonos que quería descansar un poco. Pero yo creo que eso era más bien un excusa de último momento, porque nos veía atemorizados. Y así fue. Lo que quería era advertirnos algo contundente, algo que según él estaba tan cerca que ya no podíamos hacer nada para impedirlo.

- *He aquí subimos a Jerusalén,* dijo, *en donde el Hijo del hombre será entregado a los príncipes de los sacerdotes y a los escribas, quienes le condenarán a muerte.*
- Me encanta que hables en tercera persona, dije interrumpiéndolo. Porque eso significa que no es a ti a quien van a entregar sino "a alguien" en ti". Como un "Yo" tuyo.
- *Y, además, le entregarán a los gentiles,* añadió*; para que le escarnezcan, azoten, escupan y crucifiquen; mas ya ustedes saben que al tercer día resucitará.*

La verdad es que, cada vez que él nos hablaba en esos términos, no entendíamos nada de lo que nos decía. Y, habiendo continuado nuestro camino, ya llegando a las puertas de la ciudad, salió a recibirnos la madre de Jacobo y Juan. Me alegré ver cara conocida en medio de tanta incertidumbre y pensé que venía ofrecernos su casa para descansar un rato. Pero no, ella venía con una inquietud y pregunta muy personal, la misma que el par de apóstoles, sus hijos, querían hacerle al Maestro desde hacía rato pero no se atrevían a formularle.

- *¿Qué quieres?* Le preguntó el Señor.
- Que se sienten mi par de hijos, el uno a tu mano derecha y el otro a tu izquierda, cuando estés en tu reino.
- *Me parece que estás loca, no tienes ni idea de lo que me estás pidiendo.*
- Maestro, querríamos que nos hagas ese favor, dijeron Jacobo y Juan secundando a su madre. Danos que en tu gloria nos sentemos a tu lado.
- *¿Acaso ustedes pueden beber el vaso que yo he de beber y ser bautizados del bautismo que yo soy bautizado?*
- Pues sí, podemos, contestaron en coro.
- *En verdad, mi vaso beberán y del bautismo que yo soy bautizado, serán bautizados; pero sentarse a mi mano derecha e izquierda no es mi decisión, sino que a aquellos para quienes está aparejado de mi Padre.*
- ¿Y es que acaso no tienes una pequeña influencia con él? Mira que somos los del grupo, dije pensando también en mí. Además ¿cómo así que solo a ellos dos? ¿Y los otros once por qué no podemos?

Aquí Jacobo y Juan me parecían los típicos politiqueros que, habiendo apoyado al candidato de turno, ahora le pedían puesto, como cualquiera pidiendo un

243

ministerio al lado del presidente. Vaya la gente que había escogido este Hombre para ser sus apóstoles. Con razón la iglesia que había resultado de allí...

-       *Dejen de pelear entre ustedes,* exclamó el Maestro. *Qué va a decir la gente, siendo los más cercanos a mí. Ustedes saben que los gentiles se enseñorearán sobre la gente, y los que son grandes ejercen sobre ellos potestad; pero entre ustedes no será así, sino que quien quisiera entre ustedes hacerse grande, tiene que ser el servidor de los demás. Ya se los había advertido antes, qué poca memoria tienen. Y deben hacerlo así como el Hijo del hombre no vino a ser servido, sino para servir y para dar su vida en rescate por muchos.*

-       Uy, Hermano, que no te vaya a oír el Papa, porque creo que ese se fue por el lado de que es mejor que lo sirvan a él.

Me miró con cara de... "¿y tú de qué hablas"? diciéndonos que teníamos que ir a Jericó, a donde también nos acompañó mucha de la gente que había salido de Jerusalén. Realmente andar con este tipo era mantener la lengua afuera del cansancio. Jamás se detenía ni a hacer sus necesidades.... Por eso le dije: Señor, a veces siento que ya no puedo; como si acaso fuera yo quien lo estuviera haciendo; olvidando así, Dios mío, que tan sólo soy el instrumento en donde tú, el gran creador, interpretas tu melodía divina. Y, a veces me tiemplas y afinas para agudizar tu sonido; pero otras veces me aflojas para ser la melancolía o la dulce nota del amor perdido que es, además y en última instancia, lo que me pides: que recuerde ser lo que siempre soy: el amor y el sonido en mí... perdido.

Y andando así nos encontramos con Bartimeo, el hijo ciego de Timeo, quien estaba como siempre, sentado ahí al lado del camino mendigando gracias a su ceguera. Y como se percató por el ruido de la multitud, que era el Nazareno quien se aproximaba, comenzó a dar voces y a gritar, mientras la gente lo regañaba para que dejara la bulla que era cada vez más alta: ¡Jesús, Hijo de David, ten misericordia de mí!

Pero cuando oyeron que Jesús lo mandaba llamar, los mismos que lo mandaban callar le dijeron que tuviera confianza, se que levantara y fuera hasta donde él. Entonces se echó su capa al hombro, se levantó como pudo y se dirigió hasta donde estaba el Maestro, tanteando aquí y allá.

- *¿Qué quieres que te haga?* Le preguntó el Maestro cuando lo tuvo enfrente.

- Maestro, que recobre la vista.

- *Ve, tu fe te ha salvado*, le dijo el Maestro al ciego, quien desde entonces comenzó a seguirnos alabándolo.

- Quién sabe si te hubiera seguido de estar ciego, pregunté al Hombre. Pero no he dejado de caer en la cuenta que el tema de la Fe te es primordial a la hora de hacer cada uno de tus milagros. Siempre la fe es quien hace el milagro y no tú..

Y, pasando por Jericó nos encontramos con Zaqueo, uno de los principales y más ricos publicanos de la región. Bueno nos encontramos con él pero como había tanta gente y él era tan bajo de estatura, casi que no nos percatamos de su presencia. Lo vimos, no sólo porque se subió a un sicomoro, sino porque Jesús, apenas lo vio trepado le dijo: *Zaqueo, bájate inmediatamente de allá, porque hoy es necesario que me quede en tu casa.*

Cómo no se iba a poner contento el hombre, si había quedado muy bien parado ante todos los que habían oído que sería en su casa en donde todos nos íbamos a quedar. Éramos tantos que el Maestro siempre sabía en donde alojarnos a todos... Pero varias persona de entre del público comenzaron a murmurar que cómo era posible que el Maestro se fuera a quedar en la casa de un pecador. Pecador o lo que fuera, pero el Maestro sabía en donde daban buena comida y se dormía mejor.

- He aquí, Señor, la mitad de mis bienes los doy a los pobres, dijo Zaqueo apenas llegamos a su casa; y, si en algo he defraudado a alguno, le devuelvo cuatro veces más.

- *Pues hoy ha venido la salvación a esta casa*, dijo el Señor; *por cuanto también eres hijo de Abraham. Porque el Hijo del hombre vino a buscar y a salvar lo que se había perdido.*

- Oye Zaqueo, le dije al anfitrión levantando la mano para llamar su atención. ¿Acaso no eres tu uno de los publicanos? ¿Por qué te llaman así?

- Porque nuestro oficio es recaudar los impuestos internos para Roma, asunto que es muy insultante para los judíos en vista de que es un reconocimiento tácito de sumisión a Roma. También recaudo el impuesto sobre las propiedades, que también les es ofensivo, porque este pago lo consideran un insulto a Dios, a quien ellos reconocen como el único dueño verdadero de la tierra y dispensador de todos sus productos. Pero fíjate que la mayoría de nosotros somos judíos y, en cierta manera, tenemos que extorsionar a la gente para ganar algo y, con la complicidad de los soldados romanos, explotamos todo lo posible nuestras fuentes de recursos.

- Me imagino que por eso los detestan y los aíslan de la sociedad ¿no? Porque rara vez los he visto por el templo o la sinagoga. Mejor dicho, ustedes son

246

lacayos de los odiados romanos y considerados como traidores de Israel. Con razón Jesús nos alerta acerca de su bajo estado moral, pero se les acerca como pecadores que son, invitándolos al famoso arrepentimiento pregonado por Juan.

-        Nosotros apreciamos su bondad, y algunos cuántos creemos en él y queremos ser discípulos suyos. Fíjate que yo estoy recibiéndolos a ustedes en mi casa, a donde también han venido muchos de mis compañeros publicanos.   Leví Mateo, con quien se relaciona Jesús, y que llegó a ser uno de sus seguidores, también es un judío cobrador de impuestos.

-        *Escuchen, ahora que estamos cerca de Jerusalén*, dijo el Maestro interrumpiéndonos: *el reino de los cielos será semejante a diez vírgenes que, tomando sus lámparas, salieron a recibir al esposo. Cinco de ellas eran prudentes y otras cinco eran fatuas y tanto que, tomando sus lámparas no les pusieron aceite. En cambio, las prudentes tomaron aceite en sus vasos, juntamente con sus lámparas. Y, tardándose el esposo, cabecearon todas y, por fin, se durmieron. Y a la media noche oyeron un clamor que decía que el esposo había llegado, que salieran a recibirlo.*

Las vírgenes se levantaron inmediatamente, aderezaron sus lámparas o, al menos, las prudentes, pues lo que hicieron las fatuas fue pedirle a las otras cinco que les dieran de su aceite, porque si no sus lámparas no encenderían. Obviamente éstas respondieron que no, porque de pronto también les hacía falta como a ellas; tan sólo les aconsejaron que lo fueran a comprar, cosa que así hicieron. Pero mientras lo hacían, llego el esposo y quienes estaban listas entraron con él a la boda, cerrando tras de sí la puerta. Cuando llegaron las cinco vírgenes necias golpeando la puerta y diciéndole al Señor que les abriera la puerta, él les respondió diciendo que no las conocía.

-       Pues Maestro, esta sí me queda fácil de interpretar y no se necesita ser astrólogo para eso. Si miro hacia atrás sólo hay puertas de salida; si miro hacia adelante sólo hay puertas de entrada. De mí depende, como de las vírgenes, que ambas estén abiertas o cerradas. Y, además oiga usted: son tres niveles de conocimiento o de comprensión los que veo en su narración; el de los dos tipos de vírgenes y el del esposo. ¿Voy bien?

-       *Si, continúa.*

-       ¿Será que el aceite es lo que se comprende y es ese tipo de comprensión lo que permite que la lámpara tenga luz? Porque ¿de qué sirve una lámpara sin aceite? Unas lámparas lo tienen y las otras no. Y ¿si la lámpara soy yo y el aceite el conocimiento interno? Porque el aceite está dentro de la lámpara y es desde allí que ha de emitir la luz. Eso me da a pensar que el camino de la luz es desde adentro y no desde afuera. El camino externo de la luz es el camino del sol, la eclíptica zodiacal. Muchos en la vida somos así, como las necias lámparas sin aceite, que servimos para tres cosas ¿Viste lo del tres también en este ejemplo?

Las vírgenes necias se fueron a buscar el aceite de afuera, es decir la enseñanza externa que les permite valorarse a sí mismas según los resultados de la vida diaria. Son como cualquier paralítico que, sabiendo lo que hay que hacer internamente, no lo hacen. Saben la verdad pero, al no comprenderla, no la aplican y viceversa. Que brutos que somos cuando actuamos así. Pero, bueno Maestro, ¿qué opinas?

-       *Te falta el resto de la parábola.*

-       El esposo representa ese nivel de ser superior que llega atraído por la luz o al cual llegamos guiados por la misma luz, que es algo así como la comprensión que hemos adquirido. Mira cómo las necias fueron por aceite esperando una recompensa, seguramente te habían escuchado; mientras que las otras obtuvieron no lo que deseaban, sino lo que les estaba destinado por el hecho de haber realizado el esfuerzo correcto y, como resultado, entraron con el esposo al estado al cual él les permitía acceder por su actuar interno. ¿Te quedó claro? ¡Qué me dices!

- *Te digo a ti y a los demás que velen, porque ustedes no saben el día ni la hora en que el Hijo del hombre ha de venir. Es más, el Reino de los cielos, también es semejante a un hombre noble que partió a una provincia lejana para tomar para sí mismo un reino y regresar después. Y entonces, llamando a diez siervos suyos, les dio diez minas o talentos diciéndoles que negociaran con ellas mientras él regresaba de la expedición. Más, sus ciudadanos, como lo aborrecían, enviaron detrás de él una embajada diciéndole que no querían que reinara sobre ellos. De todos modos se fue y, al regresar mandó llamar a sus siervos para saber qué habían negociado con el dinero que les había confiado.*

Y, como vino el primero diciendo que su mina había ganado diez minas, él lo tuvo como muy buen siervo, porque en lo poco había sido fiel y que, por lo tanto, le iba a dar potestad sobre diez ciudades. Luego llegó otro de ellos diciéndole que también su mina había dado cinco minas más. Motivo por el cual a éste le dio potestad sobre cinco ciudades. Pero, cuando le correspondió al último dar cuentas, le dijo al Señor que él había guardado la mina en un pañizuelo, porque había tenido miedo de él por ser un hombre tan recio, que sabía que tomaba lo que no había puesto y segaba lo que no había sembrado.

- *¡Mal siervo! De tu boca te juzgo, le contestó el Señor. Sabías que yo era hombre recio, que tomo lo que no puse y siego lo que no sembré. ¿Por qué,* *entonces, no diste mi dinero al banco y yo, viniendo, te preguntara por el logro? ¡Quítenle la mina y dénsela al que tiene diez!*

-        *Pero Señor, si él ya tiene diez minas, exclamaron los demás.*

-        *Pues les cuento que a cualquiera que tenga le será dado; mas al que no tiene, aún lo que tiene le será quitado. Y, tráiganme a los enemigos que querían que yo no reinara sobre ellos y degüéllenlos delante de mí.*

En el día postrer de la gran fiesta, Jesús se puso en pie clamando a los cuatro vientos que si alguien tenía sed, viniera a él para beber.

-        *Quien cree en mí, como dice la Escritura, ríos de agua vivan correrán de su vientre.*

Y esto dijo del espíritu que habrían de recibir los que creyeran en él; pues aún no había venido el Espíritu santo, ya que según Jesús, él mismo aún no estaba glorificado. Fue entonces cuando la muchedumbre comenzó a preguntarse tanta vaina: que si sería un profeta, que si sería el Cristo. ¿De Galilea ha de venir el Cristo?, se cuestionaban otros incrédulos. ¿Acaso no dicen las Escrituras que viene de la simiente de David y de la aldea de Bethlehem, de donde era el mismo David?

-        Dejen de pensar así, les dije con tono de angustia. Lo importante es que ustedes mismos sean el Cristo para sí mismos y no para los demás. Tan sólo que es a través de ellos la única forma de poder serlo... Para poder ser tienen que dejar de ser lo que ahora son: y, cuando sean, tienen que dejar de ser lo que van a ser; y cuando dejen de ser lo que van a ser...

Había mucha división entre la gente y yo sí que conocía de divisiones acerca de uno mismo cuando se vive con el pueblo. Tanta división había, que muchos querían arrestar al Maestro, pero no pudieron ponerle las manos encima.

- ¿Por qué no lo trajeron? Preguntaron los principales sacerdotes a los ministriles y a los fariseos. ¡Malditos estos comunales que no saben la ley!
- Un momento, ¿acaso juzga nuestra ley a un hombre si primero no oye de él y entiende lo que ha hecho? Les preguntó Nicodemo quien, además, era uno de ellos mismos.
- ¿Eres tú también Galileo? Escudriña y observa como de Galilea jamás se levantó un profeta. Respondieron los príncipes yéndose cada uno a su casa, cuando ya nosotros estábamos en el monte llamado de las Olivas; una bella ladera en Getsemaní que tenía una preciosa vista hacia Jerusalén..

A la mañana siguiente el Maestro no se aguantó las ganas de volver al templo a joderles la vida a los fariseos y a los escribas. Y, estando sentados, todo el pueblo vino a escucharlo como si no tuvieran nada más que hacer. Y los primeros llegaron con una nueva presa entre sus manos: una mujer adúltera que había sido pescada en infraganti. Apenas la pusieron en vergüenza en medio de todos, la acusaron ante el Maestro diciéndoles que como la ley de Moisés decía que había que apedrearla, él qué opinaba. Y claro que se lo decían para tentarlo y así poder acusarlo. Pero si algo tenía el Señor, era ni un pelo de bobo. Y, mientras hablaban, se puso a escucharlos y hacía algún dibujito con su dedo en la arena.

- *Quien de ustedes esté sin pecado que le arroje la primera piedra.* Contestó de una manera absolutamente saturnina, mientras, sin darles importancia, siguió escribiendo en la arena.

Esa si fue una cachetada cósmica que a unos los puso a pensar y a otros a tirar al suelo las piedras que ya habían alzado para lazárselas a la adúltera. Y todos, viejos y jóvenes, comenzaron a retirarse cada uno con su conciencia golpeada, hasta cuando quedaron solos la mujer y el Maestro. Claro, ahí me acordé que "piedra" es el símbolo de la mente literal. Y Jesús se las acababa de hacer arena…

- *¿En donde están quienes te acusaban?* Le preguntó Jesús enderezándose. *¿Nadie te ha condenado? Yo tampoco te condeno, vete, pero no peques más.*

Y, entonces, dijo el Señor que él era la luz del mundo y que quien lo siguiera no andaría en tinieblas, porque tendría la lumbre de la vida.

- Estás dando testimonio de ti mismo, exclamaron los fariseos quienes, yéndose, regresaron al oírlo. Tu testimonio no es verdadero.
- *Pues, aunque yo doy testimonio de mí mismo, es verdadero, porque sé de donde he venido y hacia dónde voy. Pero, ustedes no saben de dónde vengo ni hacia donde voy. Ustedes juzgan según la carne, mientras que yo a nadie juzgo.*
- ¡Uy Maestro! Ahí sí perdóneme que me ría, pero entonces ¿qué es lo que ha venido haciendo todos estos años? Y que no le parezca una ofensa mi pregunta, pero usted no ha hecho sino sacarle los cueros al sol a los fariseos y a otros cuántos. ¿Acaso eso no es juzgar?
- *Pues si juzgo, mi juicio es verdadero, porque no soy yo solo, sino que yo y quien me envió, el Padre.*

-	Ah no, no me venga con esa imbecilidad, porque con esa excusa cualquiera se puede sentir la voz de Dios. Con razón el Papa que tenemos.

-	*Soy yo quien doy testimonio de mí mismo y de mí da testimonio quien me envió; el Padre.*

-	Pues, entonces, muéstreme la carta de recomendación o sus credenciales, porque yo mismo a veces me digo que si no creo en Dios o en una energía superior, tampoco creo en mí. Y, que si no creo en mí, entonces, ¿para qué estoy vivo? Estoy vivo, precisamente, para creer en mí antes que en nada ni en nadie más.

-	¿En dónde está tu Padre? le preguntaron a su vez los fariseos, sin tampoco creerle la excusa tan traída de los cabellos que acababa de dar.

-	*Ustedes no me conocen ni a mí ni a mi Padre. Si me conocieran, también lo conocerían a él*, les contestó Jesús ahí paradito al lado del lugar de las limosnas del templo. *Me voy y me buscarán, pero ustedes morirán en su pecado; pues a donde voy, ustedes no pueden venir.*

-	¿Es que acaso te vas a matar a ti mismo, que dices eso? Le preguntaron sin poder aún detenerlo porque no había llegado el momento oportuno.

-	Oye Maestro, de pronto estos tipos tienen razón, pues yo también creo que a uno nada ni nadie lo mata, que uno mismo se mata a través de algo o de alguien. Porque esa es la muerte que atrae.

-	*Ustedes son de abajo, yo soy de arriba*, contestó. *Ustedes son de este mundo, yo no lo soy. Por eso les digo que morirán en sus pecados; porque si no creyeron que yo soy, en sus pecados han de morir.*

-	¿Y tú quien eres para que nos hables de esa manera?

-	*Soy quien les he dicho que soy desde el principio. Muchas cosas tengo que decir y juzgar de ustedes; pero quien me envió es verdadero y lo que he oído de él, es lo que hablo al mundo. Y si no entienden, cuando levanten al Hijo del hombre, entonces entenderán que yo soy y que nada hago de mí mismo; sino que como el Padre me enseñó, esto hablo. Porque quien me envió está conmigo; no me ha dejado solo, porque yo hago lo que a él le agrada.*

- Oye Jesús, le llame la atención interrumpiéndolo. Por más que muchos crean en ti por lo que dices, ya es hora de que eleves un poco más a tu gran papá; porque si a ese Dios que llamas tu Padre, le agradan o le desagradan las cosas, es que no está por encima del bien y del mal y se parece más a nosotros que a alguien superior. Te lo pregunto de nuevo: ¿no será que en vez de habernos creado, fuimos nosotros quienes lo creamos a él a nuestra imagen y semejanza? No creo que una energía tan superior como esa, esté en el mismo cuento de agradarle o no algo o alguien; de descargar o no su ira sobre la pobre e ignorante masa de descerebrados que él mismo dizque creó

- *Si todos ustedes, judíos y quienes me oyen, permanecen en mi palabra, serán mis verdaderos discípulos; y conocerán la verdad y esa verdad los liberará.*

- ¡Ahí si tienes razón! exclamé jubiloso. Yo sí creo que la verdad nos hará libres de tanta ignorancia en la que nos han mantenido. Además debemos ir evolucionando desde una ignorancia como la de estos judíos, ascendiendo a una vida en la cual mezclamos ésta con una actividad cualquiera; y de allí pasamos a mezclar una recta actividad con destellos de iluminación que, bien llevada, nos deja acceder a la iluminación total. Con o sin el agrado de su papá.

- Somos simiente de Abraham, respondieron los judíos a su vez. Y, si jamás servimos a nadie, cómo nos dices que seremos libres?

- Un momentico judíos desmemoriados, les dije dirigiéndoles una mirada impávida. ¿Cómo así que no sirvieron a nadie? Y ¿no dizque ustedes fueron esclavos de los egipcios? Y quién sabe antes de ellos de quién más lo habrán sido. De modo que no se las vengan a dar de tan liberaditos.

- *De cierto les digo que todo aquel que hace pecado es esclavo del pecado,* respondió el Hombre justamente. *No es el siervo quien queda en casa para siempre, sino el hijo. De modo que si el Hijo los liberara a ustedes, serían verdaderamente libres. Sé que ustedes son simiente de Abraham, pero procuran matarme, porque mi palabra no cabe en ustedes. Yo hablo lo que he visto cerca del Padre, pero ustedes hacen lo que han oído acerca de su padre.*

- Nuestro padre es Abraham

- *Pero si en verdad lo fueran, harían sus obras. Sin embargo, ahora quieren matarme, a mí quien les ha hablado la verdad que he oído de Dios. No hizo esto Abraham. Ustedes hacen las obras de su padre.*

- Nosotros no somos nacidos de fornicación y tenemos un padre que es Dios.

Uy, y eso sí que me sonó como pedrada en ojo tuerto; porque me parecía que le estaban echando en cara a Jesús el linaje de su nacimiento que había sido tan discutido, con el cuento ese de la palomita del Espíritu santo y que José no era su padre verdadero. Ayayay, de verdad que en los pueblos todo se sabe tarde o temprano y jamás se olvida. Y mucho menos si es un chisme. Por eso creo que sin duda y también, tarde o temprano, terminaré por encontrar por fuera, lo que hay dentro de mí.

- *Si su padre fuera Dios, ciertamente me amarían porque yo sí he salido y venido de Dios. No he venido de mí mismo sino que él me envió. ¿Por qué no reconocen mi lenguaje? Porque no pueden oír mi palabra. Ustedes son hijos de su padre el Diablo y son sus deseos los que quieren cumplir. El homicida lo ha sido desde el principio y no permaneció en la verdad, porque no hay verdad en él. Cuando habla mentira, de suyo habla; porque es mentiroso y padre de mentira. En cambio, porque yo digo verdad no me creen ¿Quién de ustedes me redarguye de pecado? Si digo verdad ¿por qué no me creen? Quien es de Dios sus palabras oye; por eso ustedes no las oyen, porque ustedes no son de Dios.*

- ¿No decimos bien nosotros que tú eres samaritano y tienes demonio?

- *Yo no tengo demonio,* respondió enfáticamente el Señor; *antes honro a mi Padre y ustedes me han deshonrado.*

- No Maestro, ahí si tampoco estoy de acuerdo con usted, dije metiéndome en el diálogo tan largo. Si usted es un ser superior, debe estar por encima de sentirse honrado o deshonrado. A uno nadie lo puede deshonrar porque, sencillamente, está por encima de que lo afecte cualquier cosa que digan acerca de uno mismo. Y, desconocen su lenguaje porque, precisamente, usted jamás se los ha explicado; y ya le dije que esa táctica va a acabar matándolo.

- *Pero es que yo no busco mi gloria, para eso hay quien la busque y juzgue. Por eso te digo que quien guarde mi palabra no verá muerte para siempre.*

- Ahora sí que estamos seguros que tienes demonio, le aseguraron de nuevo los judíos. Abraham y los profetas murieron, y tú dices que quien guarde tus palabras no morirá para siempre. ¿Eres mayor que nuestro padre Abraham, el cual murió? Y los profetas también murieron ¿Quién te haces a ti mismo?

- *Si yo me glorifico a mí mismo, mi gloria es nada. Es mi Padre quien me glorifica; el mismo que ustedes dicen que es su Dios y, sin embargo, no lo conocen pero yo sí. Si yo dijera que no lo conozco sería tan mentiroso como ustedes; pero sí lo conozco y guardo sus palabras. Abraham, su padre, se gozó por ver mi día, lo vio y se gozó.*

- Aún no tienes cincuenta años ¿y has visto a Abraham? Le preguntaron asombrados y en tono de burla.

- *Pues les cuento que antes que Abraham fuera yo soy.*

Ahí sí no se aguantaron más los judíos y tomando piedras para lanzárselas nos tocó cubrir al Maestro y salimos corriendo del templo, porque la cosa se estaba poniendo peligrosa. Y, apenas salimos, nos encontramos con otro ciego de quien preguntamos a Jesús quien había pecado para que él estuviera ciego, si él o sus padres.

- *Ni éste pecó ni sus padres,* contestó seguro de sus palabras. *Es ciego para que las obras de Dios se manifiesten en él. Me conviene obrar las obras de quien me envió, entre tanto que el día dura; la noche ya viene, cuando nadie puede obrar. Mientras yo esté en el mundo soy la luz del mundo.*

- Oiga Maestro, tengo un montón de amigos Leo que se morirían por secundarlo, dije riéndome de la situación. Pero él, sordo a mis palabras, escupió en tierra, hizo de nuevo un lodo de saliva como tiempo atrás lo había hecho con otro ciego y, untando con el lodo los ojos del invidente, le dijo que se lavara en el estanque de Siloé, que significa enviado. Y al regresar, obviamente, regresó viendo.

- Maestro, yo he hecho el mismo oficio en Tierradentro, le dije; pero me ha tocado conseguir unos buenos amigos oftalmólogos, quienes siempre han operado a los nativos que sufren de la vista. ¿Usted cree que eso, para los enfermos, también se puede considerar como un milagro?

- ¿No es este quien se sentaba a mendigar? Fueron diciendo unos parroquianos que distrajeron al Maestro de mi pregunta. ¿Será él o es uno que se le parece?

- Soy yo, soy yo, exclamó feliz el ex-ciego, mientras les contaba a ellos lo que había sucedió.

Entonces, con el cuento famoso de que era otra vez sábado, los fariseos llevaron al hombre a su presencia y al hacerle repetir la historia, dijeron de Jesús que no era un hombre de Dios, porque no guardaba el sábado. Pero no todos estaban de acuerdo con esta idea, pues otros del grupo se preguntaban que cómo podía ser un pecador alguien que hiciera semejantes señales.

- ¡Es que es un profeta! Exclamó el ex-ciego cuando ellos mismos le preguntaron qué opinaba de Jesús.

Verdaderamente los judíos no creían ni siquiera que el enfermo había sido ciego algún día. Tuvieron que llamar a sus padres, quienes sin saber lo que había sucedido, tan solo testificaron que él sí era su hijo y que sí había nacido ciego. Y, como tenían miedo de los judíos, respondieron que le preguntaran a él mismo cómo había sido y quién lo había curado. Pero los judíos ya tenían planeado que si alguien se declaraba Mesías lo hiciera afuera de la sinagoga.

- Yo no sé si quien me sanó sea pecador, respondió el hombre cuando los judíos se lo preguntaron. Sólo sé una cosa que habiendo sido yo ciego, ahora veo.

Tantas veces le dijeron que contara de nuevo cómo había sido el suceso, que el pobre paisano al fin les preguntó si es que ellos también querían hacerse discípulos de Jesús. ¡Quién dijo miedo! Entonces comenzaron a ultrajarlo y a decir que él si era su discípulo, que ellos lo eran de Moisés porque sabían que Dios le había hablado a él, pero que de Jesús nada sabían.

-        Que maravillosa cosa es que ustedes no saben de donde es él, pero a mí sí me abrió los ojos. Y sabemos que Dios no oye a los pecadores; pero si alguno es temeroso de Dios y hace su voluntad, a éste sí oye. Desde el siglo no fue oído que alguien abriera los ojos de uno que ha nacido ciego. Si éste no fuera Dios, no pudiera hacer nada.

-        En pecado eres todo nacido ¿y tú nos enseñas? Le reviraron al hombre echándolo a los empujones y patadas.

-        *¿Crees tú en el Hijo de Dios?* le preguntó el Maestro apenas se lo encontró sacudiéndose su túnica después del caldo de pata que le habían dado los judíos.

-        ¿Quién es para que crea en él?

-        *El que estás viendo y con quien estás hablando, él es.*

-        Entonces, Señor, creo; exclamó el hombre adorándolo.

-        *Para juicio he venido a este mundo; para que los que no ven, vean; y los que ven, sean cegados.*

Y, apenas oyeron los Fariseos semejante sentencia tan directa, se le vinieron encima preguntándole si era a ellos a quienes se refería con esas palabras.

-        *Si ustedes fueran ciegos no tendrían pecado; pero como ahora dicen que ven, su pecado permanece. De cierto les digo que quien no entra por la puerta en el corral de las ovejas, sino que sube por otra parte, es un ladrón; pero quien entra por la puerta es el pastor de las ovejas a quien el portero abre la puerta y saca a las ovejas llamándolas por su nombre, para que éstas lo sigan porque han reconocido su voz. A un extraño no han de seguir, sino que huirán de su voz.*

Tenían que estar muy brutos los fariseos para no entender esta parábola, pero como el Maestro jamás se las explicaba, así los dejó. Tan fácil que es ver en el Señor a la puerta de las ovejas, que quienes vinieron antes que él son los ladrones a quienes las ovejas no oyeron. Quien entre por la puerta de las ovejas será salvo porque entrará, saldrá y hallará pastos; mientras que el ladrón sólo viene a hurtar, matar y destruir, y él ha venido para que tengan vida en abundancia. O, al menos, eso fue lo que nos explicó.

- *Yo soy el buen pastor quien da su vida por las ovejas*, remató diciendo. *Pero el asalariado, y que no es el pastor, de quien no son propias las ovejas, ve al lobo que viene y, dejándolas, huye mientras el lobo las arrebata y las esparce. Yo soy el buen pastor, conozco mis ovejas y ellas me conocen; como el Padre me conoce yo conozco al Padre y pongo mi vida por ellas. Pero también tengo otras ovejas que no son de este redil, a quienes también me conviene traer y oirán mi voz para que haya un sólo rebaño y un solo pastor. Por eso me ama el Padre, porque yo pongo mi vida para volverla a tomar. Nadie me la quita, yo la pongo de mí mismo. Tengo el poder suficiente para ponerla y para volver a tomarla. Además, éste mandamiento recibí de mi Padre.*

- Oye Maestro, ya sabemos que otros echan demonios en tu nombre y los aceptas, y ahora nos dices que tienes ovejas de otro redil. ¿Quiénes son que no nos has hablado de ellos? ¿Acaso los conociste en tus años perdidos? ¿Por dónde anduviste? ¿Quién te enseñó todo esto?

Pero, como siempre, él se limitaba a decir que si tenía oídos que comprendiera todo lo dicho; que lo importante no era por donde había andado ni quién se lo había enseñado, sino qué era lo que estaba enseñando. Y, precisamente, todas estas palabras no hacían más que dividir a los judíos diciendo de nuevo que no había que oír al Hombre, porque estaba poseído por el demonio. Otros decían que no estaba endemoniado que cómo podía el demonio abrir los ojos de los ciegos. En otra época hubiera yo dicho que todo aquel que no creyera en la doctrina del Vaticano era tenido por ateo, comunista, satánico o, al menos, una pobre alma perdida; como estaban ahora los judíos y fariseos. Sí, nada ha cambiado en la historia; seguimos siendo literalmente igual de brutos y farsantes.

Era época de invierno y de hacer la fiesta de la dedicación en Jerusalén, cuando andando con Jesús en el portal de Salomón, nos rodearon una vez más los judíos para preguntarle al Maestro hasta cuando les iba a turbar el alma; es decir, hasta cuando les iba a estar jodiendo la vida y dañándoles el negocito que tenían montado desde hacía siglos. Como el actual.

- Si eres Cristo, dínoslo abiertamente.
- *Pero si ya se los dije y no me creen,* les contestó él con justa razón. *Las obras que hago en nombre de mi Padre son quienes dan el mejor testimonio de mí mismo y ustedes no me creen porque no son de mis ovejas, como se los cabo de decir. Mis ovejas conocen mi voz y me siguen; les doy vida eterna y no perecerán para siempre ni nadie las arrebatará de mi mano, porque mi Padre, siendo mayor que todos, me las dio y nadie las puede arrebatar de su mano. Mi Padre y yo somos uno.*

Y otra vez los pétreos judíos, en vez de creerle, cogieron piedras para lanzárselas, mientras el Maestro les recalcaba que muchas buenas obras de su Padre les había mostrado, que por cual de ellas lo apedreaban. Y en eso tenía toda la razón.

- No te apedreamos por buenas obras, sino por la blasfemia, porque siendo hombre te haces Dios.

- *Pero ¿acaso no está dicho en su propia ley: Yo dije Dioses sois? Si dijo Dioses a aquellos a los cuales fue hecha palabra de Dios -y la ley no puede ser quebrantada- a quien el Padre santificó y envió al mundo, ustedes dicen que blasfemo ¿porque digo que soy Hijo de Dios? No me crean si no hago obras de mi Padre; pero, si las hago, aunque no me crean a mí, créanle a las obras, para que conozcan y crean que el Padre está en mí y yo en Él.*

Cuando los judíos fueron a cogerlo por lo que estaba diciendo, el Maestro se les escabulló de nuevo de las manos yendo a parar todos nosotros al Jordán, al mismo sitio en donde Juan había estado bautizando años atrás. Allí nos quedamos un buen tiempo, esperando que la marea social que había producido el Señor se calmara un poco. Pero la gente no nos dejó estar solos por mucho rato pues venían hasta donde él diciendo que Juan no había hecho ninguna señal y que todo lo que él había dicho de Jesús había resultado ser muy cierto. Fue entonces cuando aún mucha más gente creyó en el Maestro.

Pero, para mí, creerle no era suficiente y así se lo hice saber. Porque lo importante no era creer en él sino creerle a él. Y creerle a él, era aplicar su palabra. Cuántas veces yo mismo lo había experimentado en la vida, cuando mucha gente, al saber que me encantaba la astrología, lo primero que me preguntaban era que si no creía en Dios, que eso estaba prohibido por la Biblia. Siempre les he contestado que no soy adivino y que no creo en el Dios que ellos creen o, al menos, en la idea de ese Dios perverso que les vendieron desde el Vaticano.

Pero, de repente, mis pensamientos fueron interrumpidos cuando vimos llegar una razón de María, aquella buena mujer que había ungido al Señor con su ungüento limpiando luego sus pies con su larga cabellera, informando al Maestro que su hermano Lázaro, tan amado por él, estaba enfermo en Bethania.

- *Yo creo que esa enfermedad no es para muerte*, contestó el Maestro por tranquilizar a quien llegaba con la razón; sino por gloria de Dios y para que el Hijo del hombre sea glorificado por ella.

Tanto amaba Jesús a Marta, a María y a su hermano Lázaro, que inmediatamente salimos para allá, quedándonos en su compañía por un par de días.

- Pero Rabbí, si los judíos te están esperando en Judea para apedrearte ¿y otra vez nos llevas para allá? Le pregunté preocupado.

- *¿Acaso no tiene el día doce horas? Quien ande de día no tropieza porque ve la luz del mundo. Pero, quien ande de noche tropieza porque no hay luz en él.*

- ¿Ves? Te lo dije. Exclamé. Todo lo que nos has enseñado y hemos visto, es más sicológico que literal. Acabas de decirme que quien no tenga luz en su interior, tropieza. Pero no se necesita ser muy maestro para llegar a esa clase de conclusiones.

- *Vengan, no perdamos más tiempo oyéndote estupideces, pues Lázaro, nuestro amigo, duerme y voy a despertarlo del sueño.*

- Pero si está dormido es porque está a salvo, le contestó Andrés, sin comprender que Jesús se refería a la muerte como un sueño.

- *Hombre, Lázaro está muerto; y me alegro no haber estado allí para que ustedes crean más. Vámonos hasta donde él.*

-       Pues vamos rápido, dijo Tomás, el que se dice también Dídimo. Vamos para que muramos con él.

De un salto y aligerando nuestro paso, seguimos a quien había venido con la razón, mientras yo le iba diciendo a Andrés que así como en la dimensión del sueño él creía que al estar allá esa era la realidad y, sin embargo no estaba en la verdadera realidad en donde él compartía un más alto porcentaje de la verdadera vida con nosotros los amigos de esta realidad; sólo que, estando en el sueño él no podía ser consciente de ello. Así mismo, cuando él está en esta dimensión en la que ahora íbamos andando hacia donde Lázaro, él creía que era la verdadera realidad y, sin embargo, algo de él estaba en otra realidad diferente a ésta, compartiendo un más alto porcentaje de su verdadera vida con otros seres de esa realidad; tan sólo que estando en esta realidad de ahora no lo podía comprender. Le dije, entonces, que para pasar de la realidad del sueño a lo que llamamos esta realidad, que es la verdadera realidad para esa del sueño, sólo tenía que despertarse. Pero que, para pasar de ésta, la que llamamos nuestra verdadera realidad, a esa otra superior, tan sólo tenía que morir y, que así como una vez despierto, cíclicamente se volvía a dormir para soñar con una realidad que tomaba como cierta; así mismo, una vez muerto, cíclicamente volvía a encarnar en esta vida pensando que fuera cierta.

-       Si tú existes, la muerte no puede existir, Andrés; porque la no-existencia no puede ser si existe la existencia. Mas, si tú no existes, la muerte tampoco puede ser, porque la no-existencia no puede acabar con lo que, de todos modos no existe. Así pues, de cualquier forma que la mires, la muerte no puede ser. Dios no existe, Dios es la existencia; y, como la muerte no puede ser, entonces no te asombres con lo que Jesús va a hacer cuando lleguemos hasta donde se encuentra Lázaro.

Y así, conversando muy amigablemente, cuando fuimos llegando la casa en Bethania, a unos quince estadios de Jerusalén, nos enteramos que hacía cuatro días que Lázaro había fallecido. Muchos judíos también estaban visitando al par de hermanas dándoles el sentido pésame que se acostumbraba en los fallecimientos de personas queridas. Cuando Marta supo de nuestra venida, salió a encontrarnos mientas María permaneció en la casa.

-        Señor, si hubieras estado con nosotras, mi hermano no hubiera muerto. Pero, como ya sé que todo lo que pidas a Dios él te lo dará...
-        *Sí, así es*, le contestó el Maestro interrumpiéndola. *Tu hermano ha de resucitar.*
-        Sí, claro Señor, yo sé que resucitará en la resurrección en el día postrero, le contestó Marta.
-        *Marta, yo soy la resurrección y la vida; quien cree en mí, aun cuando esté muerto, vivirá. Y todo aquel que vive y cree en mí, no morirá eternamente. ¿Lo crees tú?*
-        Sí, Señor, siempre he creído que eres el Cristo, el Hijo de Dios, que has venido al mundo.

Y diciendo esto fue hasta la casa y, en secreto, le dijo a María que el Señor había llegado y estaba preguntando por ella. Al oír a su hermana, María se levantó y salió a nuestro encuentro, pues aún no habíamos entrado a la aldea. Y tanto así, que los judíos, apenas se percataron, la siguieron pensando que iba al sepulcro a seguir llorando a su hermano. Mas no, al llegar hasta donde el Maestro, María se derribó a sus pies diciéndole que si hubiera estado él allí, su hermano no hubiera muerto. Era tan conmovedor el cuadro, que hasta los judíos que la siguieron, lloraban con ella. Y viendo la escena Jesús, conmovido en su espíritu, preguntó que en dónde estaba el sepulcro. Al enterarse, todos nos dirigimos hacia el cementerio.

Allí la escena fue más conmovedora pues no sólo el Maestro se puso a llorar, sino que los judíos se dieron cuenta de todo lo que lo amaba. Y además, se preguntaban que si él era el mismo que le había abierto los ojos al ciego de marras, ¿por qué no podía hacer que Lázaro no muriera?

-        Y yo me preguntaba: y si lo va a resucitar ¿para qué llora? ¿Será parte del libreto?

Como el sepulcro era una cueva que tenía una enorme piedra encima, Jesús ordenó que la retiraran. Pero Marta, aterrada, le dijo que Lázaro ya debía heder horrible

-        *¿No te he dicho que si crees verás la gloria de Dios?* Le dijo impaciente mientras corrían la piedra de donde el muerto había sido puesto. Entonces, Jesús, alzando los ojos, como tantas veces lo habíamos visto hacer, le dio gracias al Padre por haberlo oído; que él siempre sabía que lo escuchaba y más ahora que debía ser escuchado por la gran cantidad de gente que lo estaba viendo, para que creyeran aún más en que el Padre lo había enviado.

Y habiendo dicho estas palabras, y dirigiéndose al sepulcro, exclamó con una potente voz de mando: *¡Lázaro, ven afuera!*

Nunca supimos cuánto tiempo transcurrió, pues la expectativa nos tenía atrapados. El calor de la mañana era insoportable y nos imaginábamos que, si el muerto salía andando, el olorcito iba a ser horrible, tal cual lo presentía Marta. Uno, cuatro, cincuenta minutos pasaron hasta cuando, de pronto, vimos asombrados cómo Lázaro fue saliendo, paso a paso, con el rostro envuelto aún en el sudario y las manos atadas.

-        *¡Desátenlo y déjenlo ir!,* fue la orden que dio el Señor apenas Lázaro estuvo afuera de la tumba, y mientras muchos de los judíos, ahora sí creyendo en él, corrieron a decirles a los fariseos lo que acababa de suceder.

Viendo al Maestro verdaderamente exhausto, porque parecía que había tenido que utilizar mucha más de la energía que requería para esta clase de menesteres milagrosos, me acerqué para alentarlo un poco y felicitarlo por el espectáculo.

-        *¿Qué tal lo hice?* Me preguntó quedamente casi sin levantar su cabeza y mientras el sudor chorreaba por su frente apoyada entre sus manos aún temblorosas..

-        Pues qué te dijera, Señor; aquí entre nos y mientras la gente felicita a Lázaro, y me imagino que le estarán preguntando si vio algún túnel de luz o algunos seres radiantes del más allá, me parece que tampoco eres el primero en aparecer con el cuento de resucitar muertos; porque, por si no lo sabes, y ya que veo que te falta bastante cultura, hubo muchos otros que lo hicieron antes que tú. Y para que lo sepas, tan sólo voy a contarte una historia, pero completica, de uno de los hijos del sol, que será como tú con respecto a tu papito querido.

Hace como 600 años antes de aparecerte aquí por Judea, existió entre los latinos alguien llamado Esculapio o, como quien dice: aquel que empuña la varita mágica. Por cierto, esta vara con la cual lo representan, es una en la que se enroscan dos serpientes, como el caduceo de Mercurio, el otro de los Hijos de Dios de quien ya te he hablado. Esa representación surge de una historia que cuenta que, cuando se le ordenó sanar a un tal Glaucus, se sentó a pensar con su vara en qué hacer ante semejante situación. Fue allí cuando, en medio de sus meditaciones, vio que una serpiente se le enroscaba en su desnuda vara; ante semejante susto que se llevó, golpeó a la serpiente matándola contra el suelo. Al momento y ante su asombro, apareció otra víbora con una hierba en su boca que colocó entre las fauces de la otra, devolviéndole la vida inmediatamente.

Entonces, Esculapio tomó la yerba del suelo y, acto seguido, se la dio a probar a Glaucus quien se había muerto mientras él observaba la acción de las serpientes. Inmediatamente Glaucus volvió a la vida. Por cierto, por esa acción, la serpiente fue colocada entre las constelaciones llevándola Esculapio entre sus manos, motivo por el cual es conocida con el nombre de El Serpentario. Fue tal el éxito de Esculapio resucitando muertos con estas plantas o con la sangre de la Gorgona - que servía para lo mismo- entre ellos a Glaucus, Tindareo, Hipólito, Orión y fíjate que la lista de resucitados podría ser tan larga como la tuya, que Zeus, ante las constantes quejas de Hades -porque lo estaba dejando sin muertos allá en el inframundo donde reinaba-, lo fulminó con uno de sus rayos para que no creara una raza de inmortales que le hiciera competencia a los dioses. Pero Apolo, haciendo que Zeus le devolviera la vida a su hijo, cumplió con una vieja profecía que decía que Esculapio llegaría a ser dios, moriría y luego reasumiría su divinidad, renovando así su destino. De todos modos Zeus lo convirtió en la constelación del Serpentario que te acabo de mencionar situada allá entre las de Scorpio y Sagitario. ¿Ves que nada nuevo nos estás enseñando?

Y, óyeme bien, me parece que Zeus se comportó con Esculapio muy al estilo de lo que hizo Jehová, tú papá, con Adán y Eva; expulsándolos del Paraíso para que no probaran del Árbol de la Inmortalidad y no vivieran para siempre como los dioses, después de haber probado del Árbol del Conocimiento. O por lo menos así lo advierte tu papá en el Génesis; y fíjate que yo también me sé las mismas escrituras que tú te has leído. ¿No te parece que aquí estás pintado con esta historia de Glaucus, Lázaro o como quieras llamar al resucitado?

No alcanzó a responder mi pregunta, porque inmediatamente terminé la historia, vimos cómo los pontífices y los fariseos llamaron a concilio preguntándose entre ellos qué debían hacer con este Jesús que daba tantas señales. Sabían que si dejaban el asunto así como estaba, cada vez más gente iba a creer en Jesús y el negocio se les dañaría más de lo que ya estaba. De ser así, pensaban que habrían de venir los romanos y les quitarían el puesto y la nación.

-         ¡Ustedes nada saben! Les dijo Caifás, el sumo pontífice de ese año y uno de ellos, en medio de la reunión. Ni piensan que lo que más nos conviene es que un hombre muera por el pueblo y no que toda la nación se pierda.

No sé si Caifás alcanzó a comprender lo que acababa de proponer, porque no lo había dicho de sí mismo y, además, lo dijo no solamente por aquella nación de la que estaban tan preocupados, sino para que se juntaran en uno los hijos de Dios que estaban desparramados. Fue desde entonces, cuando en verdad conjuraron el asesinato que habrían de cometer en la persona de Jesús. Al saber esto, el Maestro dejó de mostrarse tanto entre los judíos.

De allí decidimos irnos hasta una ciudad llamada Ephraim ubicada en la tierra que está junto al desierto. Sabíamos que mucha gente estaba llegando a Jerusalén para purificarse en la fiesta de Pascua pero que, al no ver al Maestro, se preguntaban entre ellos si es que acaso no iba asistir a la celebración. Yo estaba completamente seguro que el Hombre no se la iba a perder ni de riesgos, porque había nacido para vivir ese día. Es más, supimos que los pontífices y los fariseos, habían dado orden de que apenas vieran aparecer a Jesús por la ciudad, les informaran en donde estaba para arrestarlo.

A pesar del peligro y aprovechando que estábamos en Bethania, fuimos a visitar a Simón, el padre leproso de nuestro compañero Judas, que vivía por allí. La familia de Lázaro también nos quería hacer una cena de agradecimiento por la resurrección que había hecho el Maestro en Lázaro. Marta nos sirvió amorosamente y hasta Lázaro se sentó con nosotros en la mesa al lado de Jesús. María aprovechó el momento, para ungir la cabeza y los pies del Hombre con oloroso ungüento de nardo líquido de alto precio que tenía guardado en un frasco de alabastro, limpiando después sus pies con la cabellera. Y ésta era una escena que me parecía que ya había vivido con anterioridad, como el famoso *dejá vu* que a veces nos sucede a todos.

-       No hagas eso que se pierde, exclamo Judas enojado al ver el desperdicio de tan valioso y oloroso ungüento. ¿No ves que se podría vender por más de trescientos denarios y lo obtenido dárselo a los pobres?

Nunca supimos que Judas lo decía por el hecho de lo que estaba haciendo o porque valoraba más el dinero, ya que muchos opinaban que Judas era un ladrón consumado.

-       *¿Por qué dan ustedes pena y fatiga a María que hace esta buena obra conmigo?* Nos respondió Jesús pegándonos un regaño de la madona. *Ustedes siempre van a tener pobres con ustedes y podrán hacerles el bien cuando quieran, pero a mí no me van a tener siempre.*

-       ¡Uy, Maestro! Ha caído usted en otra de sus contradicciones. ¿No dizque si lo seguimos, creemos en usted y aplicamos sus enseñanzas, lo vamos a tener para siempre? ¿Es que acaso nos está desautorizando? O ¿es que nada es lo único que dura para siempre?

-       *Es que esta mujer se ha adelantado a mi muerte y sepultura echando su preciado ungüento sobre mi cuerpo. De cierto les digo que adonde quiera que este evangelio sea predicado en todo el mundo, también será dicho para memoria de ella, lo que ésta ha hecho.*

-       Pues, Maestro, yo espero que a este libro le ocurra lo mismo que estás pidiendo para tus evangelios. Dije pensando en que toda esta historia tan increíble que estaba viviendo con él, algún día habría de publicarla o por lo menos contársela a Roberto.

Y, entonces, llevando a María Magdalena a un lado y sin que nadie nos oyera le pregunté una vez más: óyeme mujer, necesito que me digas algo aquí en secreto, ¿es cierto que tú compraste y tienes guardado el prepucio del Maestro?

Apenas me iba a contestar, mirando primero hacia todas partes, María Magdalena tuvo que callarse pues, inmediatamente supieron que estábamos donde Lázaro, empezaron a llegar muchos judíos a ver al Maestro y al resucitado, porque tenían la intensión de matarlos a ambos; porque por la resurrección de Lázaro mucha más gente creía ahora en Jesús que antes. Fue allí cuando comprendimos e hicimos conciencia de que la cita del Maestro en Jerusalén, también era un hecho inevitable para nosotros.

CAPÍTULO SIETE

LOS MUERTOS DORMIDOS

Antes de llegar a Jerusalén me puse a preguntar a algunas personas que iban hacia allá, si acaso no habían visto a mi amigo Roberto; un personaje de ojos claros que seguramente, debía andar buscándome, porque al volver a su cabaña no me había encontrado en ella. Pero nadie me dio razón de él. Hasta lo confundí con alguien que estaba sentado cerca de una de las puertas laterales de entrada a la ciudad, pero resultó ser uno de tantos pordioseros que estaban esperando la llegada del Maestro. Todas las personas querían que Jesús les cambiara sus condiciones externas, pero muy poco querían trabajar sobre las internas, tal como él se los recomendaba. Valoraban más a la persona y lo que hacía, que a la persona y su mensaje. Y eso, por el resto de su ministerio universal, sería un error fatal. Yo sabía que tenía que cambiar y acondicionarme de nuevo, como si necesitara otro cerebro para poder pensar diferente. Pero ahí estaba una clave: que la ley de la vida no es cometer errores para aprender, sino aprender de los errores cometidos.

Y, cuando el Maestro llegó cerca de la ciudad, viéndola, lloró sobre ella diciendo: *¡Oh, si conocieras a lo menos, en este tu día, lo que toca a tu paz! Pero ahora está encubierto de tus ojos.; porque vendrán días sobre ti, que tus enemigos te cercarán con baluarte y te pondrán cerco; y de todas partes te pondrán estrecho. Y te derribarán a tierra y a tus hijos dentro de ti; y no dejarán sobre ti piedra sobre piedra; por cuanto no conociste el tiempo de tu visitación.*

Entonces, Jesús me hizo señas para que me acercara, pues quería subir hasta Bethfagé, hasta el

272

montecito que conocíamos con el nombre de las Olivas. Una vez allí, escogió a dos de nosotros diciéndoles que fueran a la aldea que estaba delante nuestro y que allí, entre dos caminos hallarían una asna atada y con ella, acompañándola, un pollino que jamás había sido montado por nadie; que la desataran y la trajeran.

-    Maestro, Maestro, ¿no hay un mandamiento que dice: no hurtarás? Le dije socarronamente.

-    *Es que si les preguntan por qué se la están llevando, apenas digan que es para mí, se los dejarán traer.*

-    Ah, ya entiendo; seguro que hay alguna vieja profecía que dice que el Rey ha de venir manso y sentado sobre una asna y sobre un pollino, hijo de animal de yugo.

-    *Tú lo has dicho,* sentenció el Hombre.

Y, sin más ni más, el par de compañeros de andanzas se levantaron y, luego de hacer exactamente como él les había dicho que iba a suceder y a hacer, regresaron con el par de animales. Lo primero que hicieron al regresar, fue poner sus mantos como gualdrapa sobre el pollino. Acto seguido, el Maestro se sentó muy campantemente listo a entrar a la ciudad hija de Sión, tal como el libreto lo decía.

Me quedé asombrado al ver cómo, a nuestro paso, mucha gente tendían sus capas y vestidos por el camino, y llegando ya cerca de la bajada del monte de las Olivas, tomaron ramos de palmas, mientras otros cortaban hojas de los árboles y las tendían al paso del pollino con su preciada carga. El mismo asnillo acerca del cual las escrituras decían: no temas hija de Sión, he aquí tu Rey viene sentado sobre un pollino de asna.

Toda la multitud de sus discípulos, gozándose, comenzaron a alabar a Dios a gran voz, por todas las maravillas que habían visto, diciendo: ¡Hosanna! ¡Bendito el rey que viene en el nombre del Señor! ¡Bendito el reino de nuestro padre David! ¡Paz en el cielo y gloria en lo altísimo! ¡Hosanna en las alturas!

Así gritaba todo el populacho, mientras yo pensaba que lo alababan más por lo que había hecho, que por los resultados que ellos habían obtenido al aplicar la filosofía que les transmitía. ¿La habían aplicado? También pensaba, si al fin y al cabo éste era El Señor o si venía en nombre Del Señor. Mientras los fariseos se acusaban entre ellos diciendo que de nada estaban aprovechando la venida de Jesús para arrestarlo y que, a cambio de ello, cada vez tenía más seguidores. Igualmente había allí un grupo de griegos cultos que, habiendo subido a la fiesta, se acercaron a Felipe para decirle que querían conocer a Jesús, pues habían oído hablar maravillas suyas.

Y, entrando él en Jerusalén, toda la gente se alborotó preguntando quien sería ese que andaba en burro y seguido de tanta chusma. Oí que había quienes opinaban que era Jesús, el profeta de Nazaret de Galilea; mientras algunos de los fariseos que nos acompañaban le decían a Jesús que reprendiera a sus discípulos; a lo que el Maestro contestó que si ellos se callaban, clamarían las piedras. Y menos me iba a callar yo, porque me estaba preguntando cómo era posible y cuándo había sucedido, que Jesús hubiera pasado de andar en burro, al Papa en papamóvil; si a ambos los iban a matar porque así estaba escrito…

Entonces Felipe vino hasta donde yo estaba reunido con Andrés, para contarnos lo que querían los griegos, cosa que le dijimos al Maestro inmediatamente.

- *La hora viene en que el Hijo del hombre ha de ser glorificado*, fue todo lo que nos respondió el Maestro cuando le comunicamos la razón de los griegos. *Les digo que si el grano de trigo no cae en la tierra y muere, él solo queda; pero, si muere, mucho fruto llevará. Quien ama su vida la perderá y quien la aborrece en este mundo la guardará para vida eterna. Si alguno me sirve, sígame; y en donde yo esté, allí también estará mi servidor. A quien me sirva mi Padre lo honrará. Por ahora mi alma está turbada y ¿qué he de decir?: Padre sálvame de esta hora. ¿Cómo voy a decirlo si es por esta hora que he venido al mundo? Padre, glorifica tu nombre.*

Y, en ese instante escuchamos una voz que dijo sonoramente: lo he glorificado y lo glorificaré otra vez.

Al momento muchos pensamos que hubiera sonado un trueno, pero otros decían que era un ángel quien había hablado. En fin, cada quien con su imaginación, como a aquellos que se les aparece la Virgen hasta en la tapa de una olla.

- *Esta voz no ha venido por mi causa sino por ustedes*, respondió el Maestro. *Es ahora el juicio de este mundo; es ahora cuando el príncipe de este mundo será echado afuera. Y yo, si fuera levantado de la tierra, a todos traeré a mí mismo.*
- Señor, dígame, ¿el príncipe de este mundo es el demonio? Pregunté sabiendo la respuesta.
- *Tú lo has dicho.*

Mientras él hablaba dando a entender de qué muerte habría de morir, la gente le decía que ellos habían oído de la ley que el Cristo iba a permanecer para siempre. Qué porqué, entonces, él decía que convenía que el Hijo del hombre fuera levantado o muerto, que quién era ese Hijo del hombre.

- *Aún por un poco tiempo estará la luz entre ustedes; anden mientras la tengan, para que no los sorprendan las tinieblas; porque quien anda en tinieblas no sabe para donde va. Ahora que tienen luz crean en ella para que sean hijos de la luz.*

Después de decir esto, el Maestro se escondió de la gente pues, a pesar de todas las señales que había hecho, no todos creían en él. Pero ya sabíamos que en las profecías de Isaías estaba escrito: ¿Señor, quién ha creído a nuestro dicho? ¿Y el brazo del Señor a quién es revelado? Ahí mismo estaba escrito que no podían creer porque sus ojos estaban cegados y su corazón endurecido… Porque no vean con los ojos ni entiendan de corazón, ni se conviertan y yo los sane.

Estábamos seguros que muchos príncipes creían en Jesús, pero que por culpa de los fariseos no lo confesaban, porque podían ser echados de la sinagoga. De todos modos, amaban más la gloria de los hombres que la de Dios.

- *Por eso es que quien cree en mí no cree en mí, sino en quien me envió,* respondió el Maestro conociendo nuestra charla. *Quien me ve, ve a quién me envió. Yo, la luz, he venido al mundo para que todo aquel que cree en mi no permanezca en tinieblas. Quien oiga mis palabras y no crea en ella, yo no lo juzgo; porque ya les he dicho que no he venido al juzgar al mundo, sino a salvarlo. Quien me desecha y no recibe mis palabras, tiene quien lo juzgue: la palabra que he hablado, ella será quien le juzgue en el día postrero. Porque yo no he hablado de mí mismo; fue el Padre quien me dio el mandamiento de lo que había de decir. Y sé que su mandamiento es vida eterna; así que, lo que yo hablo, como el Padre me lo ha dicho, así hablo.*

De lo primero que hicimos al entrar a la ciudad fue visitar el templo; pero mejor hubiera sido no hacerlo, porque ahí Jesús armó la debacle. Inmediatamente entramos, se armó de un azote que hizo con lazos que se encontró por ahí y con él echó afuera a todos los que vendían y compraban en el templo; además volteó las mesas de los cambiadores desparramando sus dinero; así como las sillas de los que vendían palomas, bueyes y ovejas, gritándoles que estaba escrito que su casa, casa de oración sería llamada, pero que ellos la habían convertido en casa de mercado y en cueva de ladrones.

- ¿Acaso no estaba escrito que: el celo de tu casa me comió? Dijo Jacobo.

- Pues Maestro, ni se te vaya a ocurrir andar por las catedrales y templos del futuro, en donde te habrán de alabar como milagroso; porque la cantidad de chucherías y baratijas que van a vender con la excusa de tu nombre, será gigantesca. Además, no estás pensando en esta pobre gente que alimenta a sus familias de vender lo que venden aquí en el templo. Ahora ¿de qué vivirán? Mira que te vas a echar al pueblo en tu contra. Primero, no les explicas nada y, ahora, ¿les acabas el negocio?

- ¿Qué señal nos muestras de que haces esto? Preguntaron los judíos.

- *¡Destruyan este templo y en tres días lo reconstruyo!* exclamó enfáticamente el Señor.

- Se necesitaron cuarenta y seis años para edificarlo ¿y tú en tres días lo levantarás?

En ese momento, y sospechando que a lo que él se refería era al templo de su cuerpo, le pregunté al Hombre que si, entonces, lo importante no era el templo de ladrillo sino el de carne porque, de ser así, si Dios no habitaba en templos hechos por manos de hombres, entonces ¿para qué diablos teníamos que ir a las iglesias, si esa no era la casa de Dios? Que por favor aclarara esa contradicción, porque si no lo hacía, él sería culpable de toda la enorme prostitución que iba a haber de los lugares sagrados. Es decir, de todas las cimas de las cordilleras y montañas en donde iban a construir templos fastuosos y a clavar un sin número de cruces estúpidas dañando el hermoso paisaje, estuvieran en donde fueran puestas. ¿¡Qué es más sagrado, le pregunte, el templo de piedra y ladrillo hecho por el hombre o las montañas hechas por tu Padre!? No dejes que prostituyan los lugares sagrados, explícales que el templo es el cuerpo, porque si no… nos van a llenar de templos y catedrales inoficiosas.

Además, si el templo es interno, creo que lo que estás demostrando con el hecho de sacar a todos los mercaderes del templo, es en no prostituir el cuerpo -que es el templo- con la mercadería barata de tanta creencia que nos venden como cierta y que es absolutamente falsa: indulgencias, penitencias, sermones, cursillos, bautizos, primeras comuniones, confirmaciones, matrimonios, etcétera y etcétera. Tu mismo nos has dicho que quien cumpla con la ley del amor, no necesita ninguna de estas mercaderías para acceder al nivel superior que denominas el Reino de los cielos.

Pero el Hombre estaba tan ofuscado y había tanta algarabía por todas partes que, no oyendo mis palabras, tan sólo se vino a calmar cuando sanó a algunos ciegos y cojos que había en el templo; mientras volaban las palomas, corrían las ovejas, y la chusma se rapiñaba la comida y las monedas caídas por el suelo del templo. En ese momento, los príncipes de los sacerdotes y los escribas, viendo las maravillas que él hacía y a los muchachos aclamándolo en el templo diciendo ¡Hosanna al Hijo de David!, se indignaron mucho más.

-   ¿Acaso no oyes lo que éstos dicen? Le preguntaron los fariseos a Jesús.

-   *Sí, no estoy sordo. Y ¿ustedes nunca leyeron: de la boca de los niños y de los que maman perfeccionaste la alabanza?*

Desde entonces, los escribas y los príncipes de los sacerdotes procuraban cómo lo matarían, porque le tenían miedo, por cuanto todo el pueblo estaba maravillado de su doctrina. Pero, entre ellos, había un hombre de los fariseos que se llamaba Nicodemo, príncipe de los judíos, que una noche vino hasta donde estábamos para confesarle al Maestro que él sabía que había venido de Dios por Maestro. Y lo decía porque había comprendido que nadie podía hacer las señales que él hacía, si Dios no estuviera con él.

-   *De cierto, de cierto te digo que el que no nazca otra vez no puede ver el reino de Dios.*

-   Maestro, exclamé interrumpiéndolo, de modo que ¿sí existen la reencarnación y las otras vidas? Ya decía yo que era imposible ir en una sola vida desde el lodo hasta el destello, desde el carbón hasta el diamante.

Y, cuando ya el Maestro me iba a contestar, preciso Nicodemo se atravesó preguntándole que cómo podía ser posible al hombre nacer de nuevo siendo ya viejo; qué cómo iba a poder entrar otra vez en el seno de su madre y nacer.

-        *De cierto, de cierto te digo, que el que no nazca de agua y del Espíritu, no puede entrar en el reino de Dios.*

-        Pero, Señor, el agua a la que te refieres ¿es a la del bautismo de Juan, a la del líquido amniótico o a la Verdad que nos enseñas? Pregunté ansioso. Y el nacimiento ¿no será una iniciación? Y el espíritu ¿acaso es el Espíritu de lucha y voluntad o la misma palomita de siempre? Algo así como ¿andar con las pilas puestas? Además, me parece que Nicodemo está pensando tal y como tú nos lo has advertido desde hace tanto tiempo, con su mente diaria racional, como la que utilizaba el Bautista, y no con la espiritual. Este si es mucho lo bruto.

-        *Lo que es nacido de carne, carne es,* le respondió el Señor; *y lo que es nacido del Espíritu, espíritu es. No te maravilles si te digo que te es necesario nacer de nuevo. El viento de donde quiere sopla y oyes su sonido; pero ni sabes de donde viene ni a donde va; así es todo aquel que ha nacido del Espíritu.*

-        ¿Cómo puede hacerse esto? Preguntó Nicodemo lleno de ignorancia.

-        *Tú eres el maestro de Israel ¿y no sabes esto? Lo que sabemos hablamos y lo que hemos visto, testificamos; y no recibes nuestro testimonio. Si te he dicho cosas terrenales y no crees, ¿cómo vas a creer si te digo las celestiales? Nadie subió al cielo sino el que descendió del cielo, el Hijo del hombre que está en el cielo.*

-        Maestro, dije interrumpiéndolo. Con su permiso, pero ¿eso es lo mismo que decir que nadie es mariposa si no ha sido antes gusano? Es decir, que el que viene del cielo vuelve a él como el gusano se vuelve la mariposa que hay en él como el reino de los cielos en nosotros? Y perdone la pregunta tan larga, pero si nos has dicho que el reino del cielo está "dentro de nosotros", entonces ¿el Hijo del hombre también lo está?

Es más, quiero contarte una historia muy personal. Un día me dije a mí mismo, ¡Señor, Señor! ¿Por qué no me diste alas? Y algo en mi interior como un destello contestó: ¡ah hombre de poca fe, tienes tus alas cerradas! ¡Señor, Señor! Me dije de nuevo, ¿las pusiste en mi espalda para extenderlas acaso? ¡Ah hombre ignorante! ¿Para qué en lugar tan frágil habría de ponerlas? ¿En dónde, entonces, Señor, pusiste mis alas? ¡Ah hombre ciego, imperfecto! Las puse adentro para que no las dañaras y para que, cuando descubrieras tu cielo interno, con ellas hacia mí volaras.

- *Sólo te digo que así como Moisés levantó la serpiente en el desierto, así es necesario que el Hijo del hombre sea levantado; para que todo aquel que crea en él no se pierda, sino que tenga vida eterna. Porque de tal manera amó Dios al mundo...*

- ¿Levantado es ascendido al cielo interno? Y, en cuanto a lo de que tu papá amó al mundo entero ¿cómo no? dije en son de burla. Seguramente lo amó mucho en el Diluvio de Noé, en la Torre de Babel, en Sodoma y Gomorra, lo amó cuando lo asaban como judío en el horno, cuando lo conquistaban como nativo americano, cuando lo esclavizaban como negro africano y, seguramente, lo amará igualito hasta el final del mundo apocalíptico. Si esa es la clase de amor de tu papá, prefiero su odio y que me ame el Diablo. Es más, prefiero que ninguno de los dos se meta conmigo, porque son cortados con la misma tijera.

- *¿Por qué me interrumpes tanto con semejante cantidad de babosadas. Estaba diciendo que tanto quiso Dios al mundo que ha dado a su Hijo unigénito para que todo aquel que en él cree, no se pierda y tenga vida eterna.*

- Pero como cobarde tu papá. ¿Por qué no vino él en persona para que le hagan en su carne propia, todo lo que supuestamente te van a hacer a ti?

281

-       *Pues porque él no envió a su Hijo al mundo para que condene al mundo, sino para que el mundo sea salvo a través de él.*

-       ¿Pero salvo de qué? Exclamé. ¡De la ignorancia en que nos mantienen los mismos miembros de tu supuesta iglesia!

-       *Quien cree en él no es condenado; pero quien no crea ya lo es, porque no creyó en el nombre del unigénito Hijo de Dios. Y esta es la condenación, porque la luz vino al mundo y los hombres amaron más las tinieblas que la luz, porque sus obras eran malas. Porque todo aquel que hace lo malo, aborrece la luz y no viene a la luz, porque sus obras han sido redargüidas. Mas, el que obra la verdad viene a la luz, para que sus obras sean manifestadas que son hechas en Dios.*

-       Pero Maestro, perdóneme que le diga, yo creo que para que las cosas sean mías, no siempre tienen que ser mías… Es más, lo único que me pertenece es lo que yo haya comprendido; porque yo soy la comprensión. Creo que es por medio de ella que me valgo y me hago valer a mí mismo en el universo.

Siendo ya tarde, Jesús nos hizo salir del templo llevándonos a Bethania. Al otro día muy por la mañana, volviendo a la ciudad, le dio hambre. Y viendo una higuera cerca del camino, vino a ella pensando que tendría frutos; pero, no encontrando fruto en sus ramas sino sólo hojas, le dijo: *nunca más para siempre nazca fruto que alguien coma de ti.* Y luego se secó la higuera.

Claro, uno trasnochado, cansado, hambreado y con ese genio que se carga el Maestro, lo mínimo que hizo fue secar a la pobre higuera; como si ella estuviera en la estación de dar fruto, siendo seguramente que le correspondía la de dar hojas. Bastante injusta fue la actuación del Señor frente a la higuera. Me pareció que el Maestro sólo había pensando en sí mismo y en la infinita y santa hambre del Hijo de Dios.

- ¿Cómo se secó la higuera? Preguntó Pedro.

- *De cierto les digo que si tuvieren fe y no dudaran, no sólo le harían eso a la higuera: si le dijeran a este monte quítate y échate al mar, lo haría. Y todo lo que pidieran en oración, creyendo, lo recibirían. Pero recuerden que cuando oren, perdonen si tienen algo contra alguien, para que su Padre que está en los cielos también les perdone sus ofensas. Porque si ustedes no perdonan, tampoco Él los perdonara.*

- He ahí de nuevo la vieja ley del ojo por ojo y diente por diente, que nos has dicho que está caduca, le recordé ofuscado. Me estoy aburriendo de todas tus contradicciones y ya no me pareces tan sabio. Es más, eres un cualquiera que durante mucho tiempo se aprendió el libreto de otros actores y los estás suplantando. Y eso se llama: robo de los derechos de autor.

Y como entramos de nuevo al templo a enseñar, apenas nos vieron los príncipes de los sacerdotes y los ancianos del pueblo, se vinieron sobre nosotros a preguntarle que con qué autoridad estaba haciéndolo y que quién se la había dado.

- *Yo también les voy a preguntar una palabra, la cual, si me la responden, también yo les diré con qué autoridad hago esto*, respondió él; mientras nosotros nos acomodábamos para ver el juego de preguntas y respuestas. *El bautismo de Juan ¿de donde era? ¿de los hombres o del cielo?*

Ahí fue el primer gol que el Maestro les metía en su portería; porque si contestaban que del cielo, seguro que él les reviraría diciendo que por qué no le habían creído. Y, si contestaban que de los hombres, temían la reacción del pueblo, porque éste tenía a Juan por profeta.

-No sabemos, fue todo lo que se atrevieron a responder.

- *Ah bueno, si es así, yo tampoco les digo con qué autoridad hago esto. A cambio de ello les voy a contar una parábola, para ver qué tal les parece: un hombre que tenía dos hijos le dijo al primero que fuera a trabajar a la viña. Éste le contestó que no quería, pero después, arrepentido, decidió ir. Después, yendo hasta donde el otro hijo, le dijo lo mismo y éste, respondiendo que sí iba, al fin y al cabo no fue. ¿Cuál de los dos hizo la voluntad de su padre?*
- El primero, contestaron ellos.
- *De cierto les digo que los publicanos y las rameras van delante de ustedes al reino de Dios. Porque vino hasta ustedes Juan en camino de justicia y no le creyeron; pero los publicanos y las rameras sí. Y ustedes, viendo esto, no se arrepintieron después para creerle.*

Y si no entendieron esta parábola, ahí les va otra: un hombre, padre de familia, plantó una viña cercándola con vallados, cavando en ella un lagar y, edificando una torre, la entregó en renta a los labradores, mientras él partía lejos de viaje. Cuando se acercó el tiempo de los frutos, envió sus siervos a los labradores para que recibieren su cosecha; pero éstos, hirieron a algunos de los siervos, a otros los mataron y a uno más lo apedrearon hiriéndolo en la cabeza. Sabiendo esto, envió de nuevo a más cantidad de siervos que la primera vez, pero el resultado fue el mismo. Al final, el padre de familia envió a su amado hijo pensando que le tendrían respeto. Pero los labradores, viéndolo llegar, sabiendo que él era el heredero, lo mataron fuera de la viña para quedarse con la herencia.

- Y el Maestro les pregunto a los oyentes: *cuando llegue el señor de esa viña ¿qué hará con los labradores?*

- ¡Dios nos libre!, exclamaron. Nos imaginamos que a los malos los destruirá miserablemente, y dará su viña en renta a otros labradores que le paguen el fruto a su tiempo.

- *¿Nunca leyeron ustedes en las Escrituras; la piedra que desecharon los que edificaban, esta fue hecha por cabeza de esquina. Por el Señor es hecho esto y es cosa maravillosa en nuestros ojos? Por eso les digo que el reino de Dios será quitado de ustedes y será dado a gente que haga los frutos de él. Y quien caiga sobre esta piedra será quebrantado; y sobre quien ella caiga, lo desmenuzará.*

Y va una parábola más, por si acaso les queda alguna duda. El reino de los cielos es semejante a un hombre rey quien, hizo bodas a su hijo, envió a sus siervos para que llamaran a los invitados a la ceremonia; pero éstos no quisieron venir. Entonces, les envió a otros siervos diciéndoles a los invitados que la cena estaba lista, que los toros y animales engordados estaban ya muertos, que todo estaba prevenido, que vinieran a la boda. Pero ni así vinieron, sino que se fueron a sus oficios de labranza y negocios personales. Es más, algunos de ellos hasta mataron a los enviados. Al oír esto el rey entró en furia y, enviando sus ejércitos, destruyó a los homicidas incendiando la ciudad. Luego les dijo a los siervos que, como a pesar de que la boda estaba lista, pero los invitados no eran dignos de ella, salieran a los caminos, juntaran a todos los que hallaran y los invitaran al banquete. Los siervos, entonces, juntaron a todos los

que encontraron, malos y buenos, de forma tal que las
bodas fueron llenas de invitados.

En ese momento entró el rey para ver a los
convidados y, viendo allí a un hombre no vestido de boda,
le preguntó que cómo había entrado sin tener el traje
adecuado. Pero éste nada contestó. Entonces, le dijo el
rey a los que servían que lo ataran de pies y de manos, y
que lo echaran en las tinieblas de afuera; que allí sería el
llanto y el crujir de dientes. Porque muchos son los
llamados y pocos los escogidos.

-        Pero como injusto el rey de su parábola
¿no Maestro? Uno se imagina que si todo el ágape estaba
listo y los siervos corrieron a traer a los que se
encontraran en el camino, como el mismo rey les ordenó,
la gente no iba a tener tiempo de ir hasta su casa ni para
empolvarse la nariz. Además, los invitados no se colaron
a la fuerza, fueron llevados tal y como les habían
mandado y como los habían encontrado; de modo que
¿qué culpa iban a tener como llegaran vestidos? Además,
no me parece que ir con el vestido que no es, tampoco sea
una afrenta tan espantosa como para que lo amarren a uno
y lo saquen a las patadas. ¿Qué le hubiera costado al rey,
pedirle muy decentemente al pobre cliente, que se
levantara de la mesa o que él mismo le prestaba un
vestido de los suyos, para que estuviera presentado?

O ¿es que lo del "traje de boda" se refiere, de
nuevo, a que los vestidos son la representación de la
enseñanza con la cual nos vestimos y, en este caso, este
tipo de hombre no está interesado en casarse con la
enseñanza, sino aparentar que va a esta boda espiritual,
tan sólo como por ver cómo es la cosa y qué le dan? Ahí
está el farsante y aparentador fariseo que hay en cada uno
de nosotros. Por eso es que jamás volví a asistir a ninguna
misa.

Oyendo los príncipes de los sacerdotes y los fariseos, que estas parábolas llenas de indirectas directas, nuevamente hablaban acerca de ellos, buscaban cómo echarle mano al Hombre aun cuando temían la reacción del pueblo, porque, como a Juan, ya lo tenían por profeta. Entonces, espiándole, desde aquel día comenzaron a enviarnos espías fariseos y herodianos que simularan ser justos, para sorprenderlo en palabras y de forma tal que pudieran entregarlo al principado y a la potestad del presidente.

- Maestro, sabemos que eres un hombre de verdad, le dijeron cierto día algunos de estos hipócritas maliciosos. Y que no te cuidas de nadie, porque no miras las apariencias sino que con verdad enseñas el camino de Dios, dinos, ¿es lícito dar tributo al César o no? ¿Daremos o no daremos?

- *¿Por qué me tientan? Tráiganme las monedas para verlas. ¿De quién es esta imagen e inscripción?*

- Del César, contestaron ellos con las monedas en sus manos estiradas ante él.

- *Entonces, den al César lo que es del César y a Dios lo que es de Dios*, respondió él a los fariseos dejándolos maravillados y con la boca abierta.

Después llegaron unos saduceos que no creían en la resurrección de los muertos, para preguntarle que si Moisés había dicho que si alguien moría sin hijos, su hermano se casara con su mujer haciéndole simiente a su hermano, qué podían hacer siete hermanos entre quienes el primero tomó mujer y murió; y no teniendo generación dejó su mujer a su hermano; y éste también murió en las mismas condiciones y así sucesivamente hasta cuando se murió la mujer. En la resurrección ¿de

287

cuál de los siete será ella la mujer? Porque todos la tuvieron.

-       *Ustedes yerran ignorando las Escrituras y el poder de Dios*, contestó solemnemente Jesús. *Porque en la resurrección ni los hombres tomarán mujeres, ni las mujeres maridos; todos serán Hijos de dios, porque son hijos de la resurrección y serán como los ángeles de Dios en el cielo.*

-       ¿Sin sexo? Pregunté asombrado. Qué aburridor debe ser el cielo. ¿Y las once mil vírgenes que andan por ahí, qué hacen? Y una preguntita más, Señor, con todo respeto, pero… si la resurrección de los muertos es una realidad, entonces ¿de qué edad voy a resucitar? ¿De aquella misma en la cual morí o en alguna otra ideal? Porque ya tengo sesenta años, más de los que tenía mi padre cuando murió y, de ser así, yo resucitaría más viejo que él. O ¿es que en la resurrección de los muertos, no hay padres ni hijos y todos resucitamos con, digamos, unos diez y ocho años de edad? Esa sería una edad ideal para vivir toda la eternidad. O ¿es que tampoco hay edades en la resurrección?

-       *Insolente*, exclamo. *De la resurrección de los muertos ¿no han oído lo que es dicho por Dios a Moisés en la zarza?: Yo soy el Dios de Abraham y el Dios de Isaac, y el Dios de Jacob?*

-       Perfecto, Maestro, así me reconfirmas una vez más, que toda esa historia acerca de tu papa, la cual veo que te sabes de memoria, es única y exclusivamente para los judíos, exclamé con júbilo. No comprendo por qué nos tenían que meter desde niños y a la fuerza, una tradición que nada tiene que ver con nuestros ancestros culturales. Y, si eso pienso yo, imagínate los nativos americanos que tuvieron que padecer la Inquisición de la bruta iglesia católica según la cual, quien no se bautizara era metido en la hoguera. Definitivamente, Señor Jesús, eres culpable de todas las muertes sucedidas en el mundo entero por causa de la mala explicación y aplicación del supuesto mensaje de amor que trajiste. Recalco la acusación que te hago de haber educado más a tus seguidores a través del temor a Dios que del amor a Dios; más por la recompensa que por convicción; más por el milagro gratis que por el trabajo en sí mismos. Y esa misma fue la manía que heredaron tus sacerdotes para enseñar bajo el terrorismo inquisidor al mundo entero a donde llegaban, cual virus que mata las demás creencias nativas, sin cuestionarse absolutamente nada acerca de su origen y veracidad. Sencillamente, para tus curas, lo que no fuera conocido por ellos, eran libros y palabras del demonio que debían ir a la hoguera; como hicieron con tanta gente, manuscritos y valiosos libros en el mundo entero; pues hasta los códices mayas los quemaron en la plaza del pueblo. Definitivamente, agradezco a Dios no creer en el Dios asesino de la iglesia vaticana.

- *Es que Dios no es Dios de muertos, sino de vivos. De modo tal que ustedes están muy equivocados.*

- Pues eso dígaselo a quienes se han creído muy vivitos enseñando a su manera las enseñanzas que dejaste. Y matando a todos en nombre de Dios.

- *¿Cómo dicen que el Cristo es hijo de David?* Les preguntó a los fariseos. El mismo David dice en el libro de los Salmos: dijo el Señor a mi Señor, siéntate a mi diestra, entretanto que pongo tus enemigos por estrado a tus pies. Así pues, que si David le llama Señor ¿cómo, pues, es su hijo?

- Perfecto Maestro, le dije pillándolo de nuevo en otra contradicción. Tú mismo me estás dando pie para reconfirmar que toda la genealogía tuya que me explicaste al principio es falsa, porque no desciendes de ella.

Al momento, y dirigiéndose a todo el pueblo que lo escuchaba, les advirtió que tuvieran cuidado de los escribas que quieren andar con ropas largas y aman las salutaciones en las plazas, y las primeras sillas en las sinagogas y los primeros puestos en las cenas. Que devoran las casas de las viudas, poniendo por pretexto la larga oración, porque esos escribas habían de recibir mayor condenación.

-        ¡Ay, Maestro!, es mejor que jamás se te vaya a ocurrir andar por la Plaza de San Pedro, ni entrar a cenar con el Papa. Si te enteraras de todo lo que tu supuesta iglesia se alcanzó a adueñar de esas mismas viudas que mencionas, cuando se inventaron los Bienes de Manos Muertas que éstas le dejaban a la iglesia, a Tú iglesia, dizque para que ellas pudieran entrar al reino de los cielos, bien pobres, dejando bien ricos a los curas y Papas en vida; si te enteraras te avergonzarías de ti mismo.

La gente se había quedado atónita ante lo que ambos estábamos conversando acerca de su doctrina y la forma de transmitirla. Y, como los fariseos, oyendo que Jesús le había cerrado la boca a los saduceos sin que éstos se atrevieran a preguntar nada más, se juntaron a una para preguntarle al Señor cual era el mandamiento más grande.

-        *Oye, Israel, el Señor, nuestro Dios, el Señor es uno y amarás al Señor tu Dios de todo tu corazón, de toda tu alma, de toda tu mente y con todas tus fuerzas. Este es el primero y más grande mandamiento*; respondió él seca y pomposamente. *Pero el segundo es semejante a éste: amarás a tu prójimo como a ti mismo. De estos dos mandamientos depende toda la ley de los profetas, pues no hay otro mandamiento mayor que éste.*

-        ¡Aleluya, Maestro, Aleluya! Exclamé pleno de gozo. Porque de nuevo me has confirmado que, para cumplir con ese mandamiento universal, no necesito ser católico, judío, musulmán, chiíta, ateo ni de ninguna religión. Que tan sólo necesito ser un Ser Humano Verdadero. ¡Gracias, Señor, Gracias, por tus palabras! El resto es basura eclesiástica.

Y, por cierto, hablando de basura, yo he aprendido a quemar la interna sólo cuando supe que lo era; no fuera a ser que quemara algo que aún no lo fuera y a necesitara después.

Entonces oí cuando uno de los escribas le dijo que él también aceptaba que solo había un Dios y que no había otro distinto fuera de él. Y que amarlo con todo el corazón, todo el entendimiento, toda el alma y todas las fuerzas, así como amar al prójimo como a sí mismo, era superior a toda clase de holocaustos y sacrificios.

-   Para empezar, le contesté al escriba, si ese mandamiento lo hubieran puesto por delante, no hubiera habido cruzadas, ni conquistas con imposiciones religiosas y, mucho menos, holocaustos salvajes como el cometido contra los primeros cristianos y los mismos judíos.

El Maestro y yo nos quedamos atónitos ante semejante comprensión que había demostrado este escriba, pues con sus palabras concluía que tanto rito y tanta misa con la misma repetidera de repetidera de cientos de años, así como sacrificios, ofrendas y limosnas a las iglesias, eran una absoluta estupidez. Que sería mejor, al menos, si las cosas fueran repetidas pero de distinta manera. Fue tanto el impacto que produjo este hombre en el Maestro, que éste le contestó que, por sus palabras, se veía que no estaba lejos del reino de Dios.

Y aprovechando la oportunidad, Jesús se dirigió a la gente y a todos sus discípulos, entre ellos nosotros trece diciéndoles que los escribas y fariseos se habían sentado sobre la cátedra de Moisés.

- ¡Ay, Maestro, no sea bobo, que no sólo ellos se han sentado sobre las leyes de Moisés.

- *Todo lo que les digan que guarden, háganlo y guárdenlo; pero jamás hagan conforme a sus obras, porque ellos dicen y no hacen.*

- ¡Uy, Señor! mire a la hora que vino a descubrir que el agua moja... Así harán sus mismos seguidores mucho después de que su verdadera enseñanza se haya desviado entre la humanidad.

- *Y aman ser llamados de los hombres Rabbí, Rabbí. Ustedes no quieran ser llamados así, porque uno es su Maestro, el Cristo. Y, además, todos ustedes son hermanos. Y jamás llamen a nadie padre sobre esta tierra; porque uno es su Padre, el que está en los cielos. Ni quieran ser llamados maestros, porque uno es su Maestro, el Cristo. El que es mayor de ustedes, sea su siervo; porque ya saben que quien se ensalce será humillado y quien se humille será ensalzado.*

- Oye Maestro, ¿estás hablando acerca de los sacerdotes de tu época o de la mía? Pregunté confundido. Porque me suena a que nada ha cambiado...

- *¡Ay de ustedes, escribas y fariseos, hipócritas! porque cierran el reino de los cielos delante de los hombres y tanto, que ni ustedes entran ni a los que están entrando los dejan entrar. ¡Ay, de ustedes, escribas y fariseos, hipócritas! porque rodean el mar y tierra con tal de hacer un prosélito y, cuando fue hecho, lo hacen hijo del infierno, doble más que ustedes. ¡Ay, de ustedes, guías ciegos! que dicen que cualquiera que jurare por el templo, es nada; pero que cualquiera que lo hiciera por el oro del templo, es deudor. ¡Insensatos, ciegos! Porque ¿cuál es mayor, el oro o el templo que santifica el oro? Y cualquiera que jurare por el altar, es nada; pero que* *cualquiera que jurare por el presente que está sobre él, es deudor. ¡Necios y ciegos! porque ¿cuál es mayor, el presente o el altar que santifica el presente? Pues el que jurare por el altar, jura por él y por todo lo que está sobre él. Y quien jurare por el templo, jura por él y por Aquel que habita en él. Y el que jura por el cielo, jura por el trono de Dios y por Aquel que está sentado sobre él. ¿Cuánto hace que se los dije? ¡Guías ciegos, que cuelan el mosquito, pero se tragan el camello! ¡Fariseo ciego, limpia primero lo de adentro del vaso y del plato, para que también lo de afuera se haga limpio!*

¡Ay de ustedes, escribas y fariseos, hipócritas! porque son semejantes a los sepulcros blanqueados por fuera y se muestras hermosos, pero por dentro están llenos de huesos de muertos y de toda suciedad. Así también, ustedes se muestran por fuera como justos a los hombres, pero por dentro están llenos de hipocresía e iniquidad. ¡Serpientes, generación de víboras! ¿Cómo evitarán el juicio del infierno?

- Oye, Maestro, cálmate un poco, mira que te va a doler la cabeza y estás insultando tanto a esta gente que un día de estos te van a mandar un par de sicarios para matarte. Pero, bueno, al fin y al cabo ya te dije que creo que nada ni nadie podrá matarte; tú mismo lo harás a través de algo o de alguien…

Pero Jesús estaba con la mirada puesta y clavada delante del arca de las ofrendas, observando cómo el pueblo lanzaba dinero en dicha arca en donde muchos ricos echaban mucho.

- Tranquilo Hombre, le dije viendo su actitud. En todos los tiempos y lugares los sacerdotes han de vivir de quitarle la lana a las ovejas. ¿De qué más podrían subsistir?

293

Y, como vino una viuda pobre que echó dos blancas, es decir un maravedí, inmediatamente el Maestro nos llamó aparte a los trece y nos dijo, muy en secreto, que esta pobre mujer había echado más que todos los que habían puesto en el arca. Porque todos habían echado de lo que les sobraba, pero que ella, de su pobreza había echado todo lo que tenía; es decir, todo su alimento.

- Pero Señor, nadie la obligó; repuse. Por la tradición de lo que le han enseñado, ella hace maquinalmente su ofrenda, sin siquiera pensar en por qué la hace. Muchos actuamos así por pura costumbre, sin preguntarnos lo que hacemos ni por qué lo hacemos, y en lo que creemos ni por qué lo creemos.

En ese momento, nos pusimos a observar a unos que decían que el templo estaba adornado de hermosas piedras y dones, Y oyéndolos, el Maestro nos predijo que de todo eso que veíamos no iba a quedar piedra sobre piedra, porque todo sería destruido. Y cuando salimos de allí, después de que le mostramos los bellos edificios acerca de los cuales hablaba, nos recalcó la misma destrucción.

Seguimos caminando medio apesadumbrados hasta llegar a nuestro preferido monte de las Olivas, en donde nos sentamos a su lado y Pedro, Jacobo, Juan, Andrés y yo le insistimos al Maestro en que nos dijera cuándo iban a suceder todas esas cosas tenebrosas que él decía; que qué señal habría de su venida y del fin del mundo.

- *Que nadie los engañe, queridos apóstoles; porque vendrán muchos en mi nombre diciendo que ellos son el Cristo, y a van a engañar a muchos. Y van a oír de guerras, rumores de guerra y sediciones; ojalá ustedes no se turben, porque es necesario que todo eso acontezca, pero aún no es el*

294

tiempo. Porque se levantará nación contra nación y reino contra reino; y habrá pestilencias, hambres y terremotos por los lugares. Y todas estas cosas son el principio de los dolores.

-       Pero, Maestro, con su permiso, de todo eso que nos dices siempre ha habido en el mundo y nada que éste se acaba, le repliqué con experiencia.

-       *Esperen y verán que los han de entregar a ustedes en los concilios y en las sinagogas para ser metidos en la cárcel, afligidos y asesinados; y serán aborrecidos ante gobernadores, presidentes y reyes, y por todas las personas por causa de mi nombre. Y muchos serán escandalizados y se entregarán unos a otros, y unos a otros se aborrecerán. Y muchos falsos profetas se levantarán y engañarán a muchos. Y así será por testimonio. Pero un pelo de su cabeza no perecerá y en su paciencia poseerán sus almas.*

-       Pero Jesús, ¿cuál es la diferencia, si ya llevan la humanidad como dos mil años engañados? Además, si quiero poseer todo, tengo que comenzar por poseerme a mí mismo.

-       *Es que, por haberse multiplicado la maldad, la caridad de muchos se resfriará.*

-       Pero en el Vaticano y muchas religiones y sectas, tienen la vacuna para que sus sacerdotes y pastores no se enfermen... Están vacunados contra la pobreza... No les da ni de riesgos.

-       *Quien perseverare hasta el fin será salvo. Y será predicado este evangelio del reino en todo el mundo, por testimonio a todos los gentiles; y, entonces, vendrá el fin.*

-       Hombre, lo importante no es que lo prediquen, sino la manera como lo van a predicar. ¡Si tú vieras! Y ya pasaste de decir que el enseñar era sólo para los judíos a decir que es en todo el mundo. ¿Al fin qué?

-       *Pues, cuando ustedes vean la abominación del asolamiento, la que fue predicha por*

Daniel el profeta, que estará en el lugar santo (el que lee que entienda), y cuando vean a Jerusalén cercada de ejércitos, sepan entonces que su destrucción ha llegado, porque estos son días de venganza para que se cumplan todas las cosas que están escritas.

- Pero por Dios, maestro, en Jerusalén y en todo en Medio Oriente llevan siglos peleando, precisamente, por la imbecilidad de las religiones. Si éstas no existieran hacía rato que habría llegado la paz por los alrededores de tu sagrada ciudad. Promueve acabar con las religiones y habrás de ver que la humanidad comenzará a amar al prójimo como lo has propuesto. Pero, mientras los judíos, cristianos y musulmanes se sigan viendo como poseedores de la Verdad, ya tu sabes que el Bien nada tiene que hacer entre ellos. Y, si no hay Bien, hay Mal y, si hay Mal, hay que acabar con el promotor de él, que es la forma en la cual se manifiestan las religiones.

- *Pues ¡ay de las preñadas y de las que crían en aquellos días! Porque habrá apuro grande sobre la tierra e ira en este pueblo. Y caerán a filo de espada y serán llevados cautivos a todas las naciones y Jerusalén será hollada de las gentes, hasta que los tiempos de las gentes sean cumplidos. Entonces habrá señales en el sol, la luna, las estrellas y en la tierra angustia de gentes por confusión del sonido del mar y de las ondas. Secándose los hombres a causa del temor y expectación de las cosas que sobrevendrán a la redondez de la tierra.*

- Uy, pare ahí un momentico sus maldiciones, Maestro. Usted acaba de decir "a la redondez de la tierra" ¿Cierto? Entonces, ¿por qué los Papas y sacerdotes de su sabia iglesia, sostuvieron durante tanto tiempo y mataron a tanta gente que los contradecía, cuando el Papa decretaba que la tierra era plana? Es más, si lo vemos un tantito más profundo: yo ya descubrí en donde está mi sol interno, aquel alrededor del cual giro. Pero, fue en ese momento, cuando también descubrí la luna que gira alrededor mío. Además, para mí, el sol es lo interno y la luna es lo externo y, en ese orden de ideas, lo externo siempre es un reflejo de lo interno.

- *Es que las virtudes de los cielos serán conmovidas*, contestó él saliéndose por la tangente. *Cuando todo esto comience a suceder, miren y levanten sus cabezas, porque su redención está cerca.*

- Pero Señor, si nos estás diciendo esto, es porque va a sucedernos a nosotros, tus apóstoles, aquí y ahora. Porque ¿cómo hacemos para levantar la cabeza dentro de dos mil años, cuando ya no estemos vivos?

- *Lo importante es que miren por ustedes, que sus corazones no sean cargados de glotonería, de embriaguez, de los cuidados de esta vida y venga sobre ustedes de repente aquel día. Porque como un lazo vendrá sobre todos los que habitan sobre la faz de la tierra. Oren y velen en todo tiempo pidiendo ser tenidos por dignos de evitar todas estas cosas que han de venir y de estar en pie delante del Hijo del hombre; pues su huída no será en invierno ni en sábado. Porque habrá gran aflicción, cual no lo ha sido desde el principio del mundo hasta ahora, ni lo será jamás. Y, si aquellos días no fueran acortados, ninguna carne sería salva; pero, por causa de los escogidos, aquellos días serán acortados.*

- Jesús, me imagino que a los escogidos que te refieres, es a los mismos descendientes de Abraham, Isaac y Jacob, que ya dijiste ¿cierto?

- *Sólo les advierto que si alguno les dijera que aquí o allí está el Cristo, no le crean. Porque se levantarán los falsos Cristos y los falsos profetas haciendo grandes señales y prodigios; de tal manera que engañarán, si es posible, aún a los escogidos. Como ustedes son testigos de lo que les he dicho, si les dijeran que está aquí en el desierto, no salgan; que está en las cámaras, no lo crean. Porque el relámpago que sale de oriente y se muestra hasta el occidente, así será la venida del Hijo del hombre. Y luego, después de la aflicción de aquellos días, el sol se oscurecerá, la luna no dará lumbre, las estrellas caerán del cielo y las virtudes de los cielos serán conmovidas.*

Y, entonces, se mostrará la señal del Hijo del hombre en las nubes del cielo y lamentarán todas las tribus de la tierra, y verán al Hijo del hombre que vendrá sobre las nubes del cielo, con gran poder y gloria. Y enviará a sus ángeles con gran voz de trompeta para juntar a sus escogidos de los cuatro vientos, de un cabo del cielo hasta el otro. Aprendan de la parábola de la higuera que, cuando sus ramas se enternecen y las hojas brotan, ustedes saben que el verano está cerca. Así también, ustedes, cuando vean todas estas cosas, sepan que está cercano, a las puertas.

Como el hombre que, partiendo lejos, dejó su casa dando facultades a sus siervos, dando a cada uno de ellos su obra y hasta al portero mandó que velara atento. Así deben velar ustedes, porque no saben cuando ha de regresar el señor de la casa; si por la tarde, a la media noche, al canto del gallo o a la mañana. Porque cuando él venga de repente, no los encuentre durmiendo. Lo que les estoy diciendo, se las digo a todos: velen. Y cuando el Hijo del hombre venga en su gloria y todos los ángeles y santos con él, entonces se sentará sobre el trono de su gloria.

- Un momento Jesús, dije levantándome, me parece muy terrorista todo este cuento del fin del mundo, cuando se que yo jamás estoy partiendo de ningún sitio hacia parte alguna; ni nunca estoy regresando a ningún lado de ningún lugar. Y, te tengo una preguntita con respecto a sus tales santos. Me imagino que los santos a los cuales se refiere, deben ser de otra época; porque hasta ahora, no conozco ningún San Moisés, San Abraham, San Isaac, como si los santos sólo fueran del patronazgo católico. O ¿es que no ha habido ningún Isaac, Moisés, Jacob. etcétera, dentro de la comunidad católica, que haya hecho nada bueno para merecerse el título de santo? ¿Por qué no hay un San Caín?

- *Escúchame bien, muchacho impertinente, porque en aquel momento van a ser reunidas delante de mí todas las gentes y yo mismo los apartaré a unos de otros, como aparta el pastor las ovejas de los cabritos. Y pondrá las ovejas a su derecha y los cabritos a la izquierda. Entonces, el Rey dirá a los que estarán a su derecha que vengan, porque son benditos por el Padre para heredar el reino preparado para ellos desde la fundación del mundo. Porque tuve hambre y me dieron de comer; tuve sed y me dieron de beber; fui huésped y me alojaron; estuve desnudo y me vistieron; enfermo y me visitaron; estuve en la cárcel y ustedes vinieron a mí.*

- Me imagino que los justos van a preguntar que cuando hicieron eso si nunca lo vieron así.

- *De cierto que el rey ha de responder que cuando lo hicieron a alguno de sus pequeños hermanitos, se lo hacían a él. Pero luego se ha de volver a los que estarán a su izquierda diciéndoles que se aparten de él porque están malditos, porque van a dar al fuego eterno preparado para el Diablo y para sus ángeles. Porque tuve hambre y no me dieron de comer; sed y no me dieron de beber; fui huésped y no me alojaron; estuve desnudo y no me vistieron; enfermo y en la cárcel y no me visitaron.*

- Obvio que estos también van a decir que cuando lo vieron a él así y les va a dar la misma respuesta que les dio a quienes estaban a su derecha.

- *Ustedes irán al tormento eterno y los justos a la vida eterna.*

- ¡Protesto, Maestro, Protesto, Protesto! Grité exacerbado por la indignación. Si no has caído en la cuenta, tu lindo papá que está en los cielos, si fue el creador de todo, como nos has enseñado, creó igualmente

299

a las ovejas y a las cabras. De modo que me parece supremamente sádico que, sabiendo que las cabras iban a dar al infierno, las haya creado para satisfacer sus apetitos diabólicos. Además, me parece injusto conmigo, porque yo sí he hecho muchas de las cosas que tú dices aquí que hay que hacer, pero como soy Capricornio, supuestamente como tú, soy una cabra que, por ese motivo, ¿se va de cascos al infierno? Jamás me ha gustado ser oveja de nadie, para que me quite la lana para su uso; en cambio, me encanta ser un chivo que trepa por cualquier parte.

Desde entonces, el Maestro anduvo enseñando de día en el templo y de noche, saliendo, permanecía en el monte de las Olivas; hasta cuando, a la mañana siguiente, todo el pueblo venía por él para oírle en el templo. Un día, cuando seguimos a Caná Galilea, allá en donde había sido hecho el primer milagro, el de la transformación del agua en vino, nos recibieron sus moradores, vistas todas las cosas que él había hecho en Jerusalén en el día de fiesta, porque también ellos habían ido a la misma. Y había en Capernaum uno del rey cuyo hijo estaba enfermo. Éste, como oyó que Jesús venía de Judea a Galilea, vino a buscarlo rogándole que descendiese a salvar a su hijo que se estaba muriendo.

- *Si no ven señales y milagros no creen ¿no?* le contestó el Maestro.

- Te lo dije, te lo dije, le recordé al Hombre. Te dije que no los enseñaras a tanto milagro sin práctica personal.

- *Ve que tu hijo vive*, le contestó al hombre sin ponerme atención.

Y, cuando el hombre descendía, los siervos que le salieron a recibir, le confirmaron que su hijo estaba vivo. Cuando les preguntó que a qué hora había comenzado a mejorarse, le dijeron que a las siete horas del día anterior le había comenzado a dejar la fiebre. Allí supo el padre que era a esa a la hora en que había estado conversando con Jesús. Esta segunda señal volvió el señor a hacer, cuando vinimos de Judea a Galilea.

Después de estas cosas, era un sábado día de fiesta de los judíos, cuando subimos de nuevo a Jerusalén pasando por donde hay una puerta del ganado cerca de un estanque que en hebraico es llamado Bethesda y que significa Casa de la Misericordia, el cual tiene cinco portales. Parecía ser que allí había alguna convención de enfermos, porque el sitio estaba lleno de ciegos, cojos, secos, que estaban esperando el movimiento del agua de la piscina; pues, según se decía, un ángel descendía de vez en cuando al estanque a revolver las aguas y el primero de los enfermos que descendiera al estanque, después del movimiento del agua, se sanaba de cualquiera enfermedad que tuviera.

No dejé de notar que las cinco puertas bien podían ser una alusión a los cinco sentidos que nos mantienen atados a esta realidad. También me pareció que éste era un perfecto escenario para que Jesús hiciera otro gran milagro. Pero, igualmente, el asunto se me antojó un tanto injusto, porque Dios hubiera podido decretar que todos se sanaran después de que su sicario removiera el agua. No veo por qué los tenía que hacer sufrir más de lo que ya sufrían. Y, tan era así, que vimos en medio del gentío a un hombre que, según nos dijo al acercarnos a él, llevaba treinta y ocho años tirado ahí al lado de la fuente de agua esperando curarse.

-*¿Quieres ser sano?* Le preguntó el Maestro apenas se percató de su presencia.

- Claro, señor, respondió el paralítico. Pero, como no tengo a nadie que me meta en el estanque cuando el agua es revuelta por el ángel, siempre que me voy a introducir otro enfermo ya se me ha adelantado.

- *Bien, entonces, levántate, toma tu lecho y anda.* Le dijo el maestro enfáticamente.

Viendo el esfuerzo que comenzó a hacer el paralítico por estirar sus miembros y mover la cabeza para todas partes, como si se estuviera desperezando de una larguísima tortícolis, le dije que hiciera cada esfuerzo como si éste fuera el último de toda su vida. No olvide que somos gotas del sudor del esfuerzo de Dios, Hermano; que al caer de dimensión en dimensión nos teñimos de aquellas propiedades de cada uno de los mundos que surcamos. Somos gotas del sudor del trabajador supremo y, llegando a Tierra, traemos parte de una herencia eterna y el recuerdo de nuestro ser divino. Es por ello que debemos regresar ese sudor sagrado, aportando con ello nuestras gotas y sudor terreno, convertido en conciencia a través de la experiencia temporal en esta tierra. Vamos, esfuérzate más.

Y así lo hizo, porque el enfermo, sanándose en el acto, tomó su camilla y se fue sin ni si quiera decirnos que Dios le pague.

- Maestro, me siento tan parecido a este paralítico; dije cuando vi. que se marchó el exparalítico. A veces somos completamente autómatas, es decir, miramos pero no vemos; oímos pero no escuchamos; asociamos pero no pensamos; creemos elegir pero todo nos sucede; creemos andar, pero la vida nos mueve. ¿No te parece ese estado igualito al de los ciegos, cojos, mudos y paralíticos que nos hemos estado encontrando por el camino? ¿No será que toda esta parte de la historia es para que yo caiga en la cuenta que entre más me aten los cinco sentidos a "su" realidad, más atado voy a estar a la vida, cual si yo también fuera un paralítico como éste?

Eso pienso, porque como los sentidos me dicen que el mundo o la materia está en movimiento, he creído que esto es así. Sin embargo, ahora debo tener presente que el mundo está inerte, como este paralítico, y que debo moverme por el mundo sin tropezar con nada ni con nadie. Es en ese momento, al lograr hacer esto, cuando le daré movimiento a las cosas y no ellas a mí. Mientras la materia en la cual vivo, se mueve externamente, yo, el verdadero Yo, tengo que hacerlo internamente, aun cuando la materia permanezca quieta, como lo está la de este paralítico.

Demostramos muy poca evolución cuando estamos dominados por el deseo, por los cinco sentidos y sólo por el trabajo físico que nos lleva a gozar de la ganancia y la satisfacción de esos cinco sentidos. Me parece que lo que debemos lograr es una auto disciplina en medio de una vida de responsabilidad y acciones rectas. Hasta cuando por fin entramos a la liberación por medio de una enseñanza espiritual o experiencia místico-religiosa. Que me imagino que es tu propio simbolismo cuando levantas al paralítico.

Y te lo digo, porque en el orden de ideas de esta enseñanza que estoy recibiendo contigo, el estanque o piscina, se relaciona con el signo Piscis, que es en donde se estudian los milagros y el mundo del más allá; mientras que la puerta del ganado me suena como al signo Tauro que es, precisamente en donde se estudia nuestra relación con la madre tierra o materia. En mi época celebran el día de la Tierra y de la madre, en ese mes de Tauro. Fíjate que el paralítico, como yo, sabe lo que hay que hacer, pero no se mueve porque lo detiene lo material. ¿No será que el agua del estanque representa una Verdad "más allá" de la diaria, que nos pone íntegros si nos sumergimos en ella; y que tú eres el Bien que llega o sale desde adentro de cada uno de nosotros, los enfermos psicológicos de esta parte del cuento? Es como si algo exterior me tuviera tan atado a ello, que no me deja mover para introducirme en lo superior, que es una especie de experiencia sin tiempo ni espacio, porque salgo de ambos entrando a la dimensión de la eternidad, representada aquí por la piscina o estanque. Es ahí cuando el poder espiritual hace algo con o sobre mí. Es ahora cuando comprendo que si no encuentro a donde salir, debo quedarme adentro…

Además, de igual manera que lo finito en mí -el cuerpo-, está rodeado por lo infinito; dentro de lo finito en mí -el cuerpo-, también está lo infinito. Y así, algo en mí —el cuerpo- apenas es una delgada película entre lo infinito interno y lo infinito externo; y tan delgado como una burbuja de jabón llevada por el viento. Jamás debo olvidar que la posesión me hace finito como este paralítico ¿Será que estoy muy loco para encontrar esta semejanza?

El maestro no me alcanzó a responder, porque de pronto oímos de lejos una gran algarabía y, al aproximarme al sitio vi cómo, unos judíos que se encontró el enfermo por el camino, le estaban diciendo que no podía llevar su lecho al hombro porque hoy era sábado.

- Pues yo no tengo la culpa, porque quien me sanó me dijo que tomara mi lecho y me fuera de donde estaba.
- ¿Quién te dijo eso? Replicaron ellos
- Pues no sé, fue un hombre de barba y túnica larga con sandalias, vestido como la mayoría de nosotros; pero se fue apenas me sanó.

Sin embargo, dio la causalidad que, horas después, cuando entramos al templo con Jesús, como allí nos encontramos con el curado, el Maestro le recomendó que no pecara más, porque podía venirle algo peor y él no

304

iba a estar siempre a su lado para sanarlo. Más se demoró en decirle el Maestro esto, que él en ir a contar a los judíos que ya sabía que quien lo había sanado era un tal Jesús. Esa era una razón de más, sanar en sábado, para que los judíos quisieran matar al Hombre. Parece que ellos, definitivamente tomaban la verdad como algo literal y muerto, como la piedra en que se las había escrito Moisés; y por eso no veían que el sábado, más que ser un día, era el simbolismo del día sexto, en donde se ha terminado un ciclo y ahora se puede descansar, como lo había hecho el paralítico: descansar de su atormentante parálisis... O ¿no es eso lo que hacen los mismos judíos el día sábado? Tan sólo que en el sábado parecía que les sucedía todo lo contrario; es decir, quedaban paralizados, porque no hacían nada de nada.

Realmente, las razones para matar al Maestro me parecían de lo más estúpidas; deberían haberse inventado otras más inteligentes, como por ejemplo que estaba revolucionando las ideas, o que hacía pensar a la gente en si lo que le habían enseñado por tradición era verdadero o no. Pero que lo maten a uno porque sana en sábado o porque llama a su padre Dios, haciéndose igual a él, me parece una razón imbécil. Tanto como que el Papa crea que es representante de Dios en la Tierra...

-       *Es que mi Padre hasta ahora obra y yo obra,* me contestó él leyendo mis pensamientos. *De cierto te digo que no puede el Hijo hacer nada de sí mismo, sino lo que ve hacer al Padre; porque todo lo que él hace, eso lo hace el Hijo juntamente con él. Porque el Padre ama al Hijo y le muestra todas las cosas que él hace; y mayores obras que éstas le mostrará, de suerte que ustedes se maravillen. Porque así como el Padre levanta a los muertos dándoles vida, así también el Hijo, a los que quiere, da vida.*

-       ¿Cosa de tus gustos y preferencias personales? Le pregunté malicioso. Si es así, sácame de tu libreto.

-       *El Padre a nadie juzga, porque todo el juicio se lo dio al Hijo, para que todos lo honren como lo hacen con el Padre. Quien no honra al Hijo tampoco honra al Padre que lo envió. Por eso les digo que quien oye mi palabra y cree al que me ha enviado, tiene vida eterna y no vendrá a condenación, porque pasó de muerte a vida.*

-       ¿Acaso me estás insinuando que esta vida que vivimos es la muerte y que por eso dices que quien crea en lo que hablas, pasa de muerte a vida? Se necesita ser muy sensible a este tipo de información para lograr algún cambio. Porque creo que todo lo que sienta en mi interior, atrae en forma de exigencia un suceso externo que desemboca conmigo en un proceso de cambio continuador evolutivo de mi sentimiento o vivencia interna.

-       *Te digo que vendrá hora, y ahora es, cuando los muertos oirán la voz del Hijo de Dios y, quienes la oigan, vivirán.*

-       Mira qué interesante lo que nos estás diciendo, pues enfatizas que es ahora cuando los muertos están oyendo la voz del Hijo de Dios. Eso me da a pensar que entonces sí tienes razón, al confirmarnos el secreto de que en esta vida todos estamos muertos y vamos por la calle completamente convencidos de que estamos vivos; porque yo mismo te estoy oyendo ahora y, según nos dices, quienes te oímos en este instante estamos muertos. Y esa conclusión ha de tener unas implicaciones profundas con tu cuento de la resurrección de los muertos; porque si los muertos somos nosotros, ahora comprendo por qué dijiste hace tiempo a quien te pidió consejo y el antepuso el entierro de su padre, que dejara que los muertos enterraran a sus muertos. Entonces, reconfirmo que, cuando hablas de alguien dormido o despierto, también te refieres a niveles de ser en nosotros mismos y la gente con quienes compartimos esta realidad de la vida diaria. Me imagino, entonces, que soñar despierto es vivir dormido.

- *Pues como el Padre tiene vida en sí mismo, así también dio al Hijo que tuviese vida en sí mismo.*

- Me encanta tu aclaración Maestro, porque como también nos has dicho que todos somos hijos de Dios o del mismo Padre, y que por eso no debemos decirle padre a nadie en esta vida, entonces, nosotros también somos esa vida que él es. Tan solo que tenemos que ganárnosla. Uy, acabo de confirmar algo definitivo: que expulsaron de paraíso a la primera pareja bíblica, no por haber probado del árbol del conocimiento, sino para que no probaran del otro árbol que había allí, del de la vida. O sea, que tenemos el conocimiento de la verdad, pero nos tenemos que ganar el derecho de vivir eternamente… El conocimiento es libre como el viento que transporta la semilla del árbol de la sabiduría.

Es más, Señor, no puedes decir que un árbol es ególatra porque da frutos con los cuales nos alimentamos. Debemos preferir ser nosotros mismos y no un híbrido porque, ¿no dijiste acaso que sólo por nuestros frutos habrían de conocernos?

- *Es que mi Padre me dio poder de hacer juicio, en cuanto soy Hijo del hombre.*
- Claro, ahora lo comprendo: Mauricio Puerta es el Hijo del hombre-la Verdad y Yo soy el Hijo de Dios- el Bien. Gracias por aclarármelo Hermano. El Hijo de Dios, se hizo responsable del Hijo del hombre. Por ese mismo motivo, si es que Dios existe, la única forma que tengo para comprobarlo es ser lo que tengo que ser; porque creo que estoy construyendo a Dios en mí, en

307

la medida en que voy desechando lo que no soy y puliendo lo que soy. ¿Cómo irá a quedar cada uno?

- *No te maravilles de esto*, contestó Jesús, *porque vendrá hora cuando todos los que están en los sepulcros oirán mi voz.*

- Obvio, gracias por darme a comprender lo que antes dijiste que allí en donde esté el cuerpo, está el buitre. Entiendo que este cuerpo físico es el sepulcro que se van a merendar los buitres, mientras yo escucho esa voz-verbo-sonido a la cual te estás refiriendo.

- *Es más, quienes hagan el bien, saldrán a resurrección de vida, pero quienes hagan el mal a resurrección de condenación. No puedo yo de mí mismo hacer nada. Como oigo, juzgo; y mi juicio es justo. No busco mi voluntad, sino la voluntad de quien me envió, del Padre.*

- Señor, pero resurrección de vida ¿será no volver a encarnar? Pregunté ansiosamente. Dame esa respuesta, no me dejes con la duda, dime cual es tu testimonio.

- *Si doy testimonio de mí mismo, mi testimonio no es verdadero. Otro es quien da testimonio de mí; y sé que el testimonio que da es verdadero. Ustedes, judíos, dijo mirándolos fríamente, enviaron a Juan y él dio testimonio a la verdad. Pero yo no tomo el testimonio del hombre, sin embargo digo todo esto para que ustedes sean salvos. Juan era antorcha que ardía y alumbraba, y ustedes quisieron recrearse por un rato a su luz. Pero yo tengo mayor testimonio que el de Juan, porque las obras que el Padre me dio para cumplir, las mismas obras que yo hago, dan testimonio de mí y de que el Padre me haya enviado. Y él ha dado testimonio de mí. Ustedes jamás han oído su voz ni han visto su parecer. Tampoco tienen su palabra permanente en ustedes, porque al que envió no le creyeron.*

Escudriñen las Escrituras, porque a ustedes les parece que en ellas tienen la vida eterna; son ellas quienes dan testimonio de mí y, sin embargo, ustedes no quieren venir a mí para tener vida. Yo no recibo gloria de los hombres, pero los conozco a ustedes y sé que no tienen amor de Dios en ustedes. He venido en nombre de mi Padre y no me reciben; pero si otro viniera en su propio nombre, a ese sí lo recibirían. ¿Cómo pueden ustedes creer, pues toman la gloria los unos de los otros, y no buscan la gloria que de sólo Dios viene? No crean que los tengo que acusar delante del Padre; hay quien los acuse, Moisés, de quien ustedes esperan. Porque si creyeran a Moisés, creerían en mí; porque acerca de mí escribió él. Y, si a sus escritos no creen ¿cómo creerán en mis palabras?

-        Maestro, perdónanos la ignorancia, pero es que el esfuerzo que tenemos que hacer para pasar de un nivel en el cual nos dices que estoy muerto, a dormido, luego a despierto y de allí a ser consciente... creo que ni los Efesios van a poder lograrlo tan rápido. Se necesita de mucha perseverancia y fe interna que me mueva en esa dirección. Me parece que el éxito no se mide por el alcance de un logro, sino por el esfuerzo hecho para alcanzarlo. Por eso valerse solo es creer en nada, sin creer que se cree en nada.

-        *Tú lo has dicho.*

CAPÍTULO OCHO

LLEGO LA HORA

Al siguiente día, muy de mañana, Jesús me despertó tocándome el hombro. Me levanté sobresaltado pensando que fuera Roberto quien llegaba pues, precisamente, estaba soñando con él y un platillo volador que nos estaba recogiendo para ir a no sé qué ciudad perdida en el Amazonas. Pero, desafortunadamente era apenas eso, un sueño.

- *Ustedes saben que en un par de días comienza la Pascua, el día de los panes sin levadura o ázimos y el Hijo el hombre será entregado para ser crucificado.*
- ¡Ay, Hijo del Hombre! le dije en tono burlón, ¿nos despiertas tan temprano para darnos semejante noticia? Si de todos modos vamos a morir crucificados por Dios o por el Diablo. Ya me tienes aburrido con el cuento de tu crucifixión o gran renunciación, que no es más que crucificar tu naturaleza inferior, para que se manifieste la superior. Esta es la cuarta vez que nos lo anuncias como si fueras el Cordero del sacrificio o el Cordero de Pascua. Y, ahora que digo esto, déjame decirte algo: como divinidad solar que eres, te estás identificando en esta fiesta con el sol de la primavera bajo el signo zodiacal de Aries, el Cordero, el cual despierta a la vida luego de su cíclica muerte invernal. La iglesia católica, por ejemplo, celebrará la fiesta de tu supuesta resurrección durante la Pascua, llamada Florida por transcurrir en la época del florecimiento de las plantas. El contexto de esta ceremonia constituye una prueba de la continuidad existente entre los primitivos y paganos cultos solares y el cristianismo. No es casual, entonces, que la fiesta de la Pascua cristiana coincida con el tiempo en que se celebraba la resurrección de Adonis y que se haya hecho sincronizar con la Pascua judía; fecha en la cual los hebreos celebraban el fin de su éxodo.

Pensemos en lo siguiente, Maestro: el año judío comienza siempre un miércoles... precisamente porque según el Génesis los astros habían sido creados el miércoles o cuarto día. Por ese mismo motivo la fiesta de

Pascua caía un miércoles o, mejor aún, el 15 del primer mes después del equinoccio de primavera; siendo inmolado el cordero de Pascua al atardecer del 14, pues los días comenzaban la vigila al atardecer, y se lo comían durante la noche de martes a miércoles. Los fariseos interpretaron el sábado como el día festivo de los Panes sin Levadura y no el sábado semanal, y, según su calendario hebreo, propio del ciclo agrícola, se da importancia a las Fiestas de la Primera Gavilla que consiste en ofrendar a la divinidad la primera gavilla de cebada; el año comienza, entonces, cuando fuera "la maduración de la cebada". La Pascua coincide así, con la primera cosecha de cebada que sigue al equinoccio de primavera.

No puede sorprenderme descubrir que, en el mito solar, la constelación del cordero Aries o Agnus, que es visible dentro del equinoccio de primavera, esté asociada con el poder de liberar al mundo de la soberanía del mal. La veneración hacia ti bajo la forma de Cordero, como símbolo de la identidad redentora del Jesús Cristo que pretendes ser, será inmolado para salvar a la humanidad, y se sustituirá con el tiempo por tu figura de crucificado, que no es más que otra forma de representar el mismo mito y función de los jóvenes dioses solares. Y te lo digo desde ahora, para que después no me vengas a decir que no te lo advertí.

Terminado mi recuento histórico, nos desperezamos, comimos algo a la carrera como siempre tocaba hacerlo con él y, al llegar a Jerusalén, encontramos a los príncipes de los sacerdotes, los escribas y los ancianos del pueblo, reunidos en el patio de Caifás, el pontífice, en pleno consejo para ver cómo podían prender a Jesús con engaños para matarlo; pues ya no se aguantaban más los insultos que les daba a cada rato, escudado en las escrituras y en parábolas fantasiosas.

Pero, como seguían temerosos de la reacción del pueblo, decían que no era bueno detenerlo en el día de la fiesta, porque la chusma podía hacer mucho alboroto. Pero Jesús no se confiaba de ellos, porque los conocía a todos y no tenía necesidad de que alguien le diera testimonio de los hombres, porque él sabía lo que había en cada quien, incluyéndonos a nosotros. Antes de que comenzara la fiesta de Pascua, sabiendo Jesús que su hora había venido para que pasara de este mundo al Padre, como había amado a los suyos que estaban en el mundo, los amó hasta el fin.

El primer día de la fiesta de los panes sin levadura o ázimos, los trece apóstoles fuimos hasta donde se encontraba el Maestro conversando con algunas personas, para preguntarle en dónde quería que le aderezaran para comer la Pascua. Entonces me envió a mí con Pedro y con Juan a buscar a un cierto personaje que íbamos a encontrar con un cántaro de agua en sus hombros, a quien debíamos comunicarle que el Maestro mandaba decir: mi tiempo está cerca; en tu casa haré la Pascua con mis discípulos.

Así se lo dijimos al encontrarlo tal cual él lo había predicho, y así mismo en la noche ya estábamos todos sentados en la mesa con el Maestro en el cenáculo que el hombre había aderezado para la ocasión. Cuánto deseaba él comer con nosotros antes de padecer lo que decía que iba a sufrir. Hasta nos dijo que no volvería a comer más de ella con nosotros hasta cuando se cumpliera en el reino de Dios. Y tomando el vaso lleno de vino y habiendo dado primero gracias, nos dijo que lo repartiéramos entre nosotros, mientras nos aseguraba que no volvería a ver el fruto de la vid hasta cuando el reino de Dios viniera.

-       *Este vaso es el nuevo pacto de mi sangre, la misma que por ustedes será derramada.*

Y lo mismo hizo con el pan: lo partió y nos lo dio diciendo que ese era su cuerpo, el mismo que él iba a entregar por nosotros.

-       *Cada vez que hagan esto, háganlo en mi memoria.*

-       Pues siempre he opinado que la memoria es parte importante del jurado... Pero Maestro, allí hay algo que quiero agregar: recuerdo que entre los griegos que usted tanto conoce, el vino está dedicado a Dionisos y el trigo a Deméter; de forma tal, que usted lo que está haciendo es juntar a ambas deidades ofrendando ahora el pan y el vino. Pero mire, el trigo también está relacionado en Egipto con Osiris, representado como un cadáver del cual germina éste. El trigo es vida nueva y usted se refiere a ella como recordando que si la semilla de trigo no muere... ¿Acaso no fue así que dijo hace ya tiempo?

Con su ejemplo del pan, lo que me da a comprender es que yo mismo debo ser como este pan que ahora nos das; que mientras se hornea debe quedar bien doradito, no importa si va a dar a la mesa del rico o del pobre, porque ambos lo necesitan.

Apenas me callé y como si no le hubiera sonado gracioso esto que acababa de decirle, se levantó de la mesa inmediatamente, se quitó la ropa, se ciñó una toalla, puso agua en un lebrillo y comenzó a lavarnos los pies limpiándolos luego con la toalla.

-       Señor ¿tú me lavas los pies? Exclamó Pedro asombrado, mientras el Hombre le contestaba que lo que él estaba haciendo no podía entenderlo, pero que después lo podría comprender.

- ¡Jamás me lavarás los pies!

- *Pues si no te los dejas lavar, nunca tendrás parte conmigo.*

- Ah, entonces lávame no sólo los pies, también las manos y la cabeza.

- *Quien está lavado no necesita sino lavarse sus pies. Ustedes están limpios, pero no todos.*

Y eso me sonó como un indirectazo hacia mi presencia en la que, según él, era su última cena. Apenas terminó y, conmigo se demoró un poco más en el lavatorio de los pies porque los tenía más sucios, se vistió y se sentó de nuevo a la mesa preguntándonos si sabíamos lo que él acababa de hacer con nosotros. Yo sentí que este rito era como una limpieza que nos hacía para que viéramos o anduviéramos sobre una nueva realidad; pues al fin y al cabo los pies son la única parte del cuerpo que tocan el suelo de la vida diaria. Nos estaba limpiando de todo lo recorrido en el pasado.

- *Ustedes me llaman Maestro y tienen razón porque lo soy. Pues, bien, si yo, el Señor y Maestro, he lavado sus pies, ustedes también deben lavar los pies de unos a los otros. Ejemplo les acabo de dar para que ustedes también lo hagan, pues el siervo no es mayor que su señor, ni el apóstol es mayor que quien le envió. Si saben esto, bienaventurados son cuando lo hagan. Y les repito que no hablo de todos ustedes a quienes sé que yo mismo los escogí para que se cumpla lo que está dicho en las escrituras acerca de que uno de ustedes va a levantar su calcañar contra mí. De cierto les digo que uno de ustedes me ha de entregar. Y se los digo desde ahora para que cuando suceda, crean que soy yo. Jamás olviden que quien recibe al que yo envíe a mí me recibe; y quien a mi me recibe, recibe a quien me envió.*

Inmediatamente, al verlo tan conmovido en el espíritu, todos comenzamos a preguntarle si era cada uno de nosotros quien lo iba a entregar: ¿Soy yo Señor?

- Un momento, exclamé. A mí no me importa si soy yo o no lo soy. Lo que es verdaderamente fundamental, es que quien lo sea ya está predestinado a hacer lo que tiene que hacer y, entonces, la culpa no es suya; porque usted mismo dijo que nos ha escogido a todos y sea quien sea, tiene su libreto escrito como usted tiene escrito el suyo, mi querido Maestro de Maestros. Usted sabe lo que hace y por qué lo escogió; en cambio, la pobre víctima que usted o sus escrituras resolvieron escoger para cumplir con ese papel, no tiene ni idea de que es un títere de su capricho, de su papacito o de quien sea. De modo que no me venga con el cuento de que alguien lo va a traicionar. Porque traición es cuando uno no lo conoce; pero usted lo sabe y conoce perfectamente; de modo que de traición nada tiene. Es un acto que usted espera de alguno de nosotros y ojalá sea yo. Me encantaría que ese fuera mi papel.

Entonces Simón Pedro, aprovechando que Juan estaba recostado en el hombro de Jesús, le dijo que le preguntara a él quién habría de ser el traidor.

- *A quien yo le dé el pan mojado o meta la mano en el plato conmigo me ha de entregar*, dijo; al mismo tiempo que corriendo yo a alcanzar el pan que tenía en su mano extendida, Judas Iscariote, sin saber qué pasaba, mojó su pan en el mismo plato del Maestro, adelantándoseme por un tris.

- *¿Soy yo Maestro?* Preguntó Judas

- *Tú lo has dicho,* contestó secamente Jesús.

Pareciera que tras el bocado, que quien sabe qué contenía, Satanás hubiera entrado en él; porque inmediatamente, Judas, siempre callado y receloso, se levantó mientras Jesús le decía que lo que tenía que hacer lo hiciera pronto porque él se lo mandaba.

- ¿Ves? Tú mandas a Judas como alguien mandó a Juan a bautizar con agua allá en el Jordán. ¿Acaso ambos son culpables de lo que les mandan a hacer? ¿No sería peor que ninguno de los dos hubiera cumplido con el mandato que sus superiores les han dado? Me parece que Judas, más que un traidor, es un cómplice tuyo en la muerte que has planeado para ti mismo o, que según tu libreto o Escrituras, estaba marcada para ti. Sí, claro, lo que necesitabas es un coautor y no alguien que te traicionara. ¡Qué valiente me parece la acción de Judas! Mis respetos.

Nunca supimos de qué se trataba, porque como era él quien siempre tenía la bolsa, con el poco oro que nos quedaba desde cuando los reyes magos astrólogos se lo habían confiado a la familia de Jesús, pensamos que aquello que a lo cual lo mandaba Jesús era a comprar algo más para la fiesta, o para que diera algo a los pobres. Si de todos modos era él quien guardaba la bolsa con el dinero, ¿para qué se la iba a robar si siempre había tenido la oportunidad de manejarlo?

Seguí a Judas, para ver que hacía, cuando ya de noche, lo vi llegar hasta donde se encontraban los príncipes de los sacerdotes y los magistrados a proponerles que él podía entregar al Maestro a cambio de alguna recompensa. Cuando lo oyeron le contestaron que, como en cualquier negocio, en éste le darían treinta piezas de plata. Me pareció que desde ese momento, la actitud de

Judas era cada vez más extraña. Como si, efectivamente, Satanás hubiera entrado en la humanidad de nuestro compañero. Pero eso lo sabía el Maestro desde el comienzo, porque el Padre le había dado todas las cosas en las manos, y que había salido de Dios y a Dios iba.

Regresé inmediatamente hasta donde Jesús en el momento en el cual decía: *¡ay del hombre por quien voy a ser entregado. Bueno le fuera a tal hombre no haber nacido.*

-        Pero Maestro, no sea tan injusto con Judas; porque si no fuera por él, su drama no podría cumplirse, le repliqué. Además en esta obra teatral, escrita según usted desde siempre, alguien tenía que hacer ese papel y él lo está haciendo hasta sin saberlo. Ya verá que usted mismo va a decir de unos cuantos soldados que los perdonen porque no saben lo que hacen…
-        *Ahora que Judas se ha ido es glorificado el Hijo del hombre y Dios es glorificado en él. Y, si Dios es glorificado en él, Dios también le glorificará en sí mismo y luego le glorificará.*

Entonces sentí como que Satanás se nos hubiera metido a todos y no sólo a Judas, porque comenzamos a discutir nuevamente en quién debería ser el mayor cuando el Maestro no estuviera.

-        *Los reyes de las gentes se enseñorean de ellas;* contestó cuando le preguntamos quién de nosotros habría de ser el mayor. *Y quienes sobre ellos tienen potestad son llamados bienhechores. Ustedes no pueden actuar así; quien sea el mayor entre ustedes sea como el más mozo; y quien es príncipe como quien sirve. Porque ¿quién es mayor, el que se sienta a la mesa o quien le sirve? Son ustedes quienes han permanecido conmigo en mis tentaciones. Por eso les ordeno un reino tal cual mi Padre me lo ordenó a mí; para que coman y beban en la mesa de mi reino y se sienten sobre tronos juzgando a las doce tribus de Israel.*

-        ¡Perfecto, Maestro, perfecto! Ya veo que no te has olvidado de recordarme que toda esta historia que he vivido contigo, es sólo y sólo para los Judíos; que tu tal Padre es el maligno Jehová o como quieras llamarlo y que tiene un genio peor que el tuyo. Nunca dejes de recordármelo, por favor, para que jamás olvide yo mismo que estoy en el perfecto sitio mortal, para que desde él pueda llegar al perfecto estado inmortal.

-        *¡Simón, Simón!* Exclamó Jesús apenas oyó mis palabras. *He aquí que Satanás los ha pedido a ustedes para zarandearlos como al trigo. Pero yo he rogado por ti para que tu fe no falte; y tú, una vez vuelto, confirma a tus hermanos.*

Para cada uno de nosotros era un honor cuando el Maestro dirigía su palabra a uno en particular; como cuando al mismo Pedro le había dicho en su cara que él era un Satanás en persona y ahora se lo confirmaba. Y habiendo dicho esto y cantado el himno, no fuimos para el monte de las Olivas, nuestro lugar predilecto para orar y dormir….

-        *Todos ustedes serán escandalizados en mí esta noche,* nos dijo al llegar allí; *porque está escrito: heriré al Pastor y las ovejas de la manada serán dispersas. Pero, tranquilos, que después de que haya resucitado iré delante de ustedes a Galilea. Hijos míos, aún un poco más estoy con ustedes; pero cuando me vayan a buscar, como se los advertí también a los judíos, donde yo voy ustedes no pueden ir, pero me seguirán después. Pero un mandamiento nuevo les doy: que se amen los unos a los otros como yo los he amado. Porque así todos sabrán que ustedes son mis apóstoles y discípulos, si tuvieran amor los unos por los otros.*

-       O sea Maestro, que sabes que apenas te vayas ¿esto va a ser el pandemónium, y por eso éste no es un consejo sino un mandamiento?, le pregunté. Sólo sé que el día en el cual yo ya no busque más, habré encontrado la libertad total.

-       Aunque todos sean escandalizados en ti, yo nunca lo seré, respondió Pedro emocionado. ¿A dónde vas Señor? Pronto estoy a ir contigo aún a la cárcel y hasta la muerte pronto pondré mi alma por ti. Aunque me sea menester morir contigo, no te negaré.

-       *¿Tú alma pondrás por mi Pedro?,* le pregunto el Maestro. *Te digo que el gallo no cantará hoy tres veces antes de que tu niegues tres veces que me conoces. Cuando los envié sin bolsa, sin alforja y sin zapatos ¿les faltó algo?*

-       No, maestro, nada; contestamos todos, mientras apoyábamos a Pedro con la idea de jamás negarlo nosotros tampoco.

-       *Pues bien, ahora quien tenga bolsa y alforja, tómelas; y quien no las tiene, venda su capa y compre espada. Porque es necesario que se cumpla aún en mí aquello que está escrito, cuando se dijo que con los malos iba a ser contado. Porque lo que está escrito de mi se cumple porque se cumple.*

-       Señor, he aquí dos espadas, dijo Tomás.

-       *¡Basta!* Exclamó el Hombre. *No se turbe su corazón, crean en Dios y también en mí, porque en la casa de mi Padre hay muchas moradas; y me voy a preparar un lugar para ustedes. Y si me voy a hacerles su lugar, vendré otra vez y los tomaré a mí mismo, para que en donde yo esté, ustedes también estén. Ustedes saben a dónde voy, conocen el camino.*

-       Maestro, lo de "muchas moradas" son como diferentes escuelitas o diferentes cuerpos para aprender esto que nos has estado transmitiendo? Le pregunté, sin que me alcanzara a responder pues Tomás se interpuso con una inquietud diferente a la mía.

319

- No tengo ni idea de a dónde vas, le respondió Tomás un tanto incrédulo, como buen Virgo que era. ¿Cómo, si no lo sabemos, vamos a conocer el camino?

- *Tomás, Tomas, yo soy el camino, la verdad y la vida. Nadie viene al Padre sino por mí. Recuerda que si me conocieras también conocerías al Padre. Desde ahora lo conocen y lo han visto.*

- Señor, muéstranos al Padre y con eso nos es suficiente, dijo Felipe atento al diálogo.

- *¿Tanto tiempo hace que estoy con ustedes y no me has conocido, Felipe?*

- ¿Viste, Maestro? Te lo advertí. ¿Qué más se podía esperar de unos pescadores brutos como los que escogiste, tan sólo para decir que estabas inaugurando la era de Piscis? Además, cuando dices "yo soy el camino", me imagino que ese "yo soy" se refiere a la totalidad de lo que tú has hecho; es decir, que no te refieres al individuo en sí, sino al ejemplo que ese individuo dio como el camino, la verdad y la vida. Pero de lo que sí estoy seguro es de que cuando encuentre la verdad no me voy a preguntar qué hago con ella; voy a dejar que ella haga conmigo lo que quiere, porque sabrá para que soy bueno. Y la idea aquella de que la verdad nos hará libres ¿libres de qué? Creo que sólo puedo liberarme de aquello que yo mismo permití que me encadenara. Cuando lo logre, entonces me liberaré de aquello a lo cual me encadenó la vida.

- *Quien me ha visto, ha visto al Padre*, le contestó Jesús a Felipe pasando por encima mis preguntas. *¿Cómo me dices que te lo muestre? ¿Acaso no crees que yo soy en el Padre y el Padre es en mí? ¿Cuántas veces les he dicho en estos años que las palabras que yo hablo no las digo de mí mismo, sino del Padre que está en mí, él hace las obras?*

- ¡Qué maravilla, Señor! Exclamé pleno de gozo. Entonces, definitivamente el reino de los cielos sí está dentro de nosotros. Somos la morada de Dios, porque si todos somos hijos de Dios, todos tenemos a Dios adentro. Pero sospecho que, como para Dios todo es él mismo, entonces todos somos Dios. Me encanta que reconfirmes lo que dicen las escrituras que tanto citas. O ¿Acaso no dicen los Salmos que todos somos Dioses porque todos somos hijos de Dios y herederos del reino?

- *Quien cree en mí, también hará las obras que yo hago. Y aún hará mayores que éstas. Porque yo voy al Padre.*

- ¿Ves? Me lo sigues reconfirmando. Entonces todos somos uno y yo también voy al Padre. Pero, de lo que sí estoy seguro, es que jamás he visto a nadie que, creyendo en ti o, al menos, diciendo que cree, haya hecho nada parecido a lo que haces ante nosotros.

- *Si piden algo en mi nombre yo lo haré. Si me aman guarden mis mandamientos, que yo rogaré al Padre y él les dará otro Consolador, para que esté con ustedes para siempre: al Espíritu de verdad, al cual el mundo no puede recibir, porque no lo ve ni lo conoce; pero ustedes lo conocen, porque está con ustedes y estará en ustedes. Quien me ama será amado por el Padre y yo lo amaré y me manifestaré en él.*

- No me lo repitas más que ya entendí, no soy como los otros doce. Ya sé que estás en mi interior, como el mar está en el interior de la ola.

- *No los he de dejar huérfanos, vendré a ustedes. Aún un poquito y el mundo no me verá más; pero ustedes sí, porque yo vivo y ustedes también vivirán. En aquel día ustedes conocerán que yo estoy en mi Padre y ustedes también y yo en ustedes.*

- Claro, Hermano, porque ya sé de memoria que al cielo al cual te refieres es un estado en el cual estamos en nosotros.

En ese momento le preguntó Judas, uno que de afán habíamos conseguido de reemplazo por el otro, que por qué él se iba a manifestar a nosotros y no al mundo.

-        *Quien me ama guarda mi palabra, mi Padre lo amará y vendremos juntos para hacer morada con él.*

-        Claro, ya lo dijiste: "en el reino de mi Padre hay muchas moradas" Y es a eso a lo cual te refieres, exclamé pleno de júbilo. Fíjese bien que antes nos dijo que su papá tenía muchas moradas y ahora dices que vas a venir a morar en nosotros con él. Eso significa que si nosotros somos la morada de Dios, para qué religiones, si de todos modos somos la morada de Dios.

Por tal motivo creo en lo que sostienen antiguas leyendas en mi interior, cuando dicen por tradición que luego que Dios terminó de hacer el mundo, sintió cansancio, soledad y frío. Y, queriendo hallar un sitio para descansar, no encontró refugio alguno porque todo estaba lleno de su propia creación. Así pues, construyéndola de un fino barro que halló, creó para sí mismo una vivienda en donde mora desde entonces. Y por eso existimos tú y yo.

Y por eso mismo lo detesto, porque me sacó de donde reposaba inocente y porque me golpeó con fuerza; porque me arrojó en el agua para ablandar mis partes toscas. Lo detesto porque extrajo de mí lo más áspero y burdo que había en mi interior, y que estorbaba a sus deseos. Lo detesto porque me dio forma a su antojo y me introdujo en el horno del sufrimiento, dizque para endurecerme de nuevo; y, al verme, dijo extasiado: mi obra es maravillosa. Y, por eso lo detesto, porque lo dice él y no yo. Detesto al alfarero, que me usó cual arcilla para moldear lo que había en su mente y corazón ansioso. Pero, por lo que más lo detesto, es porque no pude oponerme a ello; porque sus sabias manos fueron más fuertes que la greda que usó para que yo quedara... perfecto.

-        *Quien no me ama, no la guarda; y ya saben que la palabra que han oído estando con ustedes, no es mía sino del Padre que me envió. Pero el Consolador Espíritu Santo, a quien el Padre enviará en mi nombre, él les enseñará todas las cosas y les recordará todo lo que les he dicho.*

-        Uy, Maestro, ahí sí espero no estar, le dije. Porque volverme a aguantar el cuento de que usted es el Hijo de su Padre, y otra vez la palabra, y las obras. No, Hermano, eso ya me lo sé de memoria.

-        *Siendo así, la paz les dejo, mi paz les doy; no como el mundo la da yo se las doy. No se turbe su corazón ni tengan miedo. Ya les he dicho que voy y vengo a ustedes. Si me aman se gozarán porque he dicho que voy al Padre; porque él es mayor que yo. Por ese motivo se los digo antes de que se cumpla, para que crean cuando se haga. Ya no hablaré mucho más con ustedes, porque viene el príncipe de este mundo, que no tiene nada en mí. Pero, para que el mundo conozca que amo al Padre que me dio el mandamiento, así hago.*

¡Y, levántense que nos vamos!

Y ya sabíamos que cuando el Maestro estaba de afán, nada era para el otro día. Nos enderezamos perezosamente pensando en qué nueva empresa dialéctica nos iba a meter el Señor. Y, una vez logramos alcanzarlo, llevándonos por un estrecho sendero solitario, como los que le gustaban después de compartir un tiempo con la marea de gente que lo buscaba, llegamos a un pequeño y destartalado rancho que, por lo menos, nos sirvió de refugio en una larga noche en la cual todos, como en ninguna otra, pudimos dormir a nuestras anchas

-       *Yo soy la vid y mi Padre es el labrador,*
nos dijo muy de mañana al otro día como plato de
desayuno. Como siempre, el Maestro se levantaba y sin
bañarse, porque no había en donde hacerlo en semejante
desierto. Ni que el bautismo de Juan hubiera sido su
último baño…

-       *Todo pámpano que en mí lleva fruto, le
quitará; y todo aquel que lo lleve, le limpiará para que
lleve más fruto. Ustedes ya están limpios por la palabra
que les he hablado. Estén en mí y yo en ustedes. Como el
pámpano no puede llevar fruto de sí mismo si no
estuviera la vid; así mismo ni ustedes si no estuvieran en
mí. Yo soy la vida, ustedes los pámpanos; quien está en
mí y yo en él, lleva mucho fruto, porque sin mí nada
pueden hacer. Quien en mí no esté, será echado fuera de
mí como mal pámpano y se secará; y los cogen y los
echan en el fuego en donde han de arder. Pero, si
estuvieran en mí y mis palabras estuvieran en ustedes,
pidan lo que quieran que les será dado. En esto es
glorificado mi Padre, en que ustedes lleven mucho fruto y
sean así mis discípulos.*

-       Maestro, me parece de muy mal gusto
que nos siga asustando a cada rato con el cuento de que
seremos echados en el fuego; porque si incentivaras
mucho más en nosotros el amor a la enseñanza por la
enseñanza misma, te aseguro que la convicción en
nosotros sería superior al hecho de hacerlo por miedo a tu
famoso fuego eterno. Y si eso opinamos quienes más te
conocemos, ¿qué dirán los más lejanos?

-       *Es que como el Padre me amó, también
yo los he amado. Estén en mi amor guardando mis
mandamientos; como yo también he guardado los de mi
Padre y estoy en su amor. Todo esto les he hablado para
que mi gozo esté en ustedes y su gozo sea cumplido. No
olviden mi mandamiento: que se amen los unos a los*

otros como yo los he amado; porque nadie tiene mayor
amor que éste de poner la vida por sus amigos. Y ustedes
son mis amigos si hacen lo que les mando. Ya no los
llamaré más mis siervos, porque el siervo no sabe lo que
hace su señor; los llamo mis amigos porque todas las
cosas que oí de mi Padre se las he hecho notorias.

-        Sospecho que me estás diciendo entre
líneas, que la "vida" a la que te refieres no es a la externa,
sino a la interna. Porque si es la externa, yo no voy a
poner el pecho por la bala que es de otro. Es más, tu frase
"no hay amor más grande que aquel de dar la vida por el
bien de los demás", es cierta correcta verdad; pero debo
comprenderla desde su base real, pues no se trata del
morir físico ¡Es más! Pues esta no es la verdadera vida y
darla no es la realidad. "Dar la vida" significa dejar el
vivir el animal y transmutar su actitud por el bien y la
verdad. La fuerza que esto me da, es aquello que debo
aumentar en mí, para poder llegar a "morir" por los
demás. "Amor más grande no hay" es cierta comprensión
que debemos adquirir, al ver cómo hay que transformar al
hombre que somos en el ser humano, por el bien de sí
mismo y, por ende, por aquel de los demás.

-        *Tú lo has dicho. ¡Hazlo!*

-        Señor, exclamé, entonces dime una cosa,
tú que te sabes de memoria el libreto y todo lo puedes, y
que ahora nos haces tus iguales por ser tus amigos al
obedecerte por la comprensión adquirida, y no como los
siervos que es por obligación o miedo al castigo ¿Podrías
contestarme una pregunta que no he podido resolver?:
¿sabes en donde andará mi amigo Roberto, o si acaso
vendrá también a la fiesta de Pascua buscándome? Estoy
muy preocupado por él porque, si viene tras mi rastro,
como es tan despistado, quien puede perderse entre el
gentío será él.

-        *Así como tú no elegiste a tu amigo Roberto*
como tal, ustedes no me eligieron a mí, sino yo a ustedes.
Y los he puesto para que vayan y lleven el fruto y que éste

permanezca, para que todo lo que pidan del Padre en mi
nombre, él se los dé. Por eso les mando que se amen los
unos a los otros. Si el mundo los aborrece, sepan que a mí
también me aborreció, pero antes que a ustedes. Si fueran
del mundo, el mundo amaría lo suyo; pero como ustedes
no son del mundo, sino que antes yo los elegí del mundo,
por eso los aborrece ese mismo mundo.

Acuérdense de la palabra que les he dicho; que
el siervo no es mayor que su señor. Si a mí me han
perseguido, también lo han de hacer con ustedes. Si han
guardado mi palabra, también guardarán la de ustedes.
Todo eso les harán por causa de mi nombre, porque no
conocen a quien me ha enviado. Si no hubiera venido ni
les hubiera hablado, no tendrían pecado; mas ahora no
tienen excusa de él.

-      ¿O sea que pecar es no hacer lo que sabemos
que hay que hacer? Pregunté lleno de comprensión. Si
eso es así, nos ofendemos a nosotros mismos retardando
nuestra evolución interna cuando pecamos. Pero eso no
significa que con dicho pecado se ofenda a tu Padre.
Siendo así, comprendo mucho mejor la idea de pecar o
errar.

-      *Quien me aborrece también aborrece al*
Padre. Si no hubiera hecho obras entre ellos, cual ningún
otro las ha hecho, no tendrían pecado; pero, como ahora
ya las han visto, me aborrecen a mí y a mi Padre. Pero,
para que se cumpla la palabra que está escrita en su ley:
que sin causa me aborrecieron. Cuando venga el
Consolador que yo les envío del Padre, él dará testimonio
de mí; y ustedes lo darán de mí porque están conmigo
desde el principio. Todo esto se los digo para que no se
escandalicen, pues los habrán de echar de las sinagogas
y viene la hora cuando cualquiera que los mate, pensará
que hace un servicio a Dios. Y estas cosas les harán
porque no conocen al Padre ni a mí.

-       Maestro,   pero en la Santa Inquisición que instituyó tu supuesta iglesia, también pensaban que hacían un bien matando a tanta gente. Y ni para qué te habló de todos los que mataron en las Cruzadas dirigidas por tus futuros Papas. Herederas, ambas, de la manera atroz con que su Padre acostumbra a transmitir su mensaje... Piénsalo bien, porque tu vas por el mismo camino. Y por ese motivo quiero hacerte una preguntita pequeña: ¿por qué el asunto con ustedes tiene que ser tan sanguinario? ¿Por qué a tu papá le gusta tanto la sangre desde el principio; desde cuando, solo dos ejemplos, por culpa de él, Caín mató a Abel y Abraham casi asesina a su hijo? ¿Es que no hay otra fórmula para transmitir el conocimiento sin tanta sangre, muerte, odio, fuego eterno y venganza? ¿No te parece que si le pones un poquito más de comprensión y de saber darse a conocer de una manera menos pomposa ante quienes administran la ley religiosa, la historia sería diferente?

Es más, creo que acabo de comprender, observándote, que debo establecer una nueva relación conmigo mismo, para conectarme con la vida externa desde otra base interna. La vida siempre es la misma, lo que cambia son las conexiones que hago con ella; y esas conexiones dependen del grado de comprensión alcanzado cada vez que venzo al Diablo, como tú lo hiciste. Mi vida y la construcción del alma dependen de aquello a lo que yo le diga si y le diga no. Vaya, ahora sé que soy la medida de mi comprensión y ésta se conoce por la intensidad de mi fe. Entonces, ¿será que el alma es a lo que me aferro, como me sujeto al alma de las cosas?

-       *Es que todo esto se los he dicho para que cuando llegue la hora, se acuerden cómo se los había advertido con anterioridad. Esto no se los dije al principio porque yo estaba con ustedes; pero ahora voy a quien me envió y ninguno de ustedes me pregunta ¿a* dónde voy? *Antes, porque les he hablado todas estas cosas, la tristeza ha henchido su corazón. Pero yo les digo la verdad y es necesario que vaya, porque si no fuese, el Consolador no vendría a ustedes; pero como voy se los he de enviar. Y, cuando él venga, redargüirá al mundo del pecado, de justicia y de juicio. De pecado, ciertamente, por lo que no creen en mí; de justicia, por cuanto voy al Padre y no me verán más; y de juicio, por cuanto el príncipe de este mundo es juzgado.*

Aún tengo muchas más cosas que decirles, pero ahora no se las puedo comunicar. Cuando venga aquel espíritu de verdad, él los guiará a toda verdad; porque no hablará de sí mismo, sino de todo lo que oyere y les hará saber las cosas que han de venir. Él me glorificará, porque tomará de lo mío y se los hará saber, porque todo lo que tiene el Padre es mío. Un poquito más y ya no me verán, otro poquito y me volverán a ver, porque voy al Padre.

-        ¿Qué es esto que nos dice: que un poquito y no lo veremos y otro poquito y sí? Nos preguntábamos entre nosotros un tanto despistados sin entender lo que hablaba.

-        *¿Se preguntan entre ustedes qué es esto que acabo de decir? Llorarán y se lamentarán mientras el mundo se ha de alegrar; pero, aun cuando ustedes han de estar tristes, después su tristeza se tornará en gozo. La mujer cuando está pariendo siente el dolor porque le ha llegado su hora; pero, después que ha parido a su criatura, ya no se acuerda de la angustia, por el gozo de que haya nacido alguien más en el mundo. Así ustedes ahora tienen tristeza, pero los veré de nuevo y se gozará su corazón sin que nadie pueda arrancar de ustedes su gozo. Ese día nada me preguntarán; pero de una vez les repito que todo lo que pidan al Padre en mi nombre él se los dará.*

Hasta ahora ustedes nada han pedido en mi nombre; pidan y recibirán para que su gozo sea cumplido.

- Pues yo sólo quisiera pedir más comprensión para comprender qué es todo lo que nos has dicho, contesté con algo de desazón interna.

- *Todo lo que les he hablado es en proverbios; pero ya llegará la hora en que no será así, porque claramente les anunciaré del Padre. Aquel día pedirán en mi nombre y no les digo que rogaré al Padre por ustedes; pues él mismo los ama, porque ustedes me amaron y han creído que yo salí de Dios. Sí, salí del Padre, he venido al mundo, el cual ahora dejo, para regresar al Padre.*

- Pero Jesús, yo creo que hay algo que ata a quien pide y a quien da, repuse al oír un tema que me sabía de memoria. Yo creo que no debemos involucrarnos en eso de pedir y recibir, si no dejar que las cosas se pidan y dejar que las cosas se den a través nuestro sin involucrarnos en el resultado.

- Ahora estás hablando claro y sin proverbios, le dijo a su vez Andrés. Ahora entendemos que sabes todas las cosas y no necesitas que nadie te pregunte; por esto creemos que has salido de Dios.

- Todos hemos salido de Dios, le contesté a Andrés. Porque desde el principio de esta historia, el Maestro me dijo que todo viene del Verbo y que éste se hizo carne, como la tuya, la mía, la de Jesús y la de cualquiera. Pero ahora me pregunto y la carne de una vaca ¿también? Porque carne es carne. ¿Será que cada vez que me como una gallina, me estaré comiendo una parte del Verbo eterno que se hizo carne en esa deliciosa gallina?

- *¿Ahora es cuando creen? Pues he aquí que la hora viene y ha venido; que ustedes serán esparcidos cada uno por su parte y me dejarán solo. Pero no estoy solo, porque el Padre está conmigo. Todo esto se* *los he dicho para que tengan paz en mí. En el mundo tendrán aflicción; pero confíen que yo he vencido al mundo.*

-        Pero ¿a cuál mundo te refieres?, le pregunté al Maestro. Porque yo mismo sé que aún tengo que recorrer todo lo largo, ancho y alto de mi mundo interno, buscando el resto: todo aquello que no conozco y que no puedo medir ni a lo largo ni a lo ancho, ni a lo alto. ¿A ese mundo es al que te refieres?

-        *¡Padre!,* exclamó Jesús más preocupado con su momento que con mis preguntas; *la hora ha llegado, glorifica a tu Hijo para que también tu Hijo te glorifique; porque le has dado la potestad de toda carne, para que dé vida eterna a todos los que le diste. La vida eterna es que te conozcan como el único Dios verdadero y a Jesucristo al cual has enviado. Te he glorificado en la tierra y he acabado la obra que me diste para hacer. Ahora, pues, Padre, glorifícame cerca de ti mismo con aquella gloria que tuve cerca de ti antes que el mundo fuese. He manifestado tu nombre a los hombres que del mundo me diste; tuyos eran, me los diste y guardaron tu palabra. Ahora han conocido que todas las cosas que me diste son de ti. La palabra que me diste se las di y la recibieron para conocer verdaderamente que salí de ti; y han creído que me enviaste. Ruego por ellos, no por el mundo sino por los que me diste porque son tuyos, como todo lo mío también lo es y lo tuyo es mío, y he sido glorificado en ellas.*

Ya no estoy en este mundo, más ellos sí mientras yo vengo a ti. Padre santo, a quienes me diste guárdalos para tu nombre, para que sean una cosa como también nosotros lo somos. Cuando estuve con ellos en el mundo los guardé en tu nombre sin que se perdiera ni uno sólo; tan sólo el hijo de perdición para que la Escritura se cumpliera.

-       ¿Viste? le dije escuchando su letanía. Judas tenía que desempeñar el papel que estaba escrito en el libreto por tu papito lindo, de modo que ¿por qué lo culpas y lo llamas hijo de perdición si tu Padre fue quien le dio ese puesto? ¿No dizque es la gente que él te dio? Más valiente me parece Judas con su actitud, al haber dejado hacer a través suyo lo que había que hacer. Además, si tu eres Jesús el Cristo, es porque tienes la capacidad de anteponer el Bien a la Verdad y, por lo tanto, de comprendernos a todos en nuestro obrar. Incluyéndolo a él, porque tú mismo dijiste que no has venido a juzgar a nadie.

-       *Pues te dejo con tus reflexiones, porque yo ahora voy al Padre y hablo esto en el mundo para que tengan mi gozo cumplidos en sí mismos. Les he dado tu palabra,* continuó hablando dirigiéndose a su Padre como si estuviera solo con él; *y el mundo los aborreció a ellos porque no son del mundo, como yo tampoco lo soy. No te pido que los quites del mundo sino que los guardes de él. Ni ellos ni yo somos del mundo; santifícalos en tu verdad, porque tu palabra es verdad. Así como me enviaste al mundo yo los he enviado a ellos. Por ellos me santifico a mí mismo, para que ellos también sean santificados en verdad. No solamente te ruego por éstos sino por quienes han de creer en mí por medio de la palabra de ellos. Para que todos sean una sola cosa, como tu oh Padre en mí y yo en ti, que también ellos sean en nosotros una cosa y para que el mundo crea que me enviaste. La gloria que me diste les he dado, para que sean una sola cosa como también nosotros somos una.*

Yo en ellos, tú en mí, para que sean consumadamente una sola cosa y que el mundo conozca que me enviaste y que los has amado desde antes de la constitución del mundo. Padre justo, el mundo no te ha conocido, pero yo sí y éstos han conocido que tú me enviaste. Les he manifestado tu nombre y más lo manifestaré aún, para que el amor con el cual me has amado esté en ellos y yo en ellos.

Y, de pronto el Maestro, allí en Gethsemaní, nos llamó aparte a Pedro, a Jacobo, a Juan y a mí, mientras les decía a los demás que se sentaran. Nos retiramos para estar solos con él mientras nos confesaba cómo en verdad estaba atemorizado y muy angustiado. Nos pidió que oráramos para no entrar en tentación, pues su alma estaba muy triste. Pero, también se apartó de nosotros como a un tiro de piedra de mi brazo, que tampoco es que fuera muy musculoso. Lo seguí sin que me viera, y observé cuando se arrodilló y comenzó nuevamente a orar, pidiendo al Abba Padre que si él quería pasara ese vaso de él; que no se hiciera su voluntad sino la suya, la del Padre, porque para él todas las cosas eran posibles. Y, de pronto, se apareció un ángel del cielo confortándole mientras oraba intensamente con agonía. A pesar de la oscuridad pude ver cómo sudaba grandes gotas de sangre que rodaban por su piel hasta depositarse en la tierra.

De repente y como se levantó dirigiéndose hacia donde estábamos nosotros, corrí y me acosté al lado de Pedro haciéndome el dormido, con una profunda y extraña tristeza que embargaba mi alma. Al llegar el Maestro, nos encontró profundamente dormidos y despertando a Pedro lo regaño.

- *Así que no han podido ni velar una hora conmigo? Les dije que velen y oren para no entrar en tentación; el espíritu está presto, pero la carne enferma.*

Se sintió tan desilusionado de la gente que más lo conocía, de quienes más cerca habían estado de él durante estos tres años, que se alejó de nuevo a pedirle al Padre que pasara el vaso que le tocaba beber; que se hiciera su voluntad. Y, volviendo otra vez, los encontró aún dormidos porque los ojos les pesaban del sueño. Y por tercera vez nos dejó entristecido al verlos en ese estado, pidiendo de nuevo al Padre.

De pronto sentí en mi interior una energía que se adueñó de mis actos y me fue alejando internamente del mundo circundante a escuchar sus obras. No sé qué sucedió cuando, de pronto, pensé y sentí al Cristo o al Buda en mí, como si cierto fuera que entre más caminara en mí mismo y más me conociera, más creería y entendería ese ser que vive en mí, allá al final del camino, en donde termina el mío y sigue el suyo.

Al regresar el Maestro, viéndonos con cierto aire de desencanto y amargura, todo lo que nos dijo fue: *duerman ya y descansen, porque la hora ha llegado en que el Hijo de Dios es entregado en manos de pecadores.*

Meditando en todo lo que había venido sucediendo en los últimos días, pensé que el nivel de ser atraía la vida. ¡Sí! Pero que el nivel de vida atraía el sueño y el nivel de sueño podía ser una pesadilla de por vida…

-    *¡Levántense ha llegado quien me ha entregado!*

CAPÍTULO NUEVE

LOS OTROS MAESTROS

Estaba aún oyendo esta frase del Maestro, ahí tras el arroyo de Cedrón en donde nos encontrábamos, cuando he aquí que de repente llegó una turba de gente guiada por Judas, quien sabía perfectamente que ahí nos reuníamos con frecuencia, porque él mismo nos había acompañado muchas veces a Getsemaní. Venía acompañado por ancianos del pueblo, escribas, ministros de los pontífices y, obviamente, por los fariseos enemigos acérrimos de Jesús. Todos ellos escoltados por soldados con linternas, antorchas, palos, espadas y otra clase de armas.

- *¿A quién buscan?* Preguntó el Maestro saliendo a recibirlos, como si él mismo ya no supiera que venían para apresarlo.

- A Jesús Nazareno.

- *Yo soy. Y si es a mí a quien buscan, dejen ir a mis compañeros.* Contestó él mientras todos los de la comitiva caían a tierra dando un paso atrás.

Jesús había dicho esto para que también se cumpliera la escritura de su libreto que decía: de los que me diste a ninguno de ellos perdí. Fue entonces cuando Judas se acercó y lo besó en la mejilla, diciéndole ¡Salve Maestro! Tal como tenía acordado en su complicidad, no sé si con el Maestro o con los fariseos que fuera ésta la señal con la cual certificaría que a quien besara él sería el Maestro. Una señal y beso bastante estúpido, porque Jesús había estado en plaza pública por tres años y ¡quién no lo conocía!

- *Amigo ¿a qué vienes? ¿Con un beso entregas al hijo del hombre?* Le preguntó el Maestro, sin recibir respuesta porque, inmediatamente, lo apresaron los soldados.
- ¡Señor! ¿Te defendemos a cuchillo? Preguntó Pedro sacando su instinto de hombre de pueblo y de un tajo cortó la oreja derecha de Malco, uno de los siervos de los pontífices.

- ¡Viste, Jesús, te dije que Pedro era un hombre violento! Su instinto de conservación viene del pasado. Su poder de adaptación está ahora en el presente; pero son sus aspiraciones quienes marcan su futuro. Maestro... ¡ha comenzado tu pesadilla!

- *¡Pedro, mete tu espada en la vaina!* Exclamó el Hombre regañándolo. *Quien tome la espada a espada muere. El vaso que me ha dado el Padre ¿acaso no lo tengo que beber? ¿Piensas que no puedo orar a mi Padre y él me mandaría más de doce legiones de ángeles? ¿Cómo, pues se cumplirían las escrituras, que así conviene que sea hecho? Y, tomando la oreja de Malco, se la puso de nuevo en su lugar.*

- Maestro, te advertí que a este bruto lo que le entraba por un oído le salía por el otro, le reclamé. Pedro no ha comprendido un bledo, porque sigue pegado de tu túnica. Ah, pero ahora que lo pienso mejor: puede ser que la espada que usó Pedro, sea esa de la verdad y, ahora que pones de nuevo la oreja en su lugar, sea símbolo de la capacidad de comprensión. Me parece que, según esto, Pedro está próximo a comprender quién es él mismo, pero de una manera dolorosa.

- *¿Como a ladrón han salido con sus espadas y palos a prenderme?* Preguntó el Maestro prestando poco interés en mis reflexiones pasajeras. *Todos los días me senté con ustedes enseñando en el templo y no me prendieron. Pero todo esto se hace para que se cumplan las escrituras de los profetas. Esta es su hora y la potestad de las tinieblas.*

Y dicho esto, todos salimos corriendo cada quien a salvar su vida, cuando vimos que los soldados también querían apresarnos. Pero luego Pedro se me acercó en medio de la oscuridad y me dijo que observáramos y los siguiéramos a cierta distancia de lejos. Un momento antes de salir de nuestro escondite, llegaron el resto de discípulos al ver que se había ido el grupo de soldados y sacerdotes. Aprovechando que estábamos reunidos y sin saber qué hacer, les dije que antes de que el telón bajara para cada uno de nosotros y antes de que cayera para toda la actuación colectiva, teníamos el tiempo suficiente para darnos cuenta de que nada hacíamos, que todo nos sucedía de la única forma posible; y que el simple hecho de caer en la cuenta de que estamos dormidos en nuestra actuación, por ese hecho empezábamos a despertar dentro de ella y a dirigir todas nuestras fuerzas conscientes hacia el perfecto desempeño de la misma, para así, igualmente, no errar y dar en el blanco en la cual se espera que diéramos de lleno.

Al ser conscientes de y dentro de nuestra acción, tendremos acceso a toda la información contenida en el libreto; información que, por estar dormidos, no recordamos e improvisamos según las circunstancias; haciendo de dicha actuación un remedo, algo imperfecto, una mala representación dentro de la perfección que el Maestro espera individual y colectivamente de cada uno de nosotros.

De pronto, interrumpiéndonos, apareció un mancebo que seguía a la comitiva cubierto con una sábana sobre su cuerpo desnudo; y vimos cómo lo prendieron los guardias pero él, dejando la sábana entre sus manos, huyó desnudo. Fue entonces cuando, siguiendo a los soldados, pudimos observar cómo éstos habían prendido al Maestro y lo llevaban primero ante Anás el suegro de Caifás, y luego ante él mismo; porque era Caifás quien les había aconsejado que muriera un hombre y no toda la nación. Con él se encontraban el tribuno, los ancianos, los ministros de los judíos, los príncipes de los sacerdotes y los escribas. Y hasta Pedro y yo estábamos allí en el patio del pontífice quien, por cierto, me conocía; todos sentados en medio de los criados que se calentaban al calor de una hoguera, para ver cómo se desenvolvía toda la acción.

Y oí cuando el pontífice preguntó a Jesús acerca de sus discípulos y de su doctrina, a lo que el Maestro respondió que él había hablado abierta y públicamente al mundo en las sinagogas y en el templo en donde se juntaban todos los judíos, sin que tuviera que hablar ocultamente jamás.

- *¿Para qué me preguntas a mí? Pregúntale a los que me han oído qué les he hablado; ellos saben lo dicho.* Le contestó el Maestro en el momento en que uno de los criados le daba una bofetada por haber respondido de manera atan altanera al pontífice. *Si he hablado mal, da testimonio del mal y si bien, entonces, ¿por qué me hieres?*

Como los príncipes de los sacerdotes y todo el concilio buscaban testimonio contra Jesús para entregarle a la muerte y no lo hallaban, entonces consiguieron muchos testigos falsos que llegaron a acusar al Señor sosteniendo que le habían oído decir, por ejemplo, que él podía reconstruir el templo en tres días si lo derribaban. Y a cada acusación el pontífice lo retaba a que respondiera ante lo que decían de él, que confesara si él era el Dios viviente, el Cristo, el Hijo de Dios Bendito, etcétera

- *Si se los digo no me creerán,* respondió el Hombre. *Y si se los pregunto no me responderán ni me soltarán. Pero bien, tú lo has dicho y aún se los digo, que desde ahora verán al Hijo del hombre sentado a la diestra de la potencia de Dios, quien viene en las nubes del cielo.*
- ¿Qué más testimonio deseamos? Lo hemos oído de tu boca.

Y el pontífice rasgó sus vestiduras diciendo que todo era una blasfemia, que qué más necesidad tenían de testigos. A lo que toda la audiencia inmediatamente culpó a Jesús de muerte, escupiéndolo en el rostro, dándole bofetadas e hiriéndolo con mojicones mientras lo retaban a que les profetizara que, si era el Cristo, dijera quién lo estaba golpeando.

En ese momento una de las criadas vio que Pedro estaba en medio de ellos y dirigiéndose a todos les dijo: éste andaba con él, es un discípulo suyo.

- Mujer, no sé lo que dices; yo ni siquiera conozco a ese hombre, contestó Pedro mientras yo lo escuchaba asombrado.

Pero la cosa no terminó allí, pues otro apoyó a la mujer inmediatamente, diciendo que sí, que él también lo había visto con Jesús Nazareno. Acusación que Pedro negó por segunda vez diciendo: juro hombre que no soy yo.

Y una hora después un pariente de Malco que pasaba por allí, percatándose de Pedro, exclamó: verdaderamente éste también estaba con él, porque es Galileo y yo lo vi. en el huerto con él, y hasta su habla lo hace manifiesto. A lo que Pedro contestó: hombre, no sé qué dices. Y fue en ese instante, aún sin terminar su frase, cuando el gallo cantó tres veces, tal cual el Maestro se lo había profetizado.

Claro, Pedro, en medio de su tragedia, se había olvidado de la advertencia hecha por Jesús. Pero como todo estaba escrito, así tenía que ser. Sin mérito de ninguno de los actores, más que el de haber hecho exactamente lo que tenían que hacer; fuere quien fuere el actor en esta tragedia grecorromana y judeocristiana. Y ya yo sabía de memoria que si nada podía hacer por mí mismo, debía dedicarme a "hacer" algo por los demás.

Jamás había visto yo llorar a un hombre tan amargamente como lo hizo Pedro aquella noche. Ni siquiera yo en mi momento de tragedia había llorado con tanto dolor y sentimiento de culpa como este pobre pescador de hombres. Y, para acabar de ajustar la escena, la gente que tenía a Jesús comenzó a burlarse de Pedro y a herirlo en su rostro cubierto, mientras a cada golpe le preguntaban que profetizara quién lo había herido.

No tuve más remedio que sacarlo de en medio de quienes lo herían, pues tampoco estaba haciendo nada para defenderse. Pedro quería morirse allí mismo por haber traicionado a su Maestro.

- Tranquilo Pedrito, le dije echándole mi brazo sobre su hombro. Llora amargamente para que salgas de tu dolor, que para eso son las lágrimas. Del único de quien verdaderamente vale la pena defenderse es de lo que tú crees que eres y, sin embargo, no eres. Además, no tener lo que crees merecer y no merecer lo que crees tener, siempre será culpa tuya. Pero ven, sentémonos allí debajo de aquel algarrobo, tienes que ser fuerte. Toma las cosas con calma, pues yo creo que la enseñanza que el Maestro te dio es para tu nivel de ser piedra tan duro. Mira las cosas de la siguiente manera: yo creo que lo que él trató de decirte con esto de la negación total, es que no debes depender tanto de un Maestro externo, sino buscar el Maestro Interno creyendo más en ti mismo. Por eso cantó el gallo, porque ¿acaso el gallo no es símbolo de amanecer?

Pues bien, míralo así, porque está amaneciendo en tu interior y ahora sabes que es allí en donde está el verdadero Maestro. Ahora, cuando has negado el maestro externo porque crees más en ti, es cuando más puedes ser

Pedro el Cristo, así como él ya es Jesús el Cristo y yo espero ser Mauricio el Cristo o el Buda. Ahora tus lágrimas me muestran tu parte emocional superior activa. El gallo sí te cantó tres vez, pero por dentro y dando a entender que te despertaste del todo, que las raíces y la fe están en ti mismo. Pero Pedro, te pido un favor, ahora que crees a través de ti mismo y no de lo que dice Jesús, cuida mucho de cómo vas a continuar con la iglesia o enseñanza del Maestro, porque sospecho que no va a seguir como debe ser. O ¿es que en las escrituras también está escrito aquello en lo que ha de convertirse lo que es hoy su iglesia? Recuerda que el Maestro dijo que tú eres Satanás. Y lo dijo muy clarito.

Mientras yo conversaba con Pedro para darle ánimo en su ser interno, Judas, viendo que Jesús era condenado, devolvió arrepentido las treinta piezas de plata a los príncipes de los sacerdotes y a los ancianos, diciendo que había pecado entregando una sangre inocente. Como obviamente a los sacerdotes les importaba un soberano pepino lo que Judas dijera, éste les arrojó las piezas de plata en el templo, salió corriendo despavorido como alma que lleva el Diablo, buscó un lugar apartado en donde le quedó a la mano, y muy oportunamente, un árbol de saúco o una higuera de la cual se ahorcó.

Mientras tanto los príncipes, tomando del suelo las piezas de plata, dijeron que no era lícito echarlas en el tesoro de los dones, porque eran precio de sangre; y, haciendo consejo, resolvieron destinarlas para comprar con ellas el campo de alfarero, por sepultura para los extranjeros. Por lo cual fue llamado aquel lugar Campo de sangre hasta el día de hoy. Así también se cumplió lo que fue dicho por el profeta Jeremías cuando advirtió que: y tomaron treinta piezas de plata, precio del apreciado, que fue apreciado por los hijos de Israel, y las dieron para el campo del alfarero como me ordenó el Señor.

La noche, aun cuando fue tormentosa para todos, porque nadie pudo conciliar el sueño, pasó rápido. A la mañana siguiente y desde muy temprano, entraron en consejo todos los príncipes de los sacerdotes, los escribas y los ancianos del pueblo contra Jesús, para entregarle a la muerte. Entonces, con todo el concilio, lo llevaron atado desde donde Caifás hasta el pretorio, quedándose afuera quienes lo llevaban, para no ser contaminados, sino que comiesen la Pascua. Y allí estaba Poncio Pilato, el presidente.

-      ¿Qué acusación traen contra este hombre? preguntó Pilato al verlos llegar con el reo.

-      Si este no fuera malhechor no te lo hubiéramos entregado. Pervierte la nación, veda dar tributo al César diciendo que él es el Cristo, el rey.

-      ¿Eres tú el rey de los Judíos, le preguntó a su vez Pilato al Hombre teniéndolo parado enfrente suyo.

-      *Tú lo dices, pero ¿lo dices de ti mismo o te lo han dicho otros de mí? Más mi reino no es de este mundo. Si lo fuera, mis servidores pelearían para que yo no fuera entregado a los judíos; ahora, pues, mi reino no es de aquí. Para esto he nacido y venido al mundo, para dar testimonio a la verdad. Todo aquel que es de la verdad oye mi voz, contestó Jesús guardando enseguida silencio, al ser acusado por los príncipes de los sacerdotes y por los ancianos.*
-      ¿Acaso soy judío? ¿No oyes cuántas cosas testifican contra ti? Tu gente y los pontífices te han entregado a mí ¿Qué has hecho? ¿Qué cosa es verdad? Le preguntó Pilato maravillado, mientras la respuesta era

el silencio. Ningún crimen ni culpa hallo en este hombre, tómenlo ustedes y júzguenlo según su ley, dijo entonces Pilato dirigiéndose a sus acusadores.

- ¡Cómo que no! Alborota al pueblo enseñando por toda Judea, comenzando desde Galilea hasta aquí. Además, a nosotros no nos es lícito matar a nadie.

Pilato, al enterarse que el Hombre era de Galilea, se lo envió a Herodes, pues pertenecía a su jurisdicción. Pero Herodes, que también estaba por aquellos días en Jerusalén, al tenerlo en frente, se alegró mucho porque hacía tiempo que deseaba verlo; puesto que él también había oído decir muchas cosas acerca de él y guardaba alguna esperanza de verlo hacer alguna de las señales que hacía. Muchas cosas le preguntó Herodes al Maestro pero éste seguía encerrado en su mutismo, mientras los sacerdotes y los escribas lo seguían acusando en porfía.

Entonces Herodes con su corte lo menospreció, lo escarneció, lo vistió con ricas ropas y se lo devolvió a su antiguo enemigo y ahora, a raíz de este suceso, su amigo Pilato. Entonces Pilato, convocando a los príncipes de los sacerdotes, a los magistrados y al pueblo, les dijo que así como le habían presentado a Jesús como alguien que desviaba al pueblo, y que ni él ni Herodes habían hallado en él ninguna culpabilidad, entonces lo iba a soltar apenas castigándolo por una pena menor.

La gente que acusaba al Maestro puso el grito, ahí sí que en el cielo, apenas oyeron lo que Pilato pretendía hacer con el reo. Y, entonces, acordándose de una vieja tradición según la cual en cada fiesta se debía soltar a un preso, les propuso que decidieran si quería que soltara a Jesús o a un tal Barrabás que estaba en la cárcel acusado de robo, sedición y muerte.

- ¡Quita a éste y suéltanos a Barrabás! Era el grito que ahogaba el de quienes pedíamos todo lo contrario.

- ¡Crucifícalo, crucifícalo! Gritaban con más vigor a pesar de que Pilato quería salvarlo a toda costa porque sabía que se lo traían por envidia de ellos mismos.

Entonces Pilato, exponiendo a los dos reos frente al pueblo, soltó a Barrabás en medio del desespero de María Magdalena, los parientes, discípulos y de todos aquellos que creíamos en Jesús y que gritábamos que lo soltaran a él. Pilato, que ya no habría de soltar al Hombre, a cambio de ello lo hizo azotar. Pero tanto era el desespero de la gente, que hasta la mujer de Pilato le aconsejó que no se metiera con ese hombre justo, porque había padecido muchas cosas extrañas en sueños a causa de él. Sin embargo, ante la insistencia y el alboroto de la mayoría de la chusma, viendo él que nada adelantaba preguntando por qué debía condenarlo a muerte, tomando agua se lavó las manos delante del pueblo, diciendo que él era inocente de la sangre del justo que tenía a su lado; que el pueblo mismo era el responsable de dicho derramamiento.

- Que su sangre sea sobre nosotros y sobre nuestros hijos, sentenció la gente sobre sí mismos.

- Viendo su dolor, me acerqué a María Magdalena, lavada en sus propias lágrimas y le dije; María, no importa si al maestro lo condenan Herodes o Pilato, piensa que si Jesús no hubiera vencido a Satanás allá en el desierto de las tentaciones, es decir si no hubiera superado su ambición, las dudas, los miedos y el orgullo; si no hubiera trascendido la vanidad y la violencia; si no hubiera vencido todo ello, de todos modos habría salido triunfante del desierto, pero no a buscar apóstoles estilo

343

Juan y mujeres como tú, sino individuos del tipo de este Barrabás; para así coronarse Rey de los judíos y del mundo terrenal. Si así hubiera sucedido, entonces, la historia fuera otra, aun cuando sospecho que la Iglesia Católica Apostólica y Romana hubiera sido... la misma.

En aquel momento, juntando toda la cuadrilla, los soldados del presidente llevaron a Jesús al pretorio y, desnudándolo, le echaron encima un manto de grana o púrpura, pusieron sobre su cabeza una corona tejida de espinas de zarzamora y una caña en su mano derecha; e, hincándose de rodillas ante él, se burlaban diciéndole: ¡Salve, Rey de los Judíos!, mientras lo escupían y le golpeaban en la cabeza con la caña. Luego de escarnecerlo hasta más no poder, le quitaron el manto, le pusieron su vestido y lo llevaron para crucificarlo. Y así fue presentado al público, mientras Pilatos insistía aún más en que él no encontraba ninguna culpabilidad en el Hombre. El mismo calificativo con el cual él mismo se refirió a Jesús al presentarlo a la gente: ¡He aquí el hombre!

De pronto, al contemplar al Maestro con su corona de espinas, tuve una visión de Jesús en donde se me pareció a Saturno con su corona de anillos. Pensé también cómo Zeus, por su parte, había condenado a Prometeo a estar encadenado a una roca en donde un buitre le comería el hígado que le renacería durante las noches hasta el infinito dolor, si no es por Quirón quien cambia de puesto con él; como Cristo pretende liberar a la humanidad de su aparente pecado siendo crucificado en el Calvario, y cambiando así de puesto con ella, con la humanidad.

Mientras los judíos le decían que sí era culpable porque se hacía pasar por Hijo de Dios, Pilato, con algo de temor, le preguntaba al Maestro, sin obtener respuesta de él, que de dónde era oriundo.

- ¿A mí no me hablas? ¿No sabes que tengo potestad para crucificarte y potestad para soltarte?

- *Ninguna potestad tendrías sobre mí, si no te la hubieran dado desde arriba; por lo tanto, quien a ti me ha entregado, mayor pecado tiene.*

- ¡Maestro!, exclamé interrumpiéndole. ¿Por qué hablas así de tu Padre? Porque me imagino que es a él a quien te refieres con eso de que: "quien a ti me ha entregado, mayor pecado tiene". Porque si, como tú mismo nos lo dijiste mil veces, el libreto tenía que cumplirse, entonces, no creo que estés hablando de Judas ¿Cierto? Recuerda que tú lo escogiste; o sea, que tú mismo te entregaste. O, sino, ¿por qué no te defiendes en este momento? ¿Por qué no llamas a un alzamiento a tu gente? Mide tus palabras.

- ¡Si a éste sueltas, no eres amigo del César!, gritaron en ese momento los Judíos a Pilato opacando mi pregunta, y viendo que aún seguía dudando en si condenarlo o no. Cualquiera que se hace rey contradice a César. No tenemos más rey que César.

Entonces Pilato, oyendo estas palabras y siendo como la hora sexta del día, llevó afuera a Jesús, se sentó en el tribunal en el lugar que se dice Lithóstrotos, que en hebreo es Gabatha, y mirándolo por última vez, le dijo a los Judíos: he aquí su rey.

Los Judíos lo tomaron y lo echaron por delante en el preciso momento en que cruzaba por enfrente de la comitiva un Cireneo de nombre Simón, padre de Alejandro y Rufo, que venía del campo y a quien obligaron a ayudar a cargar la cruz que habían puesto sobre los hombros del Maestro.

Allí comprendí que yo mismo me tenía que obligar a seguir el camino hacia el nivel superior, no a pesar de las dificultades representadas por esta cruz, sino gracias a las mismas dificultades de la vida diaria. Es desde esta vida cuando, como Hijo del hombre que carga la cruz, debo ser consciente de que también soy diferente, que soy Hijo de Dios. Pero, mientras no acepte que soy igual a todo el mundo, jamás podré ser diferente. Por eso nada debe afectarme mientras tanto, porque ya sé que la verdadera vida es una experiencia interna y no externa. De no ser porque este Hombre mártir ha alcanzado dicho convencimiento, él mismo andaría renegando de todo aquello que le ha sucedido en la vida diaria. Él, como siervo inútil que soy, no me ha enseñado con su vida a ser mejor, sino a ser diferente. Y aquí no hay ningún mérito, pues ese era su deber y el mío. Tengo que ser alguien diferente y no alguien mejor. ¡Es así y punto!

- *Hijas de Jerusalén, no me lloren a mí sino por ustedes mismas y sus hijos.* Les dijo el Hombre en medio de su dolor personal, y al ver el de las mujeres que había a lado y lado del camino que transitaba, en medio del llanto y las lamentaciones sentidas por él. *Porque vendrán días en que ustedes dirán: bienaventuradas las estériles, los vientres que no engendraron y los pechos que no mamaron. Y comenzarán a decir a los montes: caigan sobre nosotros; y a los collados: cúbrannos. Porque si en el árbol verde hacen estas cosas ¿en el seco, qué se hará?*

Cuando me puse a su lado para no perderme ni uno solo de sus quejidos, volteó a mirarme con un extraño gesto de complacencia en su rostro sangrante; con el cual me daba a entender que él no se estaba sacrificando por nadie; que no valía la pena hacerlo más que por sí mismo. Y, al comprender esto que me decía a través de su mirada, le dije: Maestro, paso a paso y solitario, vas subiendo la escalinata de tu propio templo interno. Poco a poco, lenta y decididamente trepas peldaño tras peldaño; y, aun cuando a esta altura sientes miedo, impecablemente ya casi llegas a lo alto; mientras el sol asciende a lo lejos y el viento golpea en tu cara. Bien, ¡así es! Y allí ¿qué sentirás? ¿En qué o en quién habrás de convertirte? ¿Qué quieres de ti? ¿En quién o en qué te fundirás? Mira, la cima es pequeña y ni dos ni más caben; acaso tu sola presencia ocupe un lugar en el cual hasta tu propia sombra vaya a estorbar. ¿Por qué deseas llegar? O ¿tienes que subir sin siquiera pensar en renunciar? ¡Acéptalo, trozo crudo de mortal! Te esperan los dioses en uno, te aguarda el fuego del auto sacrificio final: rendir tu propia carne a través de la unidad del ser del universo y de toda la voluntad vertida en ti por lo inmortal.

Y al verlo llorar, imaginé qué sucedería en mí si fuera yo quien llevara ese madero por cruz. Y me vi solo y condenado, andando por este camino que cuesta subir. ¿Quién puede decirme cómo actuar? ¿Quién, acaso, cómo no hacerlo? Ante un sendero empinado y sin ningún descanso -tal cual lo había pedido- ¿cómo voy a quejarme? ¿Quién por mí ha de tomar decisión alguna? ¿Quién por mí ha de sufrirlo en vano? No es posible irse para parte alguna; todo aquí es el mismo sitio; no hay triunfos ni derrotas; sólo hay lucha sin descanso. No hay premios ni castigos, tan sólo sucesos y estados. Más, si alguien me preguntara ¿qué he de hacer en el momento? Sin pensarlo ni dudarlo contestaría que, como nada se tiene ni pierde, a la muerte en esta vida sólo es posible vencerla si el Amor es el arma utilizada en la lucha.

Con Jesús también llevaban a otros dos malhechores que debían morir a su lado, para que se cumpliera el hecho de que en el zodíaco hay tres cruces: la Cardinal de Jesús, la Fija que debería ser la de uno de los ladrones que se quedaría clavado en ella, y la Mutable que, me imagino, es el símbolo de uno de ellos que habría

347

de mutar o elevar su nivel de ser mientras estaba atado en ella.

Y, en medio del llanto y el dolor de quienes lo amaban, así como de los gritos y carcajadas de la chusma o masa descerebrada, todos vieron caer a Jesús de rodillas tres veces debido al peso de su Cruz personal. Pero mientras ellos veían caer al Señor, yo comprendía otro asunto: Cristo se acababa de arrodillar tres veces antes de llegar al final del camino terrenal. Me imagino que es ahí cuando, en vez de sentirnos en el final de la caída, debemos pensar en que estamos en el principio de la subida. Ya él había vencido a su propia Hidra de Lerna como lo había hecho Heracles entre los griegos, y también arrodillándose como se lo habían aconsejado; ambos habían vencido a su Satanás particular, a aquel que les correspondía. A Jesús le había quedado hasta fácil el hecho de vencerlo; es decir, él había hecho arrodillar al Diablo como algo en él que tenía que enfrentar o sobre lo cual debía trabajar. Y es después de vencer al Diablo, quiero recordarlo en este momento del camino, que hizo el primer milagro: transformar el Agua en Vino. Como quien dice: Jesús pasó a otro nivel -el de Cristo- en el cual ya no se alimentaría de agua, la bebida de los humanos, sino del vino que es la bebida de los dioses.

Aún más: ya él **es** vino, un muy buen vino para los dioses. Él no podía transformarse sino en aquello que ya es; tan solo que ello no tiene por qué venir hacia él, puesto que ese estado es y está en él ahí, esperando infinitamente que llegara de nuevo a aquello que él es. Como espera la mariposa dentro del gusano, sin tener que ir ella hacia él. Es por eso que tengo que creer en Dios como el gusano cree en la mariposa. Y eso me ayuda a comprender que el yo debe morir para resucitar en Yo; y que, para lograrlo, primero debo vencer a ese pequeño enano material que soy yo, sabiendo que la mejor forma para hacerlo es no alimentándolo. Mato de hambre al yo alimentando al Yo.

Este "arrodillarse", una especie de "humillarse", es una posición que acaba de adoptar Cristo; porque no le resultaría tan fácil arrodillarse él mismo ante otra Voluntad superior a la suya; motivo por el cual, cargando la cruz hacia el Gólgota, se acaba de caer-arrodillar tres veces o totalmente ante el Padre. Cristo ha tenido en este momento la humildad suficiente para colocarse en la posición correcta ante el reto que le presentaba su vida; ahora tenía la valentía necesaria para no desviarse ni un paso por su vía crucis, y el discernimiento perfecto para saber qué hacer en cada situación de su presente pasión.

Pero cuando se ha logrado vencer al Diablo, ¿ante quién se arrodillará uno? ¡Que los demás lo hagan ante mí, que yo no lo haré ante nadie! Precisamente, por tal motivo Cristo acaba de someterse a una Voluntad superior, tal cual Hércules lo hizo al cumplir con el mandato de su maestro; juntos se arrodillan ante una Voluntad Divina, la misma que a cada uno le había impuesto la orden de... matar la Hidra de Lerna en el primer caso y dejarse clavar en la Cruz del Gólgota en el segundo. Este enfrentamiento que representa, entonces, cómo controlar o dominar la naturaleza inferior y los efectos de lo externo sobre el propio ser, es uno más de los dados en muchas otras culturas; es una unidad compuesta por dos fuerzas antagónicas -pero complementaria- entre sí y que encuentro extendido por el mundo entero: Perseo-Gorgona, David-Goliat, Cristo-Satanás, Sigfrido-Fáfner, San Jorge-el Dragón; quienes son tan sólo ejemplos de algunos de ellos. Enfrentarse es estar vivo, conformarse es estar muerto.

Al poco tiempo llegamos hasta un lugar llamado el Gólgota o el lugar de la calavera, en donde algunos soldados y siervos de los príncipes de los sacerdotes, pusieron la cruz en el suelo, tendieron a Jesús sobre ella y lo clavaron por los pies y las muñecas, en medio de los dos vándalos que lo acompañaban. Y también pusieron en la parte alta de la cruz un letrero que había escrito Pilato en hebreo, griego y latín, que rezaba: INRI o JESÚS NAZARENO, REY DE LOS JUDÍOS.

Pero para mí, en las cuatro letras del I.N.R.I., que en latín significan, Igne Natura Renovatur Integra: la naturaleza íntegra será renovada por el fuego; también pude leer: Intra Nobis Regnum Iesus; es decir, algo así como que... El Reino Divino de Jesús está Dentro de Nosotros.

- No escribas Rey de los Judíos, sino Rey soy de los judíos, exclamaron con tono de protesta los pontífices de los judíos al ver semejante título honorífico, mientras Pilato contestaba que lo que había escrito así se debía quedar.

Hacía cinco días habíamos llegado a Jerusalén y, al momento de desnudar a Jesús, los soldados tomaron su túnica sin costura alguna pues estaba toda tejida desde arriba, pensando en dividirla en cuatro partes para echarlas a la suerte. Pero alguno de ellos dijo que no la partieran sino que la echaran en suerte para ver de quién sería. Así se cumpliría la Escritura que dice: *partieron para sí mis vestidos y sobre mi vestidura echaron suertes.* Y eso fue lo que, exactamente, hicieron los soldados, como actores del libreto.

- Viendo cómo lo desnudaban, se me vino a la mente una idea que jamás en mi vida llegaría a olvidar, y me parecía que el mismo Cristo debía estarla diciendo en ese momento: esto debe ser tuyo y te lo devuelvo ahora luego de usarlo un tiempo para recorrer el mundo. Y debe ser tuyo, porque mío no es. Me sirvió de mucho y te lo dejo ahora. Gracias de nuevo por prestarme el traje; me lo diste nuevo, lo devuelvo ajado. Mi querida madre-tierra, este cuerpo es tuyo.

Por eso dicen que la Gracia y la Verdad fue hecha por Jesucristo. Me parece que Juan el Bautista fue la Verdad de esta historia y él, el Bien de la misma. Por eso es que su vestimenta era de piel, cueros, pellejos, como los quieran llamar; de todos modos es lo externo del animal, ahora lo comprendo así; mientras la vestimenta del Cristo era de una sola pieza. Allí fue cuando más comprendí lo que el Maestro me había enseñado acerca de la vestimenta, pues comparando la suya con la de Juan el Bautista, que era la primera que había relatado, la de Juan simbolizaba la Verdad doctrinaria externa, pues su traje eran cueros y vellones; pero la túnica de Jesús simbolizaba el Bien de la Verdad venida desde arriba como la idea superior que es ya Una Sola; tal cual lo representa la túnica que vestía hasta este día.

Pero primero fue Juan-la Verdad y después fue Jesús-el Bien... Sin embargo, no debo olvidar que los últimos serán los primeros y los primeros postreros... ¿Acaso el mismo Juan no había dicho que quien venía detrás de él era primero que él? Entonces primero el Bien y luego la Verdad.

Me puse frente a la cruz mirando de frente al amanecer y pensé: ¿será que el par de clavos de las manos de Cristo representan los solsticios; y los que clavaron en sus pies y la corona serán los equinoccios? Por lo menos en la cruz están muy bien opuesta y complementariamente ubicados.

Estaba encerrado en mis visiones cuando de repente en medio de su dolor, alcancé a oír cuando el Maestro, refiriéndose a quienes lo martirizaban, elevaba su plegaria a Dios diciendo: *Padre, perdónalos porque no saben lo que hacen.*

\- Claro, exclamé en voz alta dirigiéndome al Maestro. Recuerda que ellos también son parte de tu libreto y no tienen ninguna culpa por ser los actores que se escogieron para esta escena del drama. No olvides que así somos, como el río, que primero abrimos sendero y luego nos toca ir por él. Y así es el libre albedrío, igual que el cauce del río que solo de para abajo pueden sus aguas surcar. Pues si al mar, que es su destino, no llega en algún momento, el río se habrá de secar con todo y su libre albedrío.

En ese momento se vino a mi mente cómo la multitud había rechazado en última instancia al Señor, dejando libre a Barrabás. Pero ¿acaso eso le había importado a él? Al fin y al cabo se estaba despidiendo de todos pidiéndole al Padre que los perdonara porque no sabían lo que hacían. Ni Hércules ni él, que sólo obedecieron a su luz interior, cada uno en su momento, se habían sentido perjudicados por haber sido rechazados por la humanidad a la cual ayudaron. Sencillamente pusieron su Vida y Amor por encima de la forma y de la mente; hicieron lo que comprendieron que había qué hacer: dieron de beber la Energía de Vida al sediento que la necesitaba o la reconocía; y se retiraron debido a que lo hacían por el beneficio general, mas no por el propio. Y ésta es una de las principales características de alguien que es un verdadero Servidor de la Humanidad, a quien no le pertenecen los resultados: servir a pesar del servido. Y, si mucho, esperar de la gente con la cual se ha compartido su emergencia, todo lo contrario a aquello que se les ha dado: amor. Verdadero amor.

Con su ejemplo Heracles, Buda y Cristo, entre otros, nos enseñan la conciencia del trabajar en grupo, sin importar lo que suceda con el individuo que realiza su faena haciendo el bien sin mirar a quien, ni esperando alguna paga. Aquí el amor al prójimo está por encima del amor personal, de la forma y de la mente; actuar así es convertirse en Maestro servidor que ayuda a la purificación del mundo; es convertirse en el Agua de Vida de los demás, símbolo de ayudar a la humanidad y de conciencia de grupo. De ser así, creo que mientras no sienta el verdadero amor hacia mí mismo, jamás podré sentir el verdadero amor hacia el prójimo.

En ese instante de dolor, pensé que Jehová no podía ser destronado por su hijo, como Cronos-Saturno tampoco quería serlo por su hijo Zeus-Júpiter. ¿Acaso Abel era un peligro para Jehová y por eso "provocó" su muerte haciendo nacer la envidia en Caín? ¿Acaso Zeus-Jesús era un peligro para Saturno-Jehová y por eso lo "hizo" crucificar? Me parece que un Rey no quiere ser suplantado por el Hijo. Pero los hijos lo lograron, pues hoy en día se habla más y se venera más a Cristo que a Dios mismo. Si, ya sé lo que van a decir, que el Padre y el Hijo son Uno y el Mismo; pero déjenme divagar...

Cristo "destituye" al sanguinario Jehová con su sufrimiento. ¿Por qué no vino él mismo a cargar la cruz? ¿Por qué tenía que mandar a otro? Si, ya se la respuesta: ¿acaso no ve que Dios y Cristo son el mismo? Pero parece ser que el tiro le salió por la culata tanto a Saturno como a Jehová, porque sus hijos se adueñaron del poder gracias a una ley del destino puesta a mover por los propios dueños del destino: el alumno debe superar al maestro...

Al aparecer, entonces, este Maestro-guía Jesús, el humano Cristo divino que trajo el mensaje de amor al prójimo, ha sabido unir la supra conciencia y la omnisciencia. Es alguien que ve con otra clase de visión y vive la existencia de la verdadera esencia de la Vida. Es más, es alguien que ha dejado que la energía que viene de su esencia-alma, utilice la fuerza que procede de su forma-personalidad. Creo que es por tal motivo que algún día le oí decir: *quienes pretenden verme a mí, y conseguir mi reino, han de alcanzarme a fuerza de tribulaciones y sufrimientos.*

Mientras yo estaba reflexionando en todas estas cosas sin sentido aparente, a eso de las tres de la tarde el Maestro ya había sido izado en su cruz. Más, de pronto, a la hora sexta, se cernieron unas espantosas tinieblas sobre toda la tierra oscureciéndose el sol hasta la hora nona, cuando todos oímos la voz del Mártir que exclamaba: *Eloi, Eloi ¿lama sabachtani?* Dios mío, Dios mío ¿por qué me has desamparado?

Al oírlo, muchos se confundieron pensando que estaba invocando a Elías para que lo viniera a salvar. Y, habiendo sentido sed, le dieron a beber vinagre mezclado con hiel, o vino mezclado con mirra -y ahí me acordé de la mirra, uno de los regalos que le habían llevado los reyes magos en su nacimiento- puesto en una esponja que levantaron hasta su rostro; bebida que, obviamente, no podía calmar la sed.

-     Ninguna gracia tiene el hecho de que Dios se adueñe de ti cuando estás así de débil y abatido por la vida, le dije viéndolo ante semejante sufrimiento. Eso tendría que haber sucedido cuando estabas lleno de ti mismo, como el rico al que le mandaste a vender todo, para que la lucha valiera la pena; como aquella que tuviste en el desierto con tu contraparte. Por cierto, Maestro, ¿a qué clase de sed te refieres, cuando dices tener sed?

Mientras estaba absorto contemplando un Jesús crucificado que nada me contestaba, alguien me toco el hombro por detrás que me hizo salir de mi ensimismamiento y, al voltear a ver, reconocí al centurión que nos había dado a todos la primera lección grande acerca de la verdadera fe.

-       ¿Debo retirarme? le pregunté.

-       No, quédate allí y escúchame, respondió
con gentileza y cierto aire de tristeza reflejado en su
rostro. Si te estás preguntando por qué nos han ordenado
crucificar al Maestro en vez de apedrearlo, te cuento que
la crucifixión, que no es una costumbre hebrea pero sí
muy antigua, la utilizamos los romanos como castigo para
ladrones y aquellas personas que no pueden probar su
ciudadanía. Llevo largo rato observando cómo miras al
crucificado y el mejor concejo que puedo darte es que
dejes de contemplar tanto la cruz de Jesús y busca la tuya
que en su lugar te espera. Es ella el sendero por el cual
serás uno con el eterno. "Coge tu cruz y sígueme" ¿acaso
no fue lo que él dijo? Pero sufriendo conscientemente,
porque ya sabes que no habrá sobre quien recostarte ni a
quien pedir ayuda. Todo te será negado, porque para ser,
hay que dejar deseos, pensamientos y emociones de tu
herencia mortal a la vera del camino. Debes elevarte sobre
ti mismo, sobre ese yo mezquino y ruin que te aprisiona;
que de tanto te sirvió en un comienzo. Elévate por sobre
todo ello, así como la semilla del roble se yergue al fin
sobre la tierra y, maduras sus ramas por el sol de vida,
sirven de sombra y sostén a quienes buscan. El árbol
confía en sus raíces buscando el alimento y en el tronco
que sostiene todo su follaje. Ya las tuyas han
profundizado buscando el alimento verdadero, y el tronco
-que es toda tu vida-, está apto para sostener el peso de
toda la estructura. Ahora, extendidas las ramas -y la ley en
ti también se cumplirá en su día- en cada una de ellas
brotará la flor de vida de la cual gozará el ser supremo, al
serle ofrendadas por ti en su altar supremo: la cruz que a
cuesta llevas.

-       ¿En qué año estamos?, le pregunté al
centurión cuando, terminando su consejo, me dejó un
tanto anonadado.

-        En el año 78 de la era Juliana y el 786 del calendario romano, me contestó contemplando al crucificado con una gran impotencia reflejada en su rostro de soldado curtido en los campos de batalla.

Mientras hablaba con el noble centurión, de quien comprendía en su mirar la incapacidad que tenía en ese momento para hacer algo por el Maestro, la chusma seguía burlándose de Jesús diciendo que había podido salvar a otros pero no podía hacerlo consigo mismo. Que si en verdad era el Mesías, el escogido de Dios, entonces ¿por qué se dejaba crucificar? Que si decía que podía derribar el templo y lo reedificaría en tres días, que se salvara él mismo. Que si era el Hijo de Dios que descendiera de la cruz.

Viendo al Señor colgado en la cruz, vino a mi mente una escena de la mitología sumeria que había sucedido casi dos milenios antes de ésta que estaba observando aterrorizado. Recordaba muy bien de qué se trataba, porque la repetía muy a menudo a mis alumnos en los seminarios de astrología. Innana, la diosa del cielo, ha descendido hasta el infierno para visitar a su adolorida hermana Ereshkigal; y ésta la ha ido desnudado paulatinamente en su descenso, para luego colgarla de un gancho ¿Lo que Innana está realizando, entonces, es una especie de renuncia-pérdida a lo que le da identidad, como poco a poco fueron desnudando a Jesús? ¿Todo le es arrebatado al llegar a los infiernos? El Padre de Jesús también lo ha despojado de todo, le ha puesto una cruz a cuestas y, fuera de eso, lo ha sometido a Su Voluntad como Ereshkigal ha hecho con Innana. Tanto a través de Ereshkigal como de Jehová, actúa una ley superior como algo mucho más profundo y poderoso que nosotros; e Innana, Cristo y hasta yo mismo, servimos a este propósito superior. Ereshkigal cuelga a la humillada Innana de un gancho como trozo celestial de carne muerta; mientras que a este Mártir, su Padre lo "cuelga" de una cruz como humilde trozo crudo de mortal, que tiene que aceptar volverse inmortal; o convertirse de Hijo de Hombre en Hijo de Dios, al estilo Hércules y Quirón. Todos ellos están abandonados a su suerte en un lugar inmundo... *"Padre, Padre, ¿por qué me has desamparado?"*... Eso mismo hubiera podido exclamar Prometeo encadenado a la roca en la soledad de Cáucaso.

Pareciera ser, entonces, que para probar qué tan celestiales somos, todos tenemos que bajar hasta el fondo del infierno y salir de allí como si jamás hubiéramos estado en él. ¡Cuántos antes que nosotros lo habían hecho! Y ¡cuán pocos lo hacen hoy!

Era víspera del sábado, y estaban junto a la cruz de Jesús, la señora María y su hermana, la madre de Jacobo y de José, la madre de los hijos de Zebedeo, María mujer de Cleofás, Salomé y María Magdalena. Cuando se percató Jesús de la presencia de la señora María y, además de Juan, el discípulo que él más amaba, le dijo a María: *mujer he ahí a tu hijo.* Y después le dijo al discípulo: *he ahí a tu madre.*

A pesar de lo doloroso de la escena, tuve que meterme en ella, aun cuando nadie me había dado permiso para hacerlo, diciéndole a Jesús en tono severo: Maestro, ¿cómo es posible que ni aún en estas circunstancias usted le diga mamá a la señora María? ¿Por qué siempre la trató de mujer? ¿Es que acaso duda de que sea su madre? O ¿es que le estás diciendo mujer a María Magdalena? Estoy confuso ¿A quién te diriges en esos términos?

Pero al Maestro le quedaba humanamente imposible contestar mis preguntas, sabiendo él la respuesta perfecta, porque, mientras yo le hablaba y las mujeres lloraban, también lo zaherían los ladrones que estaban crucificados a su lado; porque al final sí eran tres las cruces que había en lo alto del Gólgota. Pero también este par de malandrines eran parte de los actores, pues se debía cumplir la escritura o libreto, en donde decía que al Maestro lo habrían de contar entre los inicuos.

- Si eres el Cristo, sálvate a ti mismo y a nosotros, le decía el ladrón clavado a su izquierda.

- ¿Ni aún tú temes a Dios, estando en la misma condenación? Le reclamó el ladrón de la derecha a su compañero. Nosotros, en verdad estamos padeciendo justamente, porque recibimos lo que merecemos por nuestros hechos; mas este hombre ningún mal ha hecho. Y viendo a Jesús le dijo: acuérdate de mí cuando estés en tu reino.

- *De cierto te digo que hoy mismo estarás conmigo en el paraíso*, le respondió el Maestro girando levemente su adolorida cabeza hacia la derecha.

Los príncipes de los sacerdotes quienes, escarneciendo con los escribas, los fariseos y los ancianos meneando sus cabezas, le gritaban a Jesús con tono burlón, que si era el Rey de Israel descendiera de la cruz y así si creerían en él. Que si confió en Dios que lo liberara él si quería, porque él mismo se había dicho Hijo suyo.

Y yo, viéndolo en un estado en el cual no desearía estar, recordé una escena familiar de la mitología nórdica, en donde de un sempiterno verde árbol, que al igual que la cruz en la cual veía clavado al Hombre es uno de los símbolos de la Gran Madre, estuvo colgado en él Wotán-Odín durante nueve días con sus noches, desangrándose sobre un abismo sin fondo para llevar a cabo su resurrección. Como ahora Cristo clavado en la cruz, ese colgamiento es símbolo de la perennidad de la vida que nada puede destruir y del cual se han derivado todos los seres.

-       Pues bien, le dije mirándolo fijamente, ahora comprendo aquí, enfrente tuyo, que mientras yo mismo no llegue al abismo que hay en mí, jamás podré saber la altura de la cima que también hay en mí. Y, mientras no sepa la altura de esa cima, jamás podré saber la profundidad del abismo en el cual me encuentro.

Pero de repente, Jesús, en la cima del Gólgota, habiendo dado un gran suspiro y exclamado con voz grande, dio su espíritu diciendo: *Padre, en tus manos encomiendo mi espíritu*. Y, entonces, expiró.

Y en ese mismo instante, comprendiendo que también tenía a Cristo crucificado inmisericordemente en mi interior, supe que un día u otro me habría de perder de nuevo para encontrar adentro a quien la gente no comprende y crucifica; ese ser enigmático y paciente que espera por mí al final de la vida misma; ese ser que piensa en mí, me lleva y me conforta: ¡Yo mismo!, que al fin y al cabo eres tú Dios mío.

Con su muerte, este Hombre me había enseñado que saber morir tiene su precio: saber vivir. Y, de forma tal, que debía llegar hasta la muerte que por destino me debe llevar mi vivir. Porque, de no ser así, podía morir en vano la muerte que no era mía; pues, entonces, habría vivido la vida que no supe vivir. ¿Y qué es el saber vivir?: adaptarse a las circunstancias que la vida trae para mí; porque necesito crecer para poder llegar a ser el individuo aquel que por fin ha de morir como debe ser, luego de haber sabido vivir.

Y, entonces, contemplándolo colgado ahí en el madero sangriento mientras la lluvia escurría su sangre hasta el suelo embarrado, pensé que a la hora de morir yo también me habría de encontrar con aquel sonido que soy, y que nunca dejé de serlo desde cuando el verbo-sonido se hizo carne; cosa que nunca he olvidado por más que lo quiere el aparente olvido. A la hora de morir, cuando del instrumento salga, el sonido habrá de llevarme hasta quien lo ha producido. ¿Quién es el músico que el sonido crea? Porque es a él a quien quiero ver a la hora de morir, emitiendo dicho sonido desde donde siempre lo ha emitido: desde mi interior.

Pero, en ese momento, al oír que el sonido que me rodeaba era el del desgarrador llanto de las mujeres que había a mi lado, se vino a mi mente una visión muy antigua en donde vi. cómo Isis es a Horus, lo que ahora María es a Jesús; pues ambas habían perdido a su hijo de una manera atroz. Como a cuántas otras madres en el mundo antes, ahora y les seguiría sucediendo después . Y me dije: cuando un hijo pierde a sus padres ha de quedar huérfano; y cuando una pareja pierde a su par viudo se ha de llamar. Pero, cuando una madre entierra a su hijo ¿cómo bautizar al dolor?

Inmediatamente ocurrido el desenlace fatal, alguien llego corriendo y muy espantado, diciendo a grito herido que el velo del templo se acababa de desgarrar en dos de arriba hasta abajo. Pero más nos asustamos todos con el temblor que vino inmediatamente y la cantidad de piedras que se hendían; con los sepulcros que se abrieron y con los muchos cuerpos de santos que habían dormido y ahora se levantaban. Y, salidos de los sepulcros, después de su resurrección, vinieron a la santa ciudad y se le aparecieron a muchas personas.

Y el centurión, y quienes estábamos con él guardando a Jesús, sentido el tremendo terremoto, y las cosas que estaban sucediendo, temimos en gran manera hiriendo nuestros pechos y diciendo que verdaderamente este Hombre justo si era el Hijo de Dios.

Entonces los judíos, por cuánto era la víspera de Pascua, y para que los cuerpos no quedaran en la cruz el gran día del sábado, rogaron a Pilato que le quebraran las piernas a los tres crucificados y sus cuerpos fueran retirados de allí. Entonces vinieron los soldados y quebraron las piernas al primero de los ladrones y luego al otro. Pero, cuando vieron a Jesús ya muerto, no se las quebraron. Sin embargo, uno de los soldados tomó su lanza y se la clavó con gana en el costado, de cuya herida brotó agua y sangre. La misma sangre en la que había convertido el vino en la última cena que había tenido con nosotros trece; terminando así el proceso de piedra-agua-vino-sangre que había abierto Moisés cientos de años atrás. Y como fui yo quien vio esa acción, doy testimonio de que así fue para que todos los que lean este libro así lo crean. Porque, además, ya saben que todo el drama estaba escrito de antemano para que las Escrituras se cumplieran y, en este caso, en donde dice el libreto: No quebrarán hueso de él... Mirarán al que traspasaron.

Y como fue la tarde del día viernes, tres días antes de la Pascua y ya para rayar el sábado, vino un hombre rico, senador noble, bueno y justo de Arimatea llamado José, quien también había sido discípulo de Jesús en secreto por miedo de los judíos, a pedir a Pilato que le entregara el cuerpo del crucificado; a lo cual éste, después de preguntarle al centurión si el Hombre ya había muerto, accedió sin ver ningún inconveniente en conceder a José su pedido. Acto seguido bajaron el cuerpo con gran dificultad y lo envolvieron en una sábana limpia, yendo con él hasta un huerto cercano para depositarlo en un sepulcro que, cavado en una peña, jamás había sido usado, poniendo sobre su cuerpo y el lienzo que lo envolvía, especias como mirra y áloes unas cien libras, drogas aromáticas y los ungüentos que había traído Nicodemo, como era la costumbre de sepultar entre los judíos. Después, con ayuda de todos los deudos y parientes, colocaron una enorme piedra a manera de puerta en el sepulcro. Y María Magdalena y María, la madre de José, miraban sentadas delante del sepulcro en donde estaba siendo puesto el sagrado cuerpo sin vida de su Hombre. Pero no esperaron mucho tiempo, porque como al otro día era sábado, había que salir de allí para reposar conforme al mandamiento judío.

Al siguiente día, después de la preparación, se juntaron los príncipes de los sacerdotes y los fariseos con Pilato, para decirle que, como se habían acordado que ese engañador que habían crucificado había dicho que al tercer día iba a resucitar, mandara a asegurar el sepulcro hasta el tercer día después de su muerte. Tenían la idea de que nosotros, sus apóstoles y algunos de sus discípulos, fuéramos de noche y hurtáramos el cuerpo para después convencer al pueblo de que, efectivamente, Jesús había resucitado de entre los muertos; y entonces fuera peor error lo segundo que lo primero que habían hecho ellos al crucificarlo. Ante tal petición, Pilato les dijo que se llevaran varios guardas, que aseguraran el sitio y sellaran la piedra que daba acceso a la bóveda.

Y la víspera del sábado, que amanece para el primer día de la semana, que hoy llamamos domingo, vinimos María Magdalena, la otra María y yo a ver el sepulcro preguntándonos quién nos podría ayudar para mover la piedra de la entrada. Pero, cuál no sería nuestro susto cuando he aquí que fue hecho de nuevo un gran terremoto, porque uno o dos ángeles del Señor, descendiendo del cielo con su aspecto de relámpago y sus vestidos blancos como la nieve, habían llegado a remover la piedra y así los veíamos sentados muy campantemente sobre la roca, a pesar de que del miedo, teníamos el rostro puesto sobre la tierra del cementerio. Pero fue mucho mayor el susto de los guardas que habían puesto los judíos, pues estos se quedaron como si literalmente estuvieran muertos.

Sin embargo no estaban tan muertos, porque al volver en sí mismos, corrieron hasta la ciudad para dar aviso a los príncipes de los sacerdotes de todas las cosas que habían acontecido. Y junto con los ancianos y habido consejo, dieron mucho dinero a estos soldados para que dijeran que sus discípulos habían venido de noche y habían hurtado el cuerpo mientras ellos dormían. Y que si esto era oído por el presidente, ellos lo habrían de persuadir y les darían seguridad a los soldados. Y dicho y hecho, así regaron la noticia los soldados y de forma tan real, que hasta el día de hoy se cree que fue así.

Y, cayendo en la cuenta de que era día domingo, recordé que la tradición sostiene que Mitra, nacido en una cueva también de una virgen o de una piedra-roca, un 25 de diciembre; que fue adorado por magos y pastores; que obró maravillas, fue muerto, sepultado y que resucitó igualmente al tercer día, está asociado al día domingo. Y todo esto, sucediendo un milenio antes que este otro Resucitado, nacido también en una cueva de Belén, como Sol salvador de la humanidad y cuyos doce seguidores son los doce meses zodiacales solares. Ah, y yo, como seguidor número trece.

Mitra, entonces, también es el verbo encarnado de los caldeos, medos y persas que en Roma se deformó a partir de la personalidad solar llamada Mihr "sol" o la luz del mundo entre los persas, y sobre cuyo templo se edificaría el Vaticano. Como esta deidad combatía el mal, fue acogida por los soldados romanos, tal como me lo había dicho el centurión años atrás, como protector del imperio. Se me parecía tanto este Jesús resucitando a Mitra, que…

-       ¿Por qué buscan entre los muertos a quien vive? Nos dijo interrumpiendo mis pensamientos uno de los ángeles. No teman ustedes, pues sé que buscan a Jesús el crucificado y les digo que no está aquí porque ha resucitado hoy, primer día de la semana, por la mañana. Si no me creen entren a ver el sepulcro en donde fue puesto el Señor. Y luego vayan hasta donde sus discípulos y díganle a Pedro que él ha resucitado de entre los muertos. Y que he aquí que va delante de ustedes a Galilea y que allí lo verán. Ya saben lo que les he dicho. ¡Vayan a anunciarlo!

-       Pero espera ángel del Señor Resucitado, ¿en qué fecha estamos?

-       ¿Por qué me preguntas cosas tan superfluas?

-       No, no creas, no lo son, le contesté. Porque resulta ser que ya verás que los primeros cristianos han de fijar su muerte para el 23 de marzo y su resurrección para el 25 de este mismo mes en el que estamos. Yo se que el equinoccio estaba fijado para este día entre todos los pueblos antiguos, día del triunfo del Cordero entre los israelitas, día de la celebración romana de las Hilarias, como le dije a él mismo hace tres años, y fiesta del triunfo del dios Sol sobre las tinieblas del invierno. De modo que ¿cuál es el nuevo aporte que él hace?

Es más, para la hipocresía sacerdotal de la época -y la de ahora- es mucho más cómodo que otro pague, sufra y muera por la gente, que la gente misma. Y como eso fue lo que él hizo, entonces comamos y bebamos que la confesión nos lleva al cielo sin tener que jodernos tanto. Porque la cuenta de nuestros pecados que se la pasen a quien pagó por ellos; o sea a Jesús mismo. Si mucho, de aquí en adelante pondrán al pueblo a adorarle crucificado ahí en el madero, como para que se sigan sintiendo y jamás dejen de sentirse... ¡culpables! Y si podemos comprar la tranquilidad, tanto mejor, pues quien la vende es la misma iglesia a través de indulgencias, pago de misas y, obviamente, los bienes de manos muertas.

Yo mismo soy parte de todo este libreto, porque he visto al Hombre morir traspasado con sevicia por la lanza del soldado. Pero, entonces, ahora estoy cavilando en todo lo que estoy presenciando y pensando, porque un libre pensador no es quien tiene la libertad para pensar, sino quien tiene la capacidad de hacer pensamientos nuevos. Por eso he llegado a la siguiente conclusión: a él le han crucificado un viernes, le han sepultado un sábado y ha resucitado un domingo. Aquí hay algo encerrado y veamos por qué lo pienso así: el día viernes viene del vocablo Venus, tan usado por los romanos para representar al amor; o seas que lo que han crucificado es al amor que el Señor representa; es decir, han crucificado a alguien que utilizaba el amor o se dejaba utilizar por él de una manera superior al cuento de vivir enamorado. El amor es diferente al enamoramiento. Pero ¿cómo puede ser posible que a alguien tan superior como él, lo pueda crucificar gente tan inferior? Y yo mismo me contesto, que eso mismo siempre lo hace algo inferior en mí con respecto a algo superior en mí. Lo literal-material en mí, siempre quiere crucificar a lo espiritual-celestial.

Bien, crucificaron al amor un viernes. Pero y el sábado ¿qué significará el sábado? Recuerdo que en inglés es Saturday, el día de Saturno. Perfecto, Venus es el viernes y Saturno es el sábado. Pero ¿qué tiene que ver Saturno con esto? Saturno es el símbolo de la muerte... ¡ah, claro! Fue el sábado cuando él venció la muerte. Perfecto, voy bien en mis conclusiones. Pero ¿cómo pudo saber cómo resucitar? Alguna clase de conocimiento superior debía albergar en él... Déjenme pienso un poco más en el sábado, el día de don Saturno. Saturno,

Saturno... que en latín se escribe satur-gnous. Veamos: gnous o gnosis= conocimiento: pero ¿y satur? Una palabra que empiece con "satur"... ¡Ah, ya sé!: saturado. Saturno es el símbolo de quien está saturado de conocimiento. O sea que Jesús sabía desde un principio qué significaba su muerte, como comprenderla y cómo salir de ella. Pero para él sólo había una cosa segura: que la muerte no existe.

Venus es el viernes, Saturno es el sábado; pero, ¿y el domingo? ¿Qué hago para comprender por qué ese era el día en el cual tenía que dar a conocer que la Luz de vida se había liberado de las tinieblas de la muerte? Voy a seguir pensando acerca del domingo... ¿Cómo se escribirá en latín? Veamos, si es el día del Señor... Ah, ¡ya lo vi.! Sunday en inglés es el día del sol o en latín Dominus dei: el día del Señor. Perfecto, y claro que debe ser así porque fue el día en el cual el Maestro vio de nuevo la luz del sol; tanto la del sol que es nuestra estrella, como la del sol que es él mismo.

¡Uy! pero y, entonces, ¿cómo voy a explicarle a su gente que esta parte de la tragedia es más simbólica que literal? ¿Qué es más espiritual que terrenal? Tal vez sea mejor recordar una frase que me encanta: despierta tú que duermes, levántate de entre los muertos y te iluminará Cristo. ¿Qué significa eso para mí? Voy a reflexionar, tal como él me lo aconsejó desde el principio: recuerdo cómo él, dándole una especie de "cachetada cósmica" a alguien, le dijo que había que dejar que los muertos enterraran a sus muertos. Ahora reconfirmo que esta simbólica advertencia debe estar apuntando a un estado psicológico inerte; al igual que aquella representación que hizo cuando estábamos en el monte de las Olivas y le llamó la atención a sus otros doce apóstoles por el hecho de haberse dormido sin haber podido permanecer despiertos o velar, ni siquiera una hora con Él. Ahora bien, yo creo que es mejor estar despierto entre dormidos que dormido entre despiertos. Sí, pero hay que ayudar a despertarlos o dejarnos despertar, pues el objetivo es estar despierto entre despiertos; porque sólo cuando nos despertemos, empezaremos a hacer. Precisamente, creo que es por culpa de nuestros antepasados que hoy estamos dormidos y es, gracias a nosotros, que la humanidad futura deberá estar despierta.

Pero por ahora, al no comprender todo el drama de Cristo en su plenitud psicológica y espiritual, se le viene encima a la humanidad que se creen católicos, apostólicos, romanos y cristianos, una infinitud de celebraciones idiotas que han de llamar procesiones de semana santa y fiestas patronales. ¡Pobre humanidad católica o cristiana!

Muerto, dormido, despierto y aún cuando ahora estemos despiertos oyendo estas conclusiones, no hemos llegado aún al cuarto estado o nivel que es el de iluminación o conciencia superior. Ahora comprendo que Jesús relacionó el llamado nivel "muerto" con el nivel "piedra", cuando dijo que Jerusalén mataba a los profetas y apedreaba a los enviados. Esta es una dura sentencia para definir a un pueblo, aunque no lo es tanto como aquella en la cual advirtió que Dios no es Dios de muertos sino de vivos. Tal vez por eso agregó que en donde estuviera el cuerpo se reunirían las águilas o los buitres; como aquella ave de rapiña que comía el hígado de Prometeo, encadenado a la roca en el Cáucaso por haber robado el fuego de los dioses del Olimpo. Claro, tanto Prometeo atado a la piedra, como el Maestro crucificado, descendieron al mundo de los muertos -nosotros- para transmitir el fuego o luz de la conciencia a los hombres, para que así pudiéramos liberarnos de la ilusión material representada por la piedra-cruz-muerte, por medio de esas pruebas necesarias al alma y su evolución, a través de despertar al alma dormida, cual príncipe que despierta a la Bella Durmiente luego de su letargo. Aquí hay que comprender que es bien distinto llevar la luz a lo oscuro, que llevar lo oscuro hasta la luz. Lo primero no podremos hacerlo, lo segundo es nuestro deber. Por eso creo que pondrán a prueba cada una de mis facultades, para saber con qué cuento.

Es ahora cuando comprendo que desde entonces, todos -y no solo él-, somos y tenemos la posibilidad de ser y de darnos cuenta que somos Hombres Celestes, soles caídos, encarnados, encerrados, crucificados o encadenados en un estuche de barro, que por ahora llamo materia muerta. No hubo pecado, tan solo abuso de autoridad por parte de Prometeo, y de nosotros al robar o adjudicarnos el fuego como algo de propiedad privada emitido por, en mi caso, Mauricio Puerta. Por tal motivo tampoco hay pecado original, porque el pecado se comete contra alguien y ese alguien -Dios- se supone que está tan por encima del bien y del mal como para sentirse ofendido. El pecado, entonces, se comete contra sí mismo en dos oportunidades: primero por no ir hasta la línea y, segundo, por ir más allá de ella. No ir hasta la línea es cuando el hombre y la mujer pecan contra el ser humano, porque no dieron la nota para cumplir con lo que se espera de ellos mismos; es decir, alcanzar a ser seres humanos a través del despertar. E ir más allá de la línea es pretender ser más que los dioses mismos. Sin embargo, sabía por experiencia propia, que no debía tratar de alcanzar algo superior en mí ¡No! Que lo que debía hacer era dejar que lo superior en mí me alcanzara…

Bien, ahora comprendo, que el accidente es una línea curva, una línea quebrada, un zigzag; y que el destino es y sólo es, una línea recta. Que somos esclavos de la necesidad de libertad, porque necesitamos la libertad para liberarnos de la esclavitud. También entiendo el mensaje que nos está dando el Señor con su aparente muerte, cuando aludió a que no estamos muertos sino dormidos, cuando lo acompañé a resucitar una niña y dijo a sus parientes que no lloraran, que ella no estaba muerta sino dormida. Obviamente, si estamos dormidos y alguien nos da un codazo o sacudón, tenemos más posibilidades de despertarnos para ver más luz de la que podemos ver si nos encontramos en el primer estado o nivel de "muerte" psicológica. "Velen pues… y no los hallen durmiendo" fue la recomendación que nos hizo; al igual que cuando nos dijo la parábola del hijo pródigo, en donde el padre quiso que todos estuvieran alegres porque su hijo, que había estado como muerto, ahora revivía. Esto me deja como enseñanza, lo que supe hace tiempo cuando resucitó a la niña muerta: que los hijos no son hijos de quienes tienen hijos. Hijo nuestro es quien se alimenta de nosotros y se beneficia de esa, nuestra transformación. Sin embargo puede ser, entonces, que esa persona a quien llamamos hijo, si no es sólo hijo de nuestra carne, sí sea nuestro verdadero hijo.

Si somos hijos del ayer y padres del mañana, el ayer también es el agua del río que va adelante; el mañana es el agua del río que aún viene atrás; y el hoy es el lugar en donde estoy parado viendo pasar el agua del río de la vida; y pensando que lo difícil no es despertarse, sino que aquello que constituye definitivamente una proeza, es mantenerse despierto. Llegar al Himalaya no es lo difícil, lo difícil es quedarse en la cima. Lo difícil no es encontrase con el Diablo, como lo hizo el Hombre; lo difícil es vencerlo. Y ahora comprendo que vencerlo es perder la vida terrenal para entrar en la celestial porque él mismo dijo: el Reino de los cielos está dentro de ustedes… Y, de ser así, entonces, ¿para qué buscar por fuera?

Todos aquellos que están buscando a Dios por ese camino, es porque ya encontraron al Diablo. Al fin y al cabo, nos reconfirmó que él es el camino, la verdad y la vida. Y esa Vida a la que se refiere, ahora comprendo que es la vida eterna cuando ya no necesitamos regresar en la rueda de encarnaciones hasta este cuerpo planetario; porque hemos adquirido la conciencia de este nivel para comenzar a trabajar la de nivel... ¿galáctico?

Despierta, tú que duermes, levántate de entre los muertos y te iluminará Cristo. Según eso, Jesús acaba de resucitar del nivel muerto en que vivimos la mayoría y exactamente al tercer día, que ya sé que es el número de la realización total y definitiva.

Inmediatamente terminé con mis reflexiones visionarias, salimos corriendo del sepulcro llenos de temor, pero también de gozo, buscando a mis compañeros y la mayor cantidad de discípulos que pudiéramos encontrar, para contarles la buena nueva de que su resurrección sí era un hecho, tal como siempre nos lo había dicho. Pero no llegamos muy lejos con nuestras intenciones, porque he aquí que el mismo Jesús en persona nos salió al encuentro diciéndonos: *¡Salve!*

En ese momento María Magdalena se acordó de cuando el Maestro le había sacado siete demonios, e inmediatamente lo abrazamos y nos lanzamos a sus pies besándoselos, pensando yo que, definitivamente, estaba comenzando la era de Piscis y yo era testigo de su inicio.

-       *No teman, y vayan a dar la noticia a mis hermanos, para que se dirijan a Galilea a encontrarse conmigo.*

Entonces corrimos hasta donde sabíamos que estaban Simón Pedro y Juan y, al encontrarlos, les contamos todo lo sucedido; y fue tanto su asombro que tuvimos que acompañarlos hasta el sepulcro para que lo vieran vacío con sus propios ojos. Como Juan llegó primero, porque amaba más que nosotros, pudo ver primero y desde la entrada, echados por el piso los lienzos con los cuales habían envuelto el cuerpo del Señor. Pedro también se percató de lo mismo pero cayó en la cuenta, además, de que el sudario que había sido puesto sobre la cabeza de Jesús, no estaba al lado de los lienzos, sino ubicado aparte y, por cierto, muy bien envuelto.

Al ser consciente de que yo mismo estaba entrando al sepulcro, me dije: en mi interior hay una misteriosa entrada; en frente de ella yo estoy, pero detrás de ella... yo soy.

Todos regresamos muy contentos, imaginando la cara de felicidad que iban a poner los demás del grupo cuando les contáramos que, efectivamente y tal como él nos lo había dicho varias veces, había vencido la muerte el sábado. Así nos fuimos devolviendo por el camino, menos María Magdalena; quien al quedarse allí, me contó después que entró llorando y sola al sepulcro para echar una última mirada. Me dijo que vio dos ángeles en ropas blancas que estaban sentados, el uno en la cabecera y el otro a los pies, en donde el cuerpo de Jesús había sido puesto.

-Mujer, le dijeron, ¿por qué lloras?

-Porque se han llevado a mi Señor y no sé en dónde lo han puesto.

Mas, en ese momento, volteando a ver detrás suyo vio en frente a Jesús, a quien en un principio no reconoció. Me dijo que el Señor le había preguntado que por qué lloraba, que a quién buscaba. Pero que ella, pensando que era el hortelano, le preguntó si era él quien

371

se había llevado su cuerpo y que en dónde lo había colocado para ella llevárselo.

- ¡*María!*

Me contó que, cuando oyó pronunciar su nombre por el supuesto hortelano, reconoció al Maestro y que ella tan sólo había alcanzado a exclamar: ¡Rabboni!, ¡Maestro!

- *No me toques porque aún no he subido a mi Padre,* le dijo para tranquilizarla al ver que se le acercaba para abrazarlo. *Ve a decirle a mis hermanos que subo a mi Padre y Dios, el mismo de todos ustedes.*

Fue en ese momento cuando María Magdalena, llena de una emoción que la embargaba, corrió a contarnos lo que le había sucedido a ella solita. Pero, para su sorpresa, muchos de los apóstoles no le creyeron su historia diciéndole que eran cuentos de mujer loca e histérica. Tampoco ellos nos habían creído cuando les contamos que él también se nos había aparecido a Juan y María la madre de Jacobo, y los demás con ellas, allá en el campo alejándonos del sepulcro. Menos les creyeron a quienes contaron que se había aparecido yendo para Emmaús.

- María Magdalena, escúchame atentamente, le dije tratando de calmarla en su emoción. Jesús no es el primero en resucitar. Caldeos, cananeos, egipcios, fenicios, griegos, hindúes, persas, romanos y sirios, todos ellos tenían la costumbre de celebrar en el solsticio de invierno el llamado parto de la reina de los Cielos y, obviamente, la llegada de su joven hijo solar. Me resulto fácil rastrear esta idea, pues como soy arqueólogo supe, por ejemplo, que hacia diciembre Isis, la Reina Virgen de los Cielos egipcios, era embarazada en marzo y daba a luz a Horus "el Gran Subyugador del

Mundo", su hijo póstumo. Isis tuvo a Horus copulando con el cadáver de Osiris, su pareja y hermano, el Sol; y de allí por qué se dice de él, que es "aquel que es la substancia de su padre". ¿No te suena eso a cuando Jesús nos decía que él y su Padre son uno? Osiris debía pelear contra el mal, representado por su hermano Seth-Tifón, como Jesús lo hizo contra Satanás. Seth lo venció temporalmente, pero Osiris resucitó y ascendió al cielo luego de tres o cuarenta días, según distintas versiones que he investigado. Horus, junto con Cristo, son hijos del Sol y simbolizan al mismo Padre. Este hijo solar es la mismísima encarnación a la cual tuvieron que recurrir las distintas culturas al antropomorfizar al Sol para poder venerarlo como Adonis, Horus, Krisna, Mitra o nuestro Jesús el Cristo.

María estaba tan confundida con lo que oía, que no supo qué decir acerca de la verdad irrefutable que le estaba confirmando: que Jesús no era ni el primero ni el único en resucitar. Pero la confusión no le duró mucho tiempo, porque a la tarde de aquel día primero de la semana, y estando las puertas cerradas allí en Galilea, donde estábamos los discípulos todos juntos por miedo de los judíos, se nos apareció Jesús en medio de nosotros, sin reconocerlo al principio, deseándonos la paz.

-       *¿Qué pláticas son éstas que tratan entre ustedes andando tristes?*

-       ¿Tú sólo eres peregrino en Jerusalén y no has sabido las cosas que en ella han acontecido estos días? Le preguntó Cleofás sin saber quién era él.

Cleofás le contó al peregrino toda la historia que acabábamos de vivir y cómo esperaban que fuera Jesús quien redimiera a Israel. Y que algunos de nosotros

373

habíamos ido al sepulcro en donde lo habían depositado pero que no lo habían encontrado en su interior.

- ¡Oh insensatos y tardos de corazón para creer todo lo que los profetas han dicho! Exclamó el Señor. ¿No era necesario que el Cristo padeciera todas estas cosas y que entrara en su gloria?

Y enseguida nos pidió que saliéramos con él, mientras nos iba contando de nuevo todo lo que las Escrituras decían acerca de él, desde Moisés y cada uno de los profetas. Al terminar la historia, habíamos llegado a la aldea hacia dónde íbamos, pero él hizo como que iba más lejos.

- Quédate con nosotros, pues se hace tarde, el día ya ha declinado. Le dijimos todos sabiendo ya que él era el Maestro.

Pero en ese momento apareció Tomás el Dídimo quien, sin haber estado con nosotros, no creía nada de lo que le decíamos acerca de la resurrección y tan sólo contestaba que él sólo creería hasta ver las heridas de los clavos en las manos del Señor, y meter los dedos en el lugar en donde los clavos habían estado. Fue, entonces, cuando Jesús nos mostró sus manos y el costado, lo que nos hizo gozar con él.

- Mira mis manos y mis pies, que yo mismo soy; palpa y mira que el espíritu ni tiene carne ni huesos, como ves que yo tengo, dijo enfáticamente dirigiéndose a Tomás que debía ser Virgo por lo incrédulo.
- ¡Señor mío y Dios mío! Fue todo lo que alcanzó a decir Tomás muy apenado.
- Porque me viste creíste, bienaventurados quienes no vieron y creyeron.

El Maestro se alejó de nosotros un buen tiempo, e imaginé que sería para presentarse a donde sus otros rebaños, pues él mismo nos había confiado que tenía ovejas en distintos corrales. Que nosotros éramos unos de tantos.

- *Paz a ustedes,* nos dijo ocho días después de la prueba a Tomás y mientras soplaba sobre nosotros el Espíritu Santo para que lo tomáramos. *Como me envió el Padre, así también yo lo envío a ustedes.*

¿Tienen algo de comer? Nos preguntó mientras le mostrábamos un pez asado y un panal de miel, los cuales comió con gusto.

Una vez sentados en la mesa del lugar en donde íbamos a pernoctar, el Señor censuró la incredulidad y dureza de corazón de algunos de sus apóstoles, cuando no nos creyeron a quienes habíamos contado acerca de su resurrección. Después, tomando el pan, lo bendijo, lo partió y nos lo dio. *Toda potestad me es dada en el cielo y la tierra. A quienes ustedes remitan los pecados les serán remitidos; y a quienes se los retengan les serán retenidos.*

- Ahora comprendo que los hechos del corazón deben pesar tanto como una pluma, dije lentamente ante su advertencia. Porque, de no ser así, con esa misma pluma habré de firmar mi sentencia. Además, jamás debo olvidar que cielo gratis no es posible; en cambio, obtener el infierno gratis es muy fácil: tan solo es necesario dormirme en vida… Estoy completamente seguro que el cielo y el infierno limitan el uno con el otro y yo soy esa línea divisoria.

- *Pues estas son las palabras acerca de las cuales les hablé cuando aún estaba con ustedes: que era necesario que se cumplieran todas ellas, las mismas que están escritas acerca de mí en la ley de Moisés, los profetas y los Salmos. Así fue escrito y así fue necesario que el Cristo padeciera y resucitara de los muertos al tercer día.*

Y, de pronto, el Maestro hizo una de esas recomendación que él sabía hacer y que, como ninguna otra de las suyas, iba a tener las más funestas consecuencias para muchas de las culturas nativas de su amado mundo. Dijo: *vayan a doctrinar a todos los gentiles bautizándolos en el nombre del Padre, del Hijo y del Espíritu Santo; enseñándole el evangelio a toda criatura para que quien creyera y fuera bautizado, sea salvado; mas quien no creyera que sea condenado. Y estas señales seguirán a quienes creyeran: en mi nombre echarán afuera a los demonios y hablarán nuevas lenguas. Quitarán serpientes y, si beben cosa mortífera, no les dañará; sobre los enfermos pondrán sus manos y sanarán.*

- Perdón Maestro Resucitado, dije interrumpiéndolo, recuerda que los gentiles no son de la raza ni de la fe judías, sino que pertenecen a cualquier grupo étnico, incluso a los mismos judíos. Es más, muchos son considerados como idólatras porque, según mentes más cerradas que las de ellos, no reconocen al verdadero Dios. ¿Así es, entonces y por ejemplo, como van a considerar tus futuros sacerdotes a los nativos americanos? Y, si no estoy comprendiendo mal, lo que nos estás diciendo, además de ir a adoctrinarlos, ¿es que cuando crean y quien crea en ti, puede hacer todas estas cosas?

Pues me gustaría ver al Papa, a los Cardenales, los Monseñores, los Obispos y a tantos pastores y predicadores que dicen creer en ti, salir victoriosos de estas tareas que nos estás dejando a todos. Eso significa que si no las pasan, están creyendo en cualquier estupidez de su propia ignorancia menos en lo que tú has enseñado. Tenemos la inmensa facilidad de apropiarnos de ideas primitivas, reciclarlas para actualizarlas y pregonar que son de autoría y legitimidad personal.

Maestro, la última parte que conozco de dicha piratería, es la aplicada por la que dicen que es tu Iglesia Católica Apostólica y Romana, que "comenzó" su historia -según ella- en tu pesebre y al parecer no le ha ido nada mal observando el Vaticano. Pero toda la Iglesia Católica está cargada de mitología universal aplicada por ti mismo. ¿Acaso serás tú el último Heracles, Quirón o Gilgamesh? Todos estos personajes, anteriores a ti, denotan la miserable falta de originalidad de tu Iglesia que, a falta de ella, copió de sus antecesores todos sus ritos y ceremonias; por ejemplo: a Mitra, a Osiris y a Baco, entre muchos otros, les pidió permiso para resucitarte como Jesús el Cristo; a Baco le pidió prestado el agua para transformarla en vino; a Ceres el trigo y a Jano las llaves del reino.

Mira que Osiris, entre los Egipcios, también llega al mundo como un salvador igual que tú, venido para remediar las penas de los seres humanos; pero en su lucha contra el mal, encarnado por su propio hermano Seth, que me imagino que en tu drama se identificaría con Satanás, tu mismísimo hermano o la misma persona al ser hijos del mismo y único Verbo por parte de Padre; igualmente él es derrotado, muerto y depositado en una tumba, en donde, como ya te dije, resucita y asciende a los cielos.

Es más, vámonos más lejos, ven te llevo como el espíritu te llevó hasta el desierto: el Dios hindú Shiva, en un acto de supremo sacrificio, ingiere una bebida envenenada para impedir la destrucción del universo; luego de su autoinmolación muere y regresa a la vida. Y, escucha: Vishnú, también en la India, revela o sustituye a

Brahma el creador, sentado en el centro del loto de oro; y éste a su vez, crea el nuevo universo para luego de ser sepultado en el sueño del reposo, dejar a su hijo la tarea de conservar el mundo y salvar a la especie humana; tal cual tu papá lo está haciendo contigo. Este es el motivo por el cual es a Vishnú a quien dirigen los mortales sus plegarias... Krishna es la octava encarnación de Vishnú, segunda persona de la trinidad brahmánica. Este Krishna y tú, tienen entonces muchísimas similitudes en su naturaleza divina, en su origen y hasta en su nombre. ¿En realidad crees que todo esto es una mera coincidencia, Maestro? Y, si no lo es, ¿cual es tu mensaje original?

Y Baco, ese otro dios solar del cual me has oído hablar tanto, cuyo destino era el de cargar con las culpas de la humanidad, ya sabemos que también fue asesinado para renacer resucitado. Ausonius, una forma de Baco equivalente a Osiris, era muerto en el equinoccio de primavera y resucitaba a los tres días. La misma suerte corren Adonis y ahora tú, Jesucristo, el último heredero de esta tradición de resucitados quien, como todos ellos, fuiste condenado a muerte, asesinado y, atravesado por una lanza, restituido a la vida. De modo que ¿cuál es tu aporte nuevo a esta lista de avatares de otros tiempos?

- *Escúchenme*, agregó él sin darle importancia a mis palabras. *Yo enviaré la promesa de mi Padre sobre ustedes, pero quédense en Jerusalén hasta cuando sean investidos de la potencia de lo alto. Díganles a todos que guarden las cosas que les he mandado y he aquí, yo estoy con ustedes hasta el fin del mundo. Bendito aquel que abandona la pasión de un momento, por una promesa que aún no ha visto.*

Dicho esto, el Maestro nos sacó hasta Bethania y, poniendo las manos sobre nosotros, nos bendijo y, habiendo abierto nuestra visión y entendimiento para que entendiéramos las Escrituras, se fue desvaneciendo ante nuestros ojos, seguramente para ser recibido arriba en el cielo en donde debe estar sentado a la diestra de Dios, porque aún no olvido que a la izquierda vamos los cabritos.

Pero días después se nos manifestó de nuevo en el mar de Tiberias, cuando estaba yo con Simón Pedro, Tomás el Dídimo, Natanael el que era de Caná y de Galilea, los hijos de Zebedeo y otros dos de mis compañeros discípulos. Simón nos había dicho que él quería ir a pescar y por eso lo acompañamos para recordar las viejas aventuras cuando echaban las redes para coger peces de verdad. Pero esta no era nuestra noche, porque no cogimos nada de nada. Sin embargo, a la mañana siguiente, Jesús se puso en la ribera sin que nosotros supiéramos que era él.

-   *Mozos, ¿tienen algo de comer?* nos preguntó de lejos. Y al saber que teníamos nada, nos dijo que echáramos la red a la mano derecha del barco que allí la pesca sería muy buena. Tan cierto fue esto que, al momento de arrojarla en el mar y recogerla entre todos, no alcanzábamos a subirla al barco por el enorme peso del cardumen de peces.

Fue entonces cuando, al ver esto, Juan le dijo a Pedro: seguro que él es el Maestro. Y, acto seguido, Simón Pedro, como vio que era el Señor, se puso la ropa porque, estaba desnudo, y se echó al mar, mientras el resto de nosotros fuimos con el barco trayendo la red llena del botín. Cuando bajamos a tierra vimos ascuas puestas, un pez encima de ellas y pan.

No alcancé a decirle a Pedro que si se iba a tirar al mar para qué se ponía la ropa, cuando oí que el Maestro decía desde la orilla: *traigan los peces que han cogido.*

De todos modos me quedé pensando en por qué Pedro se había vestido si se iba a lanzar al mar. ¿Qué significará esto tan baladí? Vamos a ver: me dicen que Elias y Juan se vestían de pieles, es decir de lo externo del animal; y que lo externo lo gobiernan los cinco sentidos. También oí que no hay que remendar paño viejo con nuevo; es decir, creencias nuevas con viejas. Uy, eso me da a entender que, en esta enseñanza, la vestimenta denota, como el traje con el cual uno se cubre, una especie de armadura que lo protege. ¿Será la Fe? Porque Pedro estaba desnudo como el inocente que acaba de nacer o de despertar; y, ahora, con la creencia en sí mismo que lo vestía después de negar al maestro y despertar, como el gallo se lo había anunciado, se podía acercar de nuevo al Maestro por medio del agua de la verdad nueva que había en él, como pescador de hombres que ahora era, trayendo a tierra la red llena de grandes peces, ciento cincuenta y tres en total; y, siendo tantos, sin embargo, la red no se rompió.

Cuando el Hombre nos invitó a comer con él, ninguno de nosotros se atrevía a preguntarle sabiendo que era el Señor. Entonces Jesús, viendo nuestro estado dubitativo, tomo el pez y el pan, y nos los dio.

Esta era la tercera vez que Jesús se nos manifestaba con su presencia después de su resurrección.

- *Simón, hijo de Jonás*, le dijo el Maestro a Pedro, *¿me amas más que el resto de quienes estamos aquí?*

- Sí, Señor, sabes que te amo.

- *Entonces, apacienta mis corderos.*

Por tres oportunidades continuas el Maestro hizo la misma pregunta a Pedro, obteniendo de él la misma respuesta y por ende, la misma orden final de parte del Señor.

- Señor, tu sabes todas las cosas y sabes que te amo.

- *De cierto te digo que cuando eras mozo te ceñías e ibas a donde querías; mas cuando ya seas viejo, extenderás tus manos y te ceñirá otro para llevarte a donde no quieras.*

A todos nos pareció que lo que Jesús estaba tratando de darle a entender a Pedro, era la clase de muerte con la que iba a glorificar a Dios. De pronto, el Hombre se quedó mirándome desde la profundidad de sus ojos y me dijo: *y tú ...¿a quién amas?*

- ¿Yo? Y ¿cómo voy a amar si no sé que es el amor? ¿Cómo dirigir y hacia quien, aquello que no poseo y si, además, a nadie veo? ¿Qué a quién amo, me preguntas? Y ¿quién se hace amar como para inclinarme a ello? Amar, lo que se dice amar ¿qué es eso? ¿Acaso es algo que se usa cual ropaje nuevo y nos vestimos de amor por un momento fugaz? Y, al final, cual sucio vestido de odio que nos hemos de quitar, ¿rechazamos lo amado y anhelamos la libertad? ¿Qué es el amor, me pregunto, y en donde está a quien amar? Y no me digas que para eso nos es dado el prójimo en el camino, porque en ello hasta el sendero es prójimo. ¿No será mejor que soy el amor y, erróneamente, los demás quieren que los ame porque ellos no saben que son el amor? Cada vez que alguien desea ser amado, es porque a nadie ha amado; porque creo que el amor ni pide ni exige, ni pregunta ni reclama; creo que el amor come en silencio de la mano que golpea; y tampoco reniega mientras lo juzgan por no haber amado como quieren los demás ser amados. ¿Cómo quieres que ame si no sé que es el amor? Y ¿cómo he de hacerlo, si tampoco sé si quienes piden ser amados saben lo que es el amor?

- *Ven conmigo un momento, me dijo de repente el Señor al oír mi pregunta.*

Y, alejándonos del grupo unos cuantos pasos, me confió algo tan en secreto, que hasta me pidió el favor de no decírselo al resto de apóstoles. Luego regresamos donde los doce para, enseguida, decirle a Juan:

- *¡Sígueme!*

Pero Pedro, viendo a Juan, el discípulo amado de Jesús, aquel que se recostaba en su pecho en la última cena, le preguntó al Maestro: ¿y éste qué?

- *Si quiero que él se quede hasta que yo venga ¿qué te importa? ¡Sígueme!*

Todos creímos en ese instante que lo que Jesús trataba de decir era que Juan no iba a morir; pero no era eso exactamente lo que había dicho el Maestro. Juan, más bien, era el discípulo que daría testimonio de todas estas cosas por escrito. Y sabemos que su testimonio ha de ser y es verdadero. Muchas otras cosas hizo Jesús que si las hubieran escrito cada una por sí, ni aun en el mundo pienso que cabrían los libros que se habrían de escribir. Nos preguntábamos los unos a los otros, si acaso no ardía nuestro corazón en nosotros mismos, mientras el Señor nos hablaba por el camino y cuando nos abría las Escrituras.

De repente, viendo que el Maestro, incomprensiblemente comenzaba a ascender en cuerpo y espíritu, como entrando en otro estado desconocido para nosotros, me acerqué diciéndole afanosamente: Maestro, Maestro, no me dejes... No me dejes con el interrogante que me ha perseguido desde cuando me contaste tu historia personal, hace tres años. Dime: ¿al fin qué sucedió con tu Santo Prepucio? Porque si vas a subir completito al Cielo, -como sostiene la iglesia católica- ¿cómo vas a dejar un pedazo tan importante de tu humanidad dando vueltas por aquí en la Tierra?

Después que el Señor ascendió, obviamente sin contestar mi pregunta, y luego de que se nos había estado apareciendo durante cuarenta días continuos, sus trece apóstoles nos fuimos llenos de gozo hacia Jerusalén, comenzando a predicar en el templo y por todas partes, alabando y bendiciendo a Dios; a la vez que el Señor obraba en nosotros, confirmando así la palabra con las señales que seguían a nuestro paso, sin saber ninguno de ellos, tan sólo yo, la espantosa tragedia que se vendría encima de cada uno de nosotros y de toda la humanidad que no creyera en Jesucristo ni en quienes predicaban el evangelio...

Desde entonces, previendo dicha situación, los apóstoles nos escondimos por miedo a las represalias que los judíos y los romanos pudieran tomar sobre nosotros. Y, en las catacumbas en donde nos fuimos reuniendo con los primeros cristianos, pusimos como nuestro símbolo secreto el pez-Cristo o Ichthus, porque Jesús mismo había venido buscando pescadores... de hombres para inaugurar la era de Piscis, en donde él había sido la víctima, el mártir, el sacrificado y el penitente.

Pasado un tiempo me fui alejando poco a poco, y para siempre, de los doce apóstoles. Tomé un sinuoso camino, mientras iba haciendo memoria de lo vivido con este Hombre tan extraño. Ahora sí sé por qué Jesús murió siendo tan joven, me dije a mí mismo. Entiendo por qué la gente no quiso aceptar lo que su amor decía. Porque vivió lejos del mundo descubriendo horizontes que la humanidad, al volver donde ellos, no quisieron creer.

Jesús nos habló de cómo todos los caminos van a uno y de cómo todos los seres somos uno; trayendo así un secreto que mucha gente no aceptó y, a aquellos que en él creímos, a más de uno nos gritaron ¡locos! Porque él hacía y decía, porque era distinto y en su interior había un algo que nadie veía, un horizonte eterno en el que pocos creíamos. Y Jesús en su alegría, queriendo contar al mundo aquello que había visto, nos llevó al monte para hablar entre los árboles; y creímos en él quienes más le conocimos.

Pero Jesús murió porque aceptaba todo lo que vivía y porque sabía -ya que lo había sentido en su interior- sabía, después ésta vida, a donde iría. Sin embargo, no comprendió alguna gente que allá lejos, al otro lado del horizonte, todos los caminos son uno. Y quiso que fuéramos con él, porque estaba convencido de lo que sentía. Más... de pronto, al sentirse tan solo en medio de un mundo que no lo entendía, dejó a unos cuántos predicando lo que habían oído y partió solo, con un adiós profundo. Por eso aún hoy en día hay gente que cree en él, aun cuando nunca lo hayan visto.

PRINCIPIO DE LA PARTE FINAL

Tuve que morderme la lengua para no contar a los demás apóstoles lo que el Señor me había dicho en secreto. Pero como soy hombre de palabra, me despedí de ellos y me interné en el desierto, tal como el Maestro me había dicho que hiciera. Me había pedido que me quedara allí solo y que ayunara durante cuarenta días y cuarenta noches, esperando alguna señal suya.

Habiendo andado tres días adentro de semejante desierto tan árido, me tendí bajo la sombra de un vetusto arbusto desde donde pude observar algunas nubes pasajeras cruzando sobre mí. Mientras les prestaba atención observando las figuras que formaban en el aire, fui diciendo: soy cual nube que lleva el viento y que sin resistencia es transportada en donde se necesite de su lluvia, su sombra, su rayo y trueno. Soy cual nube amorfa en la cual él traza mil diseños pasajeros; más, así como éste me utiliza y me transporta a su antojo, otra fuerza usa de él y lo obliga a correr veloz por los aires que frecuento. Viento y nube, la humanidad y yo que somos parte de la trama del destino que hay escrito en el paisaje. ¿Acaso podemos luchar? ¿Puede la nube vencer al viento? ¿Puede éste detener su movimiento? ¡Somos nada en esta tierra! Parte de ella y de su curso. ¡Qué tristeza, tan sólo eso! ¡Qué agonía en este mundo! ¡Nada somos! Y ni la lucha ni la gloria, y la tristeza tampoco es nuestra. Todo es tierra que amortigua cualquier cosa. ¿Qué tenemos? ¿De quién somos? ¡Ah, las nubes que transporta el viento y que son parte del paisaje de esta escena pasajera!

¡Viento...llévame tú! a donde tienes que llevarme; tal vez alguien necesite sombra porque al sol de este desierto ya no aguanta; tal vez alguien quiera mi agua porque su tierra seca no da fruto. ¡Oh, viento, llévame pronto! antes de que el sol me evapore para siempre en estos aires.

Después de treinta días de soledad, y aun cuando las noches eran supremamente frías, había podido atenuar el helaje en cada una de ellas con la hoguera que mantenía prendida recogiendo ramas secas de higueras, sicomoros y otros arbustos mientras, sin poderla calmar, el hambre me llevaba a imaginar cada piedra convertida en enormes panes de centeno, trigo y cebada. Tuve, entonces, el tiempo suficiente para recapacitar en todo lo que había vivido y, en ese momento, quise estar vacío de mí para llenarme de... Dios. Quería devolverle todo mi ser, ese que egoístamente había creído mío; quería regresarle los caminos que había hecho propios en un arrebato de inocencia y afán de lucha, de búsqueda penosa y solitaria; quería entregarle el sufrimiento que había hecho mío y convertido en secreto, siendo común a todos los mortales; quería retornarle todo aquello a lo cual creía tener derecho y que, a pesar de ello, de todos modos era mío, más no a través de mi ser, sino por intermedio suyo.

Reinos no quiero en este mundo, le dije. Hazme sufrir lo que más quieras, lo que más yo pueda; y déjame sentir la presión necesaria que destruye en mí todo lo que estorba para el drama en que debo evolucionar. Quita de mí todo aquello que no es tuyo -a pesar de serlo-; destroza mis deseos y que imperen los tuyos que no tienes alguno. Destruye mi forma y que sea la tuya que tampoco tienes, pues no quiero ser ese ente pequeño que no deja actuar como debo hacerlo. Más... hay algo que no entiendo: si eres todo, ¿por qué luchas contra ti mismo dentro de mí, oh Señor informe?

¿Es que tanto te inquietaba, oh Señor, mi fantástica ignorancia, que me enviaste a esta Tierra para adquirir sabiduría? ¿Tanto te estorbaba, oh Señor, mi gran desequilibrio, que me diste este cuerpo para llegar a la armonía? Bien, pero hay algo que no comprendo: si lo eres todo ¿para qué, entonces, aquí me lo pregunto, me necesitas perfecto? ¿Acaso te hace falta toda mi sapiencia? Y ¿para qué te sirve todo mi equilibrio? Hubieras podido ser aún si yo no hubiera sido; así que, entonces, ¿para qué me mortificas? ¿Para qué ubicas en mi mente que, a pesar de estar en la materia burda, no soy de tierra y debo liberarme? ¿Para qué torturarme, si de ti he salido y, de todas maneras, es a ti que vuelvo? ¡Padre,

Padre, oh Señor del universo! No olvides que si tú eres el sabio, yo soy el resultado de tú sabiduría.

De pronto sentí que tenía que alejarme de la luz y del calor de la hoguera que había mantenido viva todos estos días con sus noches. Y lo hice, porque intuí que en mí también había un vasto desierto, antiguo como el mismo tiempo, cuando aún nada se había escrito y nadie andaba por él dejando su huella interna en esta soledad humana. Sentí que había en mí un viejo desierto que pareciera sin vida; mas en dónde ésta se aferra, difícilmente transcurre y existe, aguardando aún que comience el nuevo tiempo. Y, a veces lo visito, me interno entre sus dunas y, trepando las rocas del más alto peñasco, me detengo escuchando el silencio nocturno. En este frío paraje me fascina estar, detenido un momento en mi constante andar para ponerme a observar.

Busqué el más alto y agreste risco, muy al borde de este humano abismo en donde la soledad me llamaba; y, ascendiendo hasta la cima con la piel rasgada, por fin me detuve. En otro lejano lugar había quedado el fuego que, de todos modos, llevaba muy dentro de mi ser sagrado. Súbitamente voy sintiendo cómo todo se me borra y la negrura me es grata; nada me ilumina y tampoco hago sombra, porque soy la sombra humana. Me concentro en mi pecho y, rompiendo el silencio del desierto interno, se escapa un alarido que veloz me transporta aún más lejos en el desierto humano.

Y sentí que yo jamás había sido un hombre solo, que simplemente había sido la soledad. Sola la cima con su neblina y la fría noche con su titilar; sola la muerte con su deambular y la nave en el inmenso mar; solo el viajero con su caminar y el triste preso con su oscuridad. Pero, y yo, ¿cómo voy a estar sólo si no hay con quien estar?

Y fui viendo cómo, de repente, apareció en frente y dentro de mí, un fuego que en constante aumento giraba en espiral, mientras conmigo se iban soslayando relámpagos y truenos, alumbrando a la Lilith, a las Lamias y Súcubos que la noche ocultaba en mi interior. Crecientes en su mal se sabían los amos escondidos en mi ser, esperando que no los viera. Más, allá en lo profundo, en ese instante de trance etéreo, los comencé a sentir en mí... danzando y adueñándose de mis actos para convertirlos en suyos; y, aun cuando cerré los ojos, los oía aullar adentro con un placentero furor victorioso que no lograba dominar.

Pero, de pronto, en medio de su locura desenfrenada, cual orgía infinita, también los vi. retorcerse y ocultarse temerosos aferrándose a su mal, ya que el pavor los había hecho presa. En su júbilo infernal habían llegado sin saberlo, a donde la conciencia habita. Y luz interna tan fuerte nunca habían podido soportar.

Así son las tormentas que sobre mi se cernieron, llenándome las noche y los días de oscura tempestad; sintiendo miedo de mí, de mi gran profundidad, de aquello que aunque intuyo, no he podido conquistar. Había llegado a la conclusión de que tenía un enorme conocimiento que me podía servir para obtener mucho más poder entre mis amigos y el público que esperaba mis conferencias, seminarios de astrología, libros y programas de televisión. Algo en mí me decía que yo era el dueño de todo ese conocimiento almacenado, que lo aprovechara en beneficio personal para satisfacer aún más mis apetitos animales de gloria; porque durante toda la vida me había esforzado y sufrido a la hora de conseguirlo. Que nadie era como yo, que yo era lo máximo.

Siempre me había preguntado qué sería la tentación y que era ser vencido por ella. Y ahora sabía que la tentación, es una fuerza que atrae y repele a ese lobo y cordero que me habían dicho que debo cuidar adentro de mí. Tentación es la del lobo por comer cordero y la de éste, cansado de vigilar al lobo, por dejarse al fin comer por él. Tentación es la del lobo por confirmar serlo a través del cordero y la del cordero por dejar de serlo a través del lobo.

Y, entonces, viendo que estaba a merced de mis instintos animales y de mis propios intereses mezquinos, como nunca antes en la vida, me erguí en la cima de aquel peñasco en donde estaba contemplando todos los reinos del poder, muy al borde del abismo que invitaba a lanzarme al fondo de él mismo y, en vez de hacerlo, me dije a mi mismo: ¡No tentarás al Señor tu Dios! ¡Aléjate de mi Mauricio!

Entonces me senté extasiado en la roca, mientras me sentía rodeado por un extraño silencio. Pronunciadas estas palabras que salían desde el fondo de mi alma como un poderoso sonido, presintiendo como si alguien estuviera al tanto de qué iba yo a decir, vi inmediatamente cómo fue formándose encima de mí una fantástica nube de un blanco indescriptible. Y, de pronto, atónito ante la mágica presencia, oí cuando desde el fondo infinito de la nube una dulce y familiar voz exclamó: *acompáñame, necesito que vengas conmigo.*

Me levanté trastabillando un poco debido a la debilidad que tenía después de los cuarenta días que llevaba sin alimentarme y, lo que era peor, sin bañarme. Mi estado era menos que el de un indigente en cuarentena, casi tan demacrado como uno de aquellos restos óseos que había encontrado como arqueólogo. Pero, haciendo el esfuerzo correcto, fui penetrando lentamente en aquella plácida nube cuyo brillo comenzó a invadirme, convirtiéndome poco a poco en ese mismo resplandor; a la vez que un par de transparentes manos,

389

saliendo de más adentro de la nube, tomaban las mías halándome hacia arriba suavemente. Era todo un éxtasis nirvánico lo que estaba sintiendo en aquel momento, mientras la voz decía: *ven, ven, no sueltes mis manos, tómalas fuerte, déjame llevarte al reino de los cielos para que conozcas a mi Padre al mirarte en el espejo que hay allá adentro.*

\- Pero es que el espejo siempre me miente diciendo la verdad, le contesté. Pues tan sólo me muestra una imagen falsa en donde veo mi real falsedad. Pero bien, tira fuerte de mis manos que creo que a este mundo ya nada me ata... ¡Llévame contigo!

Más, de pronto, en el momento en que presentía que ya me iba abandonándolo todo, también sentí que alguien me agarraba de la pierna izquierda jalándome fuertemente hacia abajo, mientras otra voz conocida decía: Mauro, Mauro, que haces subiéndote al caucho, te vas a caer y vas a dañar las sillas y la mesa. ¿Qué estás buscando allá arriba, acaso viste alguna orquídea?

Al voltear a ver hacia abajo, vi. que Roberto estaba tratando de bajarme del árbol bajo el cual había estado esperándolo todo este tiempo, mientras leía y descansaba un rato.

\- ¿Por qué te demoraste tanto, hermano? Le pregunté apenas toqué tierra dando un salto.

\- ¿Cómo así Mauro?, si tan sólo fue media horita. Dejé a mi mujer allá en el pueblo, pues ella tenía otras diligencias que hacer y me regresé inmediatamente para que siguiéramos trabajando en mi carta astral. ¿Qué estuviste haciendo en mi ausencia?

\- ¡Ay Roberto! Vieras el sueño que tuve. Si te contara.

\- Vos y tus sueños. ¿Y qué soñaste esta vez?

\- *Es muy largo de contar, hermano. Pero, de todo lo que viví en ese estado, me quedó en claro algo muy importante: que Jesús no vino a pagar por los pecados de la humanidad, sino para enseñarnos con su ejemplo de vida, así como lo hizo Buda con anterioridad, cómo somos nosotros mismos quienes tenemos que pagar por nuestros propios errores, recorriendo el camino que él anduvo, venciendo las tentaciones que el sufrió y liberándonos del poder de la materia que tenemos que dejar clavada en la cruz. No es recorrer su camino, sino el camino que él recorrió.*

Y, además, aprendí que para entrar al reino de los cielos, que está adentro de nosotros, sólo se necesita... dejarnos utilizar por el amor sin esperar ninguna recompensa a cambio.

8430705R0

Made in the USA
Charleston, SC
08 June 2011